勁草書房

日本経済思想史

江戸から昭和

川口 浩
石井寿美世
ベティーナ・グラムリヒ=オカ
劉 群芸——[著]

はしがき

本書は、その書名が示す通り、一七世紀の初めから二〇世紀中葉に至る三世紀半における日本の経済思想とその歴史を通観しようとするものである。読者としては、大学における経済学・商学・経営学・文学系の学部・学科の学生や一般の社会人などの方々を想定している。

ところで、書店などで見掛ける「経済思想史」と題する書籍のほとんどは、欧米の経済思想や経済学を対象としたものであり、日本の経済思想史を叙述した書物にはめったにお目にかからない。これは不思議なことではないだろうか。しかも、日本の思想史に関する研究や教育が低調だというわけではない。それにもかかわらず、日本経済思想史と銘打った本が書店の棚に並んでいないのが、実状である。しかし、グチを言ってもはじまらないので、今日までの日本経済思想史研究を踏まえつつ、その成果を多くの方々にお伝えすべく、本書の出版を企てたという次第である。

しかし、本書の内容は、ザッと斜め読みすれば、分かったような気になる類のものではない。他者の思想を理解しようとする行為は、言わば他人《ひと》様《さま》の心の底をのぞき見る、ある意味、恐ろしく、難しく、また知的な興奮を覚える作業であり、けっして容易なことではない。したがって、本書の叙述も、特に初学者の方々には、難しく感じられる部分を含んだものになっている。執筆に際しては、分かりやすく書くよう心掛けたが、同時に易きに流れないことにも注意を払った。むしろ、さまざまな人のさまざまな生き様から発せられた言葉の重み・深みを、読者の方々に味読して頂ければ幸いである。

本書の第一部の目的は、さきほど述べた三世紀半における日本経済思想史の通観である。ここには、日本経済思想史における言わば定番の人物が取り上げられている一方、時代劇でおなじみの「名奉行」や聞いたこともないような企業家も登場する。叙述の対象は、知識人に片寄りがちではあるが、なるべく政策者や企業者にも紙幅を割くよう努めた。第二部では、日本の経済思想史は日本の外側からはどのように見られてきたかが明らかにされている。多くの読者に内外の視点の落差を体感して頂くことが、第二部の目論見である。各章の執筆者は次の通りである。

第一部　第1〜13・18・25・補章……川口　浩
　　　　第14〜17・19〜24章……石井寿美世
第二部　第26章……ベティーナ・グラムリヒ＝オカ（英文、川口訳）
　　　　第27章……劉　群芸

執筆者の一人（川口）が、勁草書房の宮本詳三氏に初めてお目にかかったのは、多分、一九九一年である。それからおよそ四半世紀の時間が流れたが、宮本氏にお世話になるのは、本書で三度目である。前回（『日本経済の二千年』）の時もそうであったが、今回も宮本氏は原稿検討会に皆出席され、われわれの作業を辛抱強く見守られた。宮本氏に対して、長年のご高誼と本書の出版について、この場を借りて厚く御礼申し上げる次第である。

二〇一五年六月

著　者

目次

第三部

凡例

一、年・月・日は、西暦表示とし、必要がある場合には、和暦年・月・日を括弧書きで並記した。
二、人物の生没年・ある出来事（例えば明治維新）の起こった年・文献の刊行年などの西暦年を括弧書きする場合には、年数のみを記し、「年」は割愛した。
三、本文中に執筆者の注を挿入する場合には、（　）をもって表示した。
四、引用文中に執筆者の注を挿入する場合には、〈　〉をもって表示した。
五、引用文中にもともと挿入されている注記は、執筆者の判断により適宜取捨し、挿入する場合には、原則として、もとの表示法を踏襲した。
六、旧漢字・旧かなは、原則として、常用の字体に改めた。
七、読みにくい漢字には、ルビを付した。引用文中にもともと付されているルビは、執筆者の判断により適宜取捨し、挿入する場合には、原則として、もとの表示法を踏襲した。
八、引用文には、執筆者の判断により、句読点などを付加した場合がある。
九、史料・図表には、章ごとに通し番号を付した。たとえば【1–5】は、第1章の五番目に引用された史料という意味である。
一〇、引用史料・参照文献の出典は、本文中では略記し、詳細は参考文献一覧にゆずった。

第一部

第1章　経済思想史とは

日本経済思想史を含む思想研究には、特有の恐ろしさと難しさがあるように感じられる。すなわち、思想の研究は、人間が何をしたか、つまり行為の結果ではなく、なぜしたか、つまり行為の意図を捉えようとする学問である。これは言わば他者の人格に立ち入ろうとする行為であり、他者の心の内奥を捉えようとすればするほど、研究対象の人格と研究者自身の人格とがぶつかり合う可能性が高くなり、このため、逆に研究者自身の人間性の如何が顕わになってしまうという恐ろしい事態に陥りかねないのである。思想研究には、それ相応の覚悟がいるということである。

思想研究の難しさは、分析対象である思想というものの摑み所のなさに由来している。後述のように、思想は言わば常に揺れ動く無形の流体のようなものであり、このため思想に接近する方法が分かりにくいという難しさがあるのである。しかし、その、言ってみれば鵺《ぬえ》のような代物を、自分自身が丸裸になってしまう危険を承知の上で、何とか捉えようとする試みの中に、思想研究の奥の深い学問的な楽しさがあると言えよう。

図1-1　思想の三角形

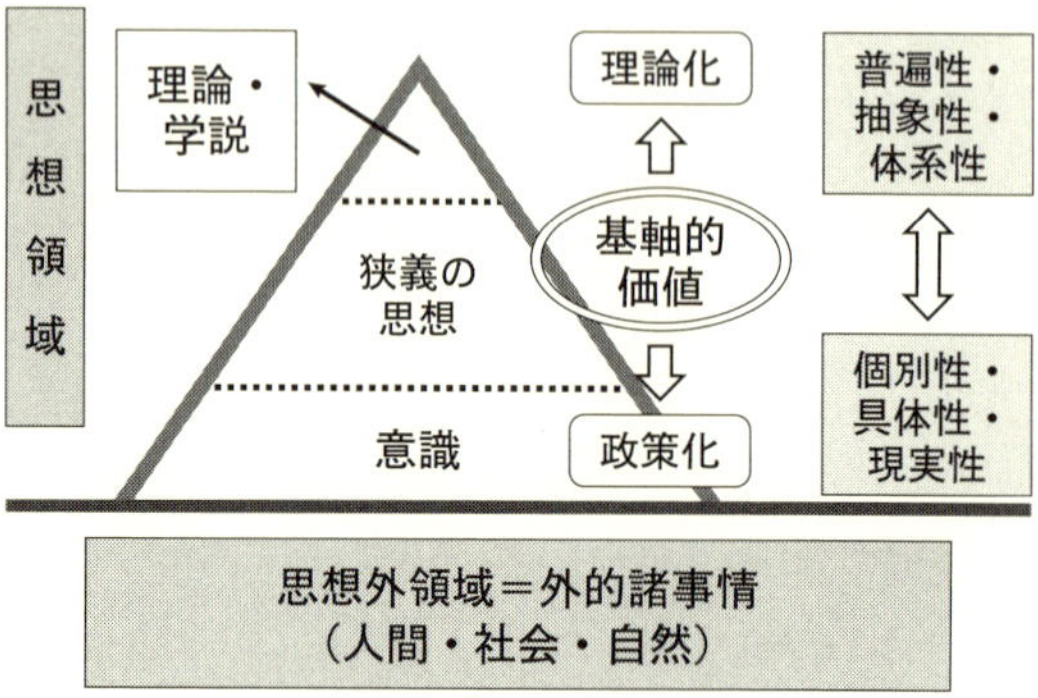

注：この図とその解釈は、執筆者が大学院生だった時に松本三之介氏から受けたご教示にその源を発している。また、松本三之介〔1974〕『近代日本の知的状況』（中公叢書）参照。しかし、本章すべての学問的責任が執筆者にあることは言うまでもない。

本書を始めるにあたり、日本経済思想史とはいかなるものかについて考えておきたい。日本経済思想史という言葉には、日本・経済・思想・歴史という四つの要素が含まれている。これらがその手掛かりである。

一　思　想

1　思想の三角形

図1-1を使って思想とは何かを考えたい。この図は一本の横線を境に、上の「思想領域」と下の「思想外領域＝外的諸事情」に二分されており、全体として両者の関係を示している。「思想外領域」には、個体としての人間・全体としての社会・それらを包みこむ自然が含まれている。つまり、思想と呼ばれるもの以外のすべての「外的諸事情」が、この「思想外領域」の構成要素である。この「思想外領域」が図の下部に描かれているのは、これが「思想領域」の「土台」になっていることを表している。

では、その土台になっているとはどういうことか。それは、人間の五感が「外的諸事情」を把握し、その情報が神経を通して脳に伝達・入力されることによって、臓器としての脳の中に「思想」——後述のように、諸観念の全体——が生成されるということである。つまり、脳には思想を生み出す機能があるが、その思想の生成は「思想外領域」からの情報の伝達・入力を前提として可能になるのであり、だから「思想外領域」が「思想領域」の土台であると考えられるのである。

次に、「思想領域」の「意識」「狭義の思想」「理論・学説」に話を移すと、「思想外領域」に強く連接した、個別性・具体性・現実性の高い諸観念を「意識」、逆に「外的諸事情」との関係が稀薄化し、普遍性・抽象性・体系性が高まった諸観念を「理論・学説」、両者の中ほどに位置する、さほど現実離れしているわけでもなく、さりとて現実密着的でもないような諸観念を「狭義の思想」と呼んでおく。ただし、この三者間には相互に異なった点はあるが、それらはすべて人間の脳内に生成した感情・想念・想像・空想・価値観・倫理観等々の、言わば「観念」であり、その境界は必ずしも確然としたものではなく、そうした諸観念の全体をここでは「思想」と定義しておく。そして、そうした思想は、具象的な物体ではないが、「思想外領域」から脳への情報の伝達・入力が続く限り、たえず脳内で生成され続けていることは確かであり、思想は、イメージとして言えば、無形の流体のようなものである。

2　観念

ここからは、論述を分かりやすくするために、「お腹がすいたから、コンビニに行っておにぎりを買う」という日常的な出来事を例として話を進めたい。

まず、「お腹がすいた」とは、どういうことか。これは、胃の中に食べ物がないということである。しかし、この胃の状態を知覚するのは、胃ではなく、脳である。つまり、「思想外領域」における胃の状態が、脳に伝達・入力された時、脳内に「お腹がすいた」という「認識」が成立するのである。したがって、この「お腹がすいた」という認識は一つの観念であり、胃の中に食べ物がないという事実そのものではない。思想を考える際の一つの注意点は、

「外的諸事情」と「思想領域」におけるそれについての認識とを混同してはならないということである。

右のことと関連して、「外的諸事情」と「思想領域」内の認識が、ピッタリ一致するとは限らないことも忘れてはならない。つまり、人間の脳には、誤解・錯誤を含めて、「想像」をたくましくする機能が備わっているということである。そして、「思想領域」内の諸観念と「外的諸事情」と間のズレこそが、思想というものに独自性が存在することの証なのであり、この脳の想像機能は、後述の脳の「創造」性の源なのである。もしこのズレがなければ、思想は「思想外領域」の単なるコピーに過ぎなくなり、思想を学問的に考察することは無意味となる。

3　判断・価値基準・基軸的価値

「お腹がすいたから」の「から」は何であろうか。これは、「お腹がすいた」という認識に基づく「コンビニに行っておにぎりを買う」という行動についての脳の一つの「判断」である。つまり、ある一つの認識から自動的に一つの行動が出てくるわけではなく、他の選択肢もありうるのである。たとえば、「お腹がすいた」時が授業中であれば、「授業後に学食に行く」という判断もありうるであろう。脳は、いろいろな条件を勘案して、判断を下しているのである。

これに関連して重要なことは、判断が行われる際、その前提に「価値基準」があるということである。たとえば、「お腹がすいた」としても、「勉強優先」という価値基準があれば、「授業後」という判断がなされるのである。そして、人間は、普通、いくつかの価値基準を持っているであろうが、そうした複数の価値基準の中で、最も高位のものをここでは「基軸的価値」と呼んでおく。それは、人が物を考える際の最後の拠り所、つまり、その人の思想の核心であり、したがって、思想を考察する際には、この基軸的価値を探り出さなければならない。たとえば、二人の人が同じように意見を述べたとしても、その意見の源となっている価値基準、とりわけ基軸的価値が違えば、二人の思想は同じとは言えないであろう。語り出された結論だけでは、思想を理解したことにはならないのである。

4　行動

人がとる行動は、「思想領域」と「思想外領域」の関係を考える上で重要である。価値基準や判断は「思想領域」内のものであるが、その判断に基づいた行動は「思想外領域」においてなされ、その行動は「思想外領域」の「外的諸事情」になにがしかの影響を与えるかもしれないからである。これは、「思想領域」からの「思想外領域」への働き掛けであり、「思想領域」と「思想外領域」との関係は、双方向的なものである。そして、このことが、思想の現実社会における「機能」を考えることを有意味たらしめている。

ただし、一個の人間（群）の行動が、その意図通りの結果を「思想外領域」にもたらすとは限らないであろう。思想それ自体の思想としての意味と、その思想に基づく行動が「思想外領域」にもたらす結果、言い換えれば、思想が「思想外領域」において果たす機能との間に差異がありうることも銘記しておくべきことの一つである。

5　創造

空腹を癒す方法は「コンビニ」「学食」の他にも、たとえば自動販売機でカップ麺を買うことも可能であろう。

ところで、自販機は人間が発明した機械である。つまり、人間の脳は、現実には存在しないものを、観念として「創造」することがありうる、というより、人間の社会に実在するすべての事物は、そもそもの初めは誰かの脳内で創造された観念だったのである。そして、その人が、脳内で創造されたその観念を「思想外領域」に具現化しようとし、それを実現するための方法や技術があれば、その創造された観念は観念ではなくなり、「思想外領域」に実在する事物になるのである。これは「思想外領域」への一つの働き掛けであり、自販機の場合で言えば、それは現実の社会をいく分か変化させたであろう。

しかし、人間の脳が創造した観念の中には、それを具現化する方法や技術がないものもある。たとえば、ドラえもんというネコ型ロボットは、二二世紀には「思想外領域」に実在しているかもしれないが、現時点では、人々の「思想領域」に観念としてしか存在していない。また、魂《たましい》を人間が物体として作り出すことは、未来永劫、ありえないであろう。だが、それでは魂という観念は無意味かと言えば、そうではない。すなわち、魂と言えば、それがいかなるものかは、おおよそ誰にでも分かるはずであり、それは魂という観念が多くの人々の脳内に共有されているからである。実在しないものを観念として創造するのは人間の脳の機能であり、この創造という機能こそ、思想というものの独自性の核を成すものである。そして、物体としては実在していなくても、創造された観念に従って人間は行動する場合があり、魂の実在を信じれば、人は神や仏に帰依しうるのである。思想の独自な意味とそれを考察することの意義は、ここにあるのである。

6　理論化と政策化

もう一度「コンビニに行っておにぎりを買う」に戻ると、人間が食事をする最も根本的な理由は生命維持である。したがって、炭水化物を摂るだけなら、ご飯を三角形にする必要はない。つまり、おにぎりという食品には、炭水化物摂取以上の、なんらかの価値が付加されているのである。

先述のように、人間の脳は現実には存在しないものを観念として創造することがある。食品を例にとれば、栄養摂取にとっては無意味な加工を施したり、盛り付けを工夫したり、食べない食器や食べる場の雰囲気にまで気を遣うこともある。これらはすべて脳が考え出し、身体に実行させたものである。つまり、おおもとの栄養摂取から出発して、人間の脳は食物にいろいろな加工を施していくのであり、その行き着く先では、栄養摂取はほとんど眼中から消え、食事という行為自体が目的化されていくことになる。つまり、「思想領域」内にある食事に関する観念は、初めは空腹という身体状況に密接したものであるが、それは徐々に事実との関係性を稀薄化させ、脳の中で観念として純化されていくのである。このような観念の純化は、食物摂取以外の事象についても、同様に起こっているはずである。

しかし、右の食事の例には、二つの相反する方向が含まれている。一つは、「思想外領域」の「外的諸事情」に密接して成立した観念が、その具体的な事物・事象から離れて、観念として純化されていく方向であり、この方向に進めば、観念が初めに帯びていた個別性・具体性・現実性は次第に稀薄化されていき、逆に、観念としての普遍性・抽象性・体系性が増していくことになる。それは、言わば現実離れしていくということであり、「思想の三角形」では、個別性・具体性・現実性が削ぎ落とされていく分、先が細くなり、尖っていくように描かれている。そして、こうした純化の到達点として、「理論・学説」が形作られる。こうした方向を「思想の理論化」と呼んでおく。

もう一つは、「思想領域」で創造された、たとえば、あるべきおにぎり像の観念が、逆に、「思想外領域」で現物のおにぎりに具象化される方向である。米の銘柄・形・大きさ、中に入れる具、巻く海苔、包装紙等々、いろいろな要素を意図的に組み合わせて実際に特定のおにぎりを作り出すのであり、ここでは、個別性・具体性・現実性が増大し、「思想外領域」のどこかの地点で完結するのである。そして、「思想外領域」への着地点は、想定されたおにぎりのあり方によっていくつもありうるので、それを「思想の三角形」に描けば、広い底辺になるのである。こうした方向を、「思想外領域」への働き掛けという意味で、「思想の政策化」と呼んでおきたい。

思想を考察しようとする場合、この両方向を念頭に置いておく必要がある。また、いずれの方向に進むにせよ、人はあるべきおにぎり像とはいかなるものかを判断しなければならないのであるから、繰り返しになるが、判断基準、とりわけ基軸的価値が、ここに関わってくるのである。

二　日　本

人間や社会はある空間に存在するので、それらが存在する空間を特定することが必要である。本書にとってのそれは日本である。

しかし、日本と呼ばれる空間を歴史の中で確定することは意外と難しい。現在、北海道と沖縄県は日本国の一部であるが、明治維新以前においては、北海道は蝦夷地、沖縄県は琉球王国であり、日本から見れば、異域・異国であった。また、日本なるものに歴史的変化があることと関連して、その時々の日本と日本以外の諸地域との関係にも、歴史的変容があったことを忘れてはならない。日本とは歴史的には固定的な空間ではなく、したがって、日本と世界との関係もまた歴史的には可変的であるということである。

三　歴　史

時間の無限の連続の中で、人間も社会も自然も、すべての事物・事象は変化していく。たとえば、人間は、生まれてしばらくの間はまったく自立不能な赤ん坊であるが、二〇年前後で成人に達し、そこから半世紀も経てば老人となり、やがてその一生を終える。

同様に、社会は、人間の集合体という抽象的な意味では永久に存続するであろうが、社会の具体的な仕組みは、一つのものが永続したことは、人類史上、一度もなかったし、これからもないであろう。日本の歴史について言えば、古代・中世・近世・近代といった時代区分がなされるのは、ある時点における社会の仕組みと、他の時点におけるそれとの間に、無視しえぬ相違があるからである。歴史的に物を考える場合、永遠不滅の社会は一つもなく、いかなる社会も歴史的には可変的で、したがって相対的であることを、いつも念頭に置いておくことが大切である。

また、人間や社会に比べれば、不変のように感じられる自然も、実は常に変動している。たとえば、現在、地球温暖化が問題視されているが、その原因は人間が排出する温室効果ガスだけではなく、人間の活動とは無関係に地球の気温は絶えず上下動している（桜井〔二〇〇三〕）。自然もまた時間の流れの中では可変的である。

要するに、人間も社会も自然も、空間的な限定とともに、ある特定の時間幅の中に存在している。言い換えれば、人と社会と自然が存在するのは、ある特定の時間と空間の交点においてであるということである。そして、歴史とは、そうしたある特定の時空間で生起した諸現象の継起したものである。したがって、歴史上の個々の現象は、ある特定の時空間と不可分であり、このため、時間的・空間的な限定性・個体性を帯び、それゆえに、他の時空間における諸現象との間に非連続性が生ずるのである。古代・中世・近世・近代といった時代区分がなされるのはこのためである。

しかし、異時点間で生起した出来事の間に、何の連関もないと言いうるであろうか。明治維新を例にとれば、政治制度や国家の枠組みが大きく変わり、ここに非連続面があることは間違いない。けれども、人々の日々の暮らしが、政治体制が変わったからといって、一朝一夕に変わることはありえないであろう。そもそも最後の江戸時代人と最初の明治人は同じ人々であり、日本の近代を創ったのは、近代人ではなく、近世人なのであり、そう考えれば、江戸時代と明治の間に連続性があることは容易に理解されよう。だがそれにもかかわらず、明治は江戸時代の一部でないことも確かであり、したがって、日本における近世と近代の関連を考える場合、江戸時代の中に、［1］近代に連接しうる要素、［2］結果的には近代化に役立った要素、［3］近代や近代化とは無縁であり、明治維新以降において消え去っていった要素、の三つの存在を想定しておくことが必要である。そして、歴史における連続と非連続は、日本の近世・近代だけに関わるものではなく、すべての地域・時代に当てはまるものであろう。

さて、ここでもう一つ、大切なことを付け加えておく。それは、**図1–2**のように、たとえばAという空間における時点1の歴史的状況をa1、次の時点2でのそれをa2とし、同様に、B・b1・b2とすると、空間AとBが没交渉でない限り、a1がBに、偶然か意図的かは別にして、伝播することがありうるであろう。そして、Bに入ったa1のある部分がBに定着した場合、b2は（a1＋b1）となり、b1とb2との間の連続・非連続の関係は、より一層複雑なものになる可能性があるのである。日本の歴史を見る場合、縄文・弥生時代以来の中国大陸・朝鮮半島との関係、および、江戸時代後半期以降の欧米諸国とのそれを考慮外に置くことはできないであろう。明治維新以降における近代化は、江戸時代との連続・非連続とともに、当時の欧米諸国から日本に舶来した諸要素を含めて、そのあり方を考察しなければならないということである。

図1–2　歴史的状況の時間的・空間的変容

	空間A		空間B
時点1	a1	（伝播）⇒	b1
	↓		↓↓
時点2	a2		b2＝b1＋a1

歴史の学問は、このような人間と社会と自然の営みがそれぞれの時空間の中で持つ特性と、連続と非連続を含むその相互の関係を明らかにするものである。これらの総体を全面的に解明することは非常に難しく、実際には、自分の問題関心に基づくある視点から歴史のある側面を見ることで精一杯であるし、それでいいのであろうが、ただし、自

分の視点が部分的・相対的であることをいつも自覚していなければならない。そうでないと、自分の見たいものだけを見て、研究と顕彰を無自覚のうちに混同してしまうような、言わば「ファンクラブ」的な自己満足に陥りかねないからである。

四　経済と経済史

経済は、誰にとっても極めて身近な社会現象である。「コンビニに行っておにぎりを買う」というのは、消費という経済行為である。そして、コンビニの棚におにぎりが置かれているのを見れば、それはトラックで運ばれてきたものであり、その運搬の前には、どこかの食品会社で生産されたものに違いないと推測できるであろう。

このような生産・分配・消費という経済の営みは、人類が誕生してから今日まで繰り返され、さらに、未来永劫、途絶えることはない。この意味で、経済行為・経済活動は、いかなる時代・いかなる地域においても普遍的に存在する歴史貫通的な社会現象である。

しかし、生産・分配・消費が、実際にどのような仕組みによって行われるかは、時代や地域によって、著しく異なっている。経済にも連続と非連続を含む歴史が存在しているのであり、それを考察する学問が経済史である。

五　経済思想と経済思想史

人間の脳の中には、さまざまな観念が流体のように生成しているはずである。そのような諸観念のうちの、「思想外領域」で生起する、主として経済行為や経済活動に関わる諸観念をここでは「経済思想」と呼んでおきたい。ただし、この意味での経済思想に含まれる諸観念を、あらかじめ特定することは難しい。というより、経済思想にしろ、他の○△思想にしろ、その範囲を限定することは、そもそも無理であろう。たとえば「おにぎりを買う」という行為は一つであっても、この行為にはいくつかの価値基準が関与し、その中である種の判断が行われているはずだからである。すなわち、経済思想を経済上の事物・事象にのみ基礎づけることはできないし、むしろ間違いであろう。結局、何を経済思想と見なすかは、それを考察しようとする者の問題意識に、かなりの程度、依存するであろう。

既述のように、経済行為・経済活動も歴史的に変化していくとすれば、それに関わる諸観念もまた歴史的に変化していくであろう。それが経済思想の歴史、つまり経済思想史である。ただし、諸観念は「思想外領域」の事物・事象の単なるコピーではないので、経済思想の歴史的変化も経済現象のそれの単なるコピーではない。すなわち、経済思想は経済行為・経済活動の変容とは関係なく、ある種の変化を遂げていく可能性があるということである。なぜなら、一つには、観念には脳の創造機能による独自性が備わっているからであり、もう一つは、地域外からの思想の空間的伝播がありうるからである。実際に、日本の思想に影響を及ぼした仏教・儒教・西洋思想は、日本から見れば、すべて外来思想である。

経済思想史とは、特定の時空間における限定性・個体性を帯びた個々の経済思想の内容と、右のような意味での連続と非連続を含む、その経済思想の歴史的変化の過程を、分析的に理解する学問である。そして、そのような経済思想のあり方は、人々の行動を規定し、結果として、経済やその他の社会現象になにがしかの影響を及ぼす可能性を孕んでいるはずである。経済思想（史）と経済（史）は、双方向的な関係であるということである。

「思想領域」では、初めは「思想外領域」との連接性が高かった観念が、徐々に観念として純化され、その結果、「理論・学説」が成立しうることは、既述の通りである。このことは、経済思想にも当てはまることであり、たとえば「おにぎりを買う」という具体的な行為から「消費」という概念が、また、そのおにぎりを作るという行動から「生産」という概念が作り出され、さらに、その消費と生産という観念が、「思想領域」の中で論理的・整合的に関係づけられ、高い普遍性・抽象性・体系性を備えた論理が成立するに至れば、それを経済学と呼ぶことが可能になるであろう。そして、このような経済学もまた、歴史的に変化していくものであり、その過程が経済学史である。

六　経済学史

では、経済学史と経済思想史は、どこが同じで、どこが違うのであろうか。しかし、この問いに答えることは、容易ではない。既述のように、「理論・学説」とそれ以外の諸観念との境目はもともと判然としていないからである。すなわち、社会科学としての経済思想史が考察の対象とするのは、おおよそ「狭義の思想」の辺りではあろうが、はっきりと決めつけることは無理である。これもやはり考察する側の問題の立て方に依存する部分が大きいであろう。

ただし、経済思想史と経済学史との異同を考える場合、近代における経済学を誕生させたのはヨーロッパのみであるという事実を等閑視すべきではない。つまり、日本を含む非ヨーロッパ地域においては、経済学は、歴史上のある時点で、ヨーロッパから伝播してきたものであり、それ以前には、経済学や経済学史はなかったのである。日本について言えば、経済学がヨーロッパから舶来したのは明治維新の直前であり、かりに日本に経済学の歴史というものがあるとすれば、それは一九世紀中葉以降のことであり、それ以前には経済学史はなかったとすべきである。これに対して、経済行為・経済活動があれば、それに関する諸観念つまり経済思想はいつの時代にも存在し、したがって、経済思想の歴史は特定の時期に限定されるものではない。もっとも、日本の近世社会の中に、近代に連接しうるような要素や結果的に近代化に役立った要素を見出すことが可能だとすれば、江戸時代の経済思想の中に、西洋舶来の経済学に連接しうる観念や結果的に経済学の導入・定着に役立ったそれを見出すことは可能であろうし、それはそれで意味のあることである。ただし、そうした諸観念の継起を経済学史と見なしてしまうことは、ヨーロッパが生み出した近代の経済学が持つ固有の歴史的意味をかえって毀損することになるであろう。また、江戸時代の経済思想には、近代の経済学とは無縁で、明治維新以降において消え去っていった要素もあったはずであり、こうした部分を視野の外に置いてしまうことも、経済思想史研究としては一面的に過ぎると言わざるをえない。日本の経済思想史を考察する場合、こうした非ヨーロッパ地域における経済思想史と経済学史の関係を理解しておくことが大切である。

七　経済思想を理解する方法

最後に、人間の脳にある諸観念つまり思想を分析的に理解するための方法について述べておきたい。人間はいつも、意識的あるいは無意識のうちに、自分の思想を「思想外領域」に表出しており、その一つは行動、もう一つは言葉である。したがって、これらを捉えれば、思想を分析的に理解することが可能になるはずである。

1　行動

行動が、思想を分析的に理解しようとする際の一つの鍵になりうるのは、行動の前提に、脳による認識・判断・命令があるからである。たとえば、ある人が「コンビニに行っておにぎりを買う」という行動をとり、われわれがこの行動のその人にとっての意味を理解しようとする場合、「おにぎりを買う」という事実はもちろん、それとともに、その人の他の行動を知ることが役立つ場合が多い。たとえば、もしその人が朝食抜きで外出したとすれば、その人は空腹を感じていたであろうという推定が可能となり、この推定は「おにぎりを買う」という行動のその人にとっての意味を、われわれが理解する上での手掛かりになりうるであろう。

ただし、かりにその人が朝食を摂らなかったことが事実であるとしても、その事実から「その人は空腹を感じていただろう」と推定するのはわれわれであって、その人自身の認識ではなく、両者が一致するとは限らないことに注意が必要である。つまり、その人が「おにぎりを買う」という行動をとったとしても、それが空腹のせいだとは断定できないのである。あるいは逆に、われわれの推定通り、その人自身が空腹を感じていたとしても、それが「おにぎりを買う」ことの意味ではない可能性もあるであろう。もしかしたら、他の人から頼まれたせいかもしれないのである。

右のことをもう少し一般化して言えば、同じ状況のもとでも、人の思想は多様でありうるし、さらに、それに基づく行動も一様ではない、言い換えれば、「思想外領域」と「思想領域」の間に、一義的な対応関係があるわけではないということである。したがって、「思想外領域」での行動は、言わば状況証拠であり、その有効性と限界性の両面を自覚しておくことが必要である。この自覚が欠けていると、「思想外領域」での出来事だけから、つまり「思想領域」に立ち入ることなく、経済思想を「理解」してしまうことになりかねないのである。

2　言葉

人が言葉を語り出す方法は二つある。一つは話をする、もう一つは文章を書くである。

話と文章の間に本質的な差異があるとは考えにくい。ただ、言葉は発せられた瞬間に消えてしまうので、録音されていない限り、分析対象になりえないであろう。したがって、ある人の思想を分析的に理解しようとする場合、その人が書き残した文章が最有力の手掛かりとなる。つまり、経済思想史における史料である。

しかし、ここでも二つの但し書きが必要である。その一つは、たとえば、ある人が「コンビニに行っておにぎりを買う」という行動の理由を「お腹がすいたから」と書き記せば、その行動のその人にとっての意味を、われわれは「お腹がすいたから」だと理解することができるであろう。しかし、もしそれだけで終わってしまうのであれば、それは、その人の文章の鸚鵡返し、もう少し学問的な言い方をすれば、史料の紹介に過ぎないのではないだろうか。すなわち、ある「外的諸事情」からある判断が自動的に出てくるわけではなく、したがって「おにぎりを買う」という行動のその人にとっての意味を本当に理解するためには、「お腹がすいたから」からもう一歩踏み込んで、その人の価値基準を知ることが必要ではないだろうか。とりわけ、人が何かを考える際の最後の拠り所は、その人の基軸的価値であるとすれば、思想の分析的理解にとっては、その基軸的価値を捉えることが必須である。

もう一つは、端的に言えば、善悪にかかわらず、また意識的にか否かは別にして、人は嘘をつくということである。しかし、嘘を含む文章や話が、思想を知る上で役に立たないかと言えば、そうではない。本音であろうが建て前や嘘であろうが、人の発する言葉、書き残す文章は、必ずその人の「思想領域」に存在する何らかの観念に基づいているはずだからである。つまり、嘘だから無意味なのではなく、むしろ、意識的にか無意識のうちにかは別にして、まさにその嘘のつき方こそが、その人の「思想領域」の中身を知る手掛かりになりうるのである。

3　思想の分析的理解

思想を分析的に理解するには、どうすればよいのであろうか。まず目を向けるのは、土台としての「外的諸事情」であり、それを可能な限り正確に把握することが必要である。つまり、状況証拠の収集である。そしてその上で、「思想領域」にある諸観念の一つ一つを把握し、その一つ一つの意味を解明し、かつ、それらが相互にどのように関連し合って一個の全体を成しているか、その全体の構造を、分析対象者に代わって、考察者自身が再構成しなければならないのである。つまり、この言わば一個一個の部品とそれらが組み合わさって成り立っている一個の構成体を全体として捉えた時、思想が分析的に理解されたと言いうるのであろう。そして、その構造の要になっているものが基軸的価値であり、これ抜きでは諸観念を一つの体系的な構造を持った思想へと統合することは難しいであろう。

4　企業者・政策者・知識人

しかし、右のような理解の仕方は、分析対象である人物自身が、自分の頭の中で自分の持つ諸観念を自覚し、それらを体系的に組み立て、それを文章化してるような場合には有効であろうが、そのようなことをする、あるいは、できる人間――いわゆる知識人――はそうたくさんいるわけではない。また、知識人に分類されるような人物であっても、高い体系性を備えた思想を形作ることはむしろ稀であり、体系性の乱れにこそ見逃せない思想的な意味が伏在している場合の方が多いかもしれない。ましてや、知識人には分類されない、官僚・政治家、経済活動に従事している人々、市井の生活者の大部分は、いちいち自分の考えていることを話したり、文章に書き残したりはしないし、かりにしても、その話・文章の体系性は高いものではないことが普通である。経済思想史研究が取り上げることの多い企業者や政策者の経済思想を分析的に理解する際の難しさが、ここにあると言わなければならない。しかし、このことは企業者や政策者が経済思想史の分析対象にならないということではなく、むしろ経済思想史研究はこうした人々をこそ取り上げるべきである。重要なのは、その際の方法の有効性と限界性を自覚しておくことであり、言葉や文章という比較的有力な証拠と、さまざまな状況証拠とを積み重ね、突き合わせることによって、知識人ではない多くの人々の経済思想を明らかにすることは可能であり、また、しなければならないのである。

第2章　身分制社会の成立

本章では、江戸時代人の経済思想を考えていく前提として、思想外領域に属する江戸時代社会の成り立ちについて概観しておきたい。

一　元和偃武

一六一五（慶長二〇）年、いわゆる大坂夏の陣で、徳川家とその同盟者が豊臣家を攻め滅ぼした。そして、その二ヶ月後、慶長から元和《げんな》に改元された。偃武《えんぶ》とは、武器を置き、戦争をやめるという意味である。戦国の乱世に終止符が打たれ、徳川の御代が始まったのである。

日本の歴史は、古代・中世・近世・近代という四つに区分され、このうち中世と近世は武家政権の時代である。しかし、鎌倉時代・室町時代・江戸時代と、そのあり方は一様ではなく、しかも、前二者が中世、江戸が近世に属している。ここでは、武家政権の時代が、中世と近世にまたがっている理由を二つ挙げておきたい。

一つは、江戸時代において、武士が町の住人になったことである。これに対して、戦国期以前の武士は「在地領主」と呼ばれるように、自分の所領に住み、そこを直接支配するとともに、自らも農業を営むことが多かった。つまり、武士は一ヶ所に集住せず、また半分武士・半分営農者のような性格であったのである。

このような武士のあり方に変化をもたらしたのが、兵農分離である。これは、一部の戦国大名が始めた、家臣たちをその所領から引き離し、大名自身の居住地に移住させる施策である。すなわち、これが実行されると、個々の武士は自己の領地から離れ、大名の根拠地に集住し、半分営農者という生産者的側面がなくなり、経済的には消費者になるのである。そして、消費者化した武士たちが一ヶ所に集住するので、そこは徐々に町になっていくであろう。しかも、それに対応して、武士の所領には、農耕などにのみ従事する生産者だけが残ることになる。つまり、武士と農民がはっきりと別れるということであり、だからこれを兵農分離と言う。そして、豊臣・徳川の両政権が、この兵農分離を国制として全国に押し及ぼしたのである。武士が町の住人というのは、中世にはない、江戸時代的現象である。

二つ目は、元和偃武後、大規模な軍事衝突が再発する可能性はどんどん小さくなり、町に住む武士は兵《つわもの》としての実質を喪失していったことである。武士を含めて大多数の人々は戦国の終焉を歓迎したであろう。だが、武士の本質を戦闘者とするならば、軍功の機会を持ちえない、しかも消費者化した武士とは、いったい何者なのであうか。この疑問は、泰平が確固たるものになればなるほど、かえって解答に窮する難問であろう。

二　農工商

消費者化した町の武士に財・サービスを供給するのは誰か。まず食料を生産するのは、兵農分離後の村に住む農民や漁民であろう。「町」「町方」以外の領域を「村」「村方」「地方《ぢかた》」と呼び、ここに住む者を身分としては百姓という。したがって、人口の大部分は百姓であり、この百姓が食料生産者であると考えて大過ないであろう。

しかし、村方の生産物を町に移動させなければ、武士はそれを消費できない。そこで第一に機能するのが、武士が百姓から年貢として米穀を収取する米納年貢制である。だが、武士は米以外の財貨——諸色——を年貢として収取することはできない。

そこで必要となるのが、さまざまな財貨の生産者と流通業者であり、彼らは、身分的には、百姓・職人・商人である。すなわち、百姓・職人が諸色を生産し、商人がそれを流通させ、武士がそれを買うのである。ただし、武士の収入の大半は年貢米なので、彼らは諸色を買う前に、米を売って貨幣を得なければならない。このため、米穀値段の変動は武士の財政や家計に影響を及ぼすし、さらに、江戸時代の貨幣には、相互に貨幣単位の異なる金貨・銀貨・銭貨の三種類があり——三貨並立制（表9-1）——、しかも三貨間の交換比率は日々変動していたので、貨幣相場からも目が離せないのである。このように、江戸時代武士の暮らしは、案外、複雑なものなのである。

要するに、江戸時代社会の根幹を成す米納年貢制は、それだけで完結する仕組みではなく、米穀以外の財・サービスを村方と町方で生産し、それらを貨幣を仲立ちとして流通させる、つまり市場経済システムによって補完されなければならなかったのである。そして、これらの全体をその担い手の身分という観点から見ると、村に住む生産者は百姓、町に住むそれは職人、同じく町の流通業者は商人であり、この三つを合わせて「三民」、後二者を「町人」と呼ぶことがある。武士は、統治の担い手であり、身分制的には上位に位置するが、経済的には三民に依存する非自立的存在である。しかし、百姓・町人が自立的かと言えば、そうではない。彼らに統治権限はなく、もしかりに武士の担う統治機能が不完全であれば、彼らの営農・営業つまり経済活動は不安定なものとなったであろう。すなわち、江戸時代社会の中には、完全に自立した身分はなく、それぞれがある一定の社会的機能を果たしつつ、相互に依存し合い、そうすることによって全体が成立・存続していたのである。「士農工商」――「四民」――という言葉は、単純に過ぎる嫌いはあるが、江戸時代社会における各身分間の相互依存的関係を簡潔に表現したものである。そして、思想外領域におけるこのような身分制が、武士と百姓・町人の経済思想の前提を成していたのである。

第3章　泰平の世の武士

前章で述べたように、戦闘者としての実質を失った武士とは、いったい何者なのだろうか。元和偃武《げんなえんぶ》後の江戸時代社会において、武士のあり方を改めて問い直す、そういう武士が出てくることは、当然だったろう。

一　兵学と儒学

山鹿素行《やまがそこう》（一六二二―一六八五）は、江戸時代前期の兵学者・儒学者である。そもそも儒学あるいは儒教というのは、紀元前の中国に源を発する思想である。また、古代の儒教に対して、「新儒教」と総称される思想の潮流が北宋（九六〇―一一二七）の時代に生まれ、その後、中国から日本を含む周辺地域に伝播していった。一六世紀後期に日本で興隆した儒学は新儒教の一つである朱子学である。素行も九歳で林羅山《はやしらざん》（一五八三―一六五七）に入門し、朱子学を学んだ。しかし、彼は、後年、「【3―1】学はただ古の訓《おしえ》を学んで、その知を致《きわ》め、而も日用に施すなり」（『聖教要録』、田原・守本〔一九七〇〕一二頁）のように、朱子学に疑問を感じるようになった。素行の思想は、「古の訓」を尊ぶ「古学派」と総称される儒教思想の一つであり、それは「日用」という現実性・具体性を指向するものであった。朱子学は「理」という宇宙の形而上学的原理の実在を説くが、古学派はそうした朱子学的「理」に懐疑的であり、素行もその一人であった。

しかし、当時、素行はむしろ兵学者として著名であり、兵法教授のため一六五二（承応元）年から六〇（万治三）年まで播磨国《はりまのくに》赤穂（現・兵庫県赤穂市）の浅野家に仕えていた。また、一六六六（寛文六）年、徳川政権からその著作の内容をとがめられ、七五（延宝三）年までの間、浅野家に幽閉されたこともあった。この流罪事件も、彼がそれなりに耳目を集めた人物であったことを示している。

二　山鹿素行の自問自答

武士が戦闘者であるとすれば、武士と兵学との間に密接な関係があることは容易に理解されよう。しかし、元和偃武後の長い平時において、軍事学はどういう意味を持つのだろうか。素行が単なる兵学者ではなく、儒学者でもあるという事実は、戦争しない戦闘者という江戸時代武士の逆説に関わっているかもしれない。彼は、武士のあり方について、次のように自問している。

【3―2】凡ソ天地ノ間、二気〈陰と陽。事物を形作る元素〉ノ妙合ヲ以《もつて》人物〈人と物〉ノ生々ヲ遂グ、人ハ万物ノ霊

〈最も優れたもの〉ニシテ、万物人ニ至テ尽。コヽニ生々無息ノ人、或ハ耕シテ食ヲイトナミ、或ハタクミテ器物ヲ造リ、或ハ互ニ交易利潤セシメテ天下ノ用ヲタラシム、是農工商不得已《やむをえず》シテ〈必然的に〉相起レリ。而シテ士ハ不耕《たがやさず》シテクライ、不造《つくらず》シテ用イ、不売買《ばいばいせず》シテ利タル、ソノ故何事ゾヤ。……士トシテ其職分ナクンバ不可有《あるべからず》、職分アラズシテ食用足シメンコトハ遊民ト可云《いうべし》、……士若《もし》ツトメズシテ一生ヲ全ク可終《おわるべくん》バ、天ノ賊民ト云ベシ。シカレバ士何ゾ職業ナカラント、自省テ士ノ職分ヲ究明イタサンニハ、士ノ職業初メテアラハルベキナリ。（『山鹿語類』、田原・守本〔一九七〇〕三一―三二頁）

素行は、農民・職人・商人には各身分ごとの「職分」つまり社会に役立つ仕事があると言っている。ここに、社会的な役割を果たしている者が一人前の人間であるという素行の人間観が表現されている。したがって、「職分」を全うしていない者は「遊民」「賊民」であり、非難の対象である。しかし、そうだとすると、平時の武士にとっての果たすべき「職分」は存在するのか。これが素行の自問であり、それに対する彼の自答は次のようなものである。

【3-3】凡《およ》ソ士ノ職ト云ハ、……主人ヲ得テ奉公ノ忠ヲ尽シ、朋輩ニ交テ信ヲ厚クシ、身ノ独リヲ慎デ義ヲ専トスルニアリ。而シテ己レガ身ニ父子兄弟夫婦ノ不得已交接アリ。是又天下ノ万民各《おのおの》ナクンバ不可有《あるべからざる》ノ人倫ナリトイヘドモ、農工商ハ其職業ニ暇アラザルヲ以テ、常住《じょうじゅう》〈いつも〉相従テ其道ヲ不得尽《つくすことをえず》。士ハ農工商ノ業ヲサシ置テ此道ヲ専ツトメ、三民ノ間苟《いやし》クモ人倫ヲミダラン輩ヲバ速ニ罰シテ、以テ天下ニ天倫ノ正シキヲ待ツ。是士ニ文武之徳知不備《そなわらずん》バアルベカラズ。サレバ形ニハ剣戟弓馬ノ用ヲタラシメ、内ニハ君臣朋友父子兄弟夫婦道ヲツトメテ、文道心ニタリ武備外ニ調テ、三民自《おのずか》ラ是師トシ是ヲ貴ンデ、其教ニシタガイ其本末ヲシルニタレリ。

コ、ニオキテ士ノ道タッテ、衣食居ノツグノイ以テ心易カルベク、君主ノ恩、父母ノ恵、シバラク報ズルニタリヌベシ。……是則職分也。……故ニ士ノ本トスルハ在レ知ニ職分一《しょくぶんをしるにあり》トハ云ヘル也。(『山鹿語類』、田原・守本〔一九七〇〕三二一―三二三頁)

素行によれば、一方において戦闘者としての軍事的能力を身につけ、他方において内面の道徳的修養に努め、この両者を兼備し、百姓・町人の手本となり、理想の社会を実現する。これが武士の「職分」である。軍事は兵学に、道徳と統治は儒学につながっている。素行が兵学者にして儒学者であったのはこのためである。

三　経世済民

しかし、社会の実態に即せば、武士の仕事が統治であることは明らかであり、それ以外に武士の「日用」はないはずである。したがって、素行以外にも、あるいは素行以上に、政治・行政に高い価値を見出す武士が現れても、それは不思議ではないであろう。統治に関わる議論を経世済民論――経世論――という。「経済」という語はこの経世済民に由来しており、今日とは違い、それはむしろ政治という意味である。すなわち、「【3-4】凡天下国家ヲ治ムルヲ経済ト云、世ヲ経《おさ》メ民ヲ済《すく》フト云フ義也」(太宰春台『経済録』、滝本〔一九六七〕三九四頁)である。

江戸時代が終わるまで、軍事的業務や思考が武士の中から消えることはなかった(前田〔一九九六〕)。しかし、統治を、軍事とともに、あるいは実質的には軍事以上に、武士の「職分」と考えるようになる。これは、泰平の世における武士の再定義である。

【3-1】【3-2】【3-3】田原嗣郎・守本順一郎校注〔一九七〇〕『日本思想大系32　山鹿素行』（岩波書店）

【3-4】滝本誠一編〔一九六七〕『日本経済大典』第九巻（明治文献）

第4章　脱市場の経世済民論

一　町の繁昌、武士の借銀

一六六七（寛文七）年頃に刊行された『子孫鑑《しそんかがみ》』という教訓書がある。この本は当時の町の様子を窺うにはおもしろい読み物である。その中に収録されている「浅草観音もふで御代繁昌物語の事」は、浅草の観音様（浅草寺）にお詣りに行った、その道すがら小耳に挟んだ話として、江戸のにぎわいを次のように描写している。

【4−1】御城は二十町四方と云。御籏本《はたもと》大名町は不レ及レ云《いうにおよばず》、本町は八百八町……尺地《せきち》〈わずかな土地〉も不レ闕《あかず》、……此川〈隅田川〉筋、ゆさんぶねや諸国の商舟、出る舟入舟、其外大小舟数いく千万といふ数をしらず。……誠に御繁昌の御代かな。（中村〔一九七五〕五三頁）

徳川《とくがわ》家康《いえやす》（一五四二―一六一六）が関東に入り、江戸を根拠地と定めてから八〇年ほど、若い江戸は発展途上にあり、その様子が「御繁昌」と表現されている。

　しかし、すべての人に繁昌が当てはまったわけではない。『子孫鑑』の「侍身上物語の事」と題された「知行三百石」の武士の「ありやうものがたり〈打ち明け話〉」によれば、この武士の家計は、年に三三両の赤字。世間との付き合いや家屋の修繕などもままならないというのである（中村〔一九七五〕八〇―八二頁）。

　しかも、武士家計だけではなく、武家財政が不安定化してくるのもこの頃である。たとえば、後に取り上げる熊沢《くまざわ》蕃山《ばんざん》（一六一九―一六九一）が仕えていた備前国《びぜんのくに》岡山の池田家を見ると、「宝永三〈一七〇六〉年の借銀高は八、一三〇貫目余で、その利銀のみで六八〇貫目余」（谷口〔一九六四〕三七九頁）であった。

　武士の間で、右のような社会の動向を「問題」だと感じ、その解決を模索する者が現れてくる。その主張が経世済民論、もう少し厳密に言えば、近世初期経世論である。

二　熊沢蕃山

1　修学と政治体験

　熊沢蕃山は、浪人の家に生まれたが、一六三四（寛永一一）年、岡山の池田家に仕えることができた。しかし、その三年後のいわゆる島原の乱に際し、蕃山は島原への出陣を願い出たが、この希望は実現されなかった。つまり、第3章で述べた山鹿《やまが》素行《そこう》（一六二二―一六八五）と同じように、武士はもはや戦闘者ではないという現実に、蕃山もまた直面したのである。蕃山が学問に関心を抱くようになったのは恐らくこの時であり、彼は池田家を辞し、家族の住む近江国《おうみのくに》（現・滋賀県）に戻ってしまった。

蕃山は、一六四一（寛永一八）年、近江国に住んでいた儒者中江藤樹《なかえとうじゅ》（一六〇八―一六四八）に入門した。藤樹は、この頃、陽明学に関心を寄せており、またその代表作『翁問答《おきなもんどう》』が著されたのは蕃山入門の前年である。

ところで、陽明学というのは、中国の王陽明《おうようめい》（一四七二―一五二九）が、朱子学を批判して作り上げた儒教思想であり、「心即理」という考え方がその核心をなしていた（島田〔一九六七〕）。なお、朱子学・陽明学は第3章で触れた新儒教に含まれるものであり、宋明学と呼ばれることもある。

蕃山は、陽明学に接近していた藤樹のもとで、その修学を「心」に軸足を置く立場から開始したと考えられる。しかし、藤樹は「晩年になるにしたがい仏教に親近する」（山下〔一九七四〕四〇七頁）方向へ歩んでいった。他方、蕃山は、そのような藤樹と若い頃の自分を「【4-2】中江氏は……学は未熟にて、異学のついゐもありき。……中江氏存生の時は……学流の異端にちかき所ある」（『集義外書』、正宗〔一九七八〕一〇八頁）と批判・自己批判している。これは、蕃山の思想が藤樹とは反対方向に進展したことを示唆していよう。

蕃山は、一六四五（正保二）年、再び池田家に仕え、しかもその二年後、主君池田光政《いけだみつまさ》（一六〇九―一六八二）の知遇を得ることになった。以後一六五七（明暦三）年までの間、彼は池田家の領国統治の中枢に関わることになる。

ところで、軽輩が主君に抜擢されることは異例であるが、その人物が儒教に傾倒していたことは、当時においても、また江戸時代全体を通じても、めったにないことであった。しかし、江戸時代の現実とは反対に、中国の儒教においては、儒学を修めた者が統治の任に当たるべきだという考え方が支配的であった（渡辺〔二〇一〇〕二六頁）。したがって、このような中国的な考え方によるならば、人間の内面的徳性の程度とその人物の社会的位置が対応することになる。言い換えれば、道徳の序列が社会の序列であり、その最上位に有徳者＝君主が位置し、このような君主による政治の要諦は彼自身の内面的徳性であり、君主は徳をもって治め、それに対して万民は自ずから帰服すると想定されているのである。これを徳治という。最も理想的な政治形態である。

しかし、江戸時代では、こうした儒教的徳治主義は通用しなかった。徳川家康が天下人となったのは、彼が有徳者であったからではなく、戦国時代の最後の軍事的勝利者だったからである。また、政治・行政機構も、戦国期の軍事組織を平時の統治にそのまま転用したものであった（笠谷〔一九八八〕一九五頁）。したがって、このような社会においては、軍事的勝利という具体的実績が物を言い、人の徳性といった無形の尺度は意味を持たないのである。このため、儒者といった非軍事的人間が政治や行政に登用されることは珍しかったのである。江戸時代の思想を考える際には、中国儒教の理想と江戸時代の現実とのズレを念頭に置いておくことが必要である。

島原の乱以来、蕃山は武士とは何かについて悩んできた。「【4-3】民は、五穀を作りて人を養ふ。婦女は、きぬをおりて人に着せしむ。士は、することなし」（『集義和書』、後藤・友枝〔一九七一〕三一五頁）。山鹿素行の【3-2】と同じである。しかし、蕃山の場合、その答えはひょんなことから与えられてしまった。岡山での統治への参与である。蕃山は、一六五七年に池田家を辞し、五〇歳過ぎから著述活動を本格化させていくが、その経世済民論は政治の実体験を踏まえたものであり、ここに日本経済思想史における蕃山の重要性があるのである。

しかし、ではなく、だからであろうか。儒者・経世家として活動していた時期の蕃山は、池田光政と不仲になり、かつての師中江藤樹を批判し、さらに最晩年には徳川政権により下総国《しもうさのくに》古河（現・茨城県古河市）城中に幽閉されてしまった。融通のきかない人だったのかもしれない。

2　道

江戸時代人の文章では、最も根本的な価値を「道」と表現することが多い（野崎〔一九七九〕）。蕃山の場合、それは道徳規範である。

【4-4】道は三綱〈君臣父子夫婦の道〉五常〈仁義礼智信〉これなり。天地人に配し五行〈事物を構成する五つの元素〉に配す。いまだ徳の名なく、聖人の教なかりし時も、此道は既行はれたり。いまだ人生《しょう》ざりし時も、天地に行はれ、いまだ天地わかれざりし時も、太虚〈宇宙の根源〉に行はる。人絶《たえ》天地無に帰すといへ共亡ることなし。況《いわんや》後世をや。（『集義外書』、正宗〔一九七八〕六三頁）

思想とは、突きつめて言えば、人とは何かを問うものだとすると、時間と空間を超えて遍在する「道」は、人にどう関わるのかが問題になる。次の【4-5】にある「性」とは、現在の言葉で言えば人間性のことであり、蕃山はそれを「仁・義・礼・智・信」だと言っている。この五つは右の【4-4】で言えば、「五常」のことである。

【4-5】惟《ただ》此無極ノ理・二五〈陰陽五行〉ノ精、妙合シテ人トナリ、明徳〈生得的徳性〉ソナハル。是ヲ性ト云《いう》。性中ヲノヅカラ仁・義・礼・智・信ノ条理アリ。天ノ元ノ人ニアルヲ仁ト云《いい》、……仁・義・礼・智・信ハ天理未発ノ中也。（『集義和書』、後藤・友枝〔一九七一〕一〇二頁）

すなわち、「人」の「性」には生まれながらにして「明徳」が備わっており、そのうちのたとえば「仁」は「天」

にある時は「元」だというのである。つまり、名称は違うけれども、「仁」と「元」は同じものであり、「人」の「性」である「明徳」はその本質において「天」と同一であるということである。

次に、社会は「人」から成っているのであるから、「天下国家」もまた道徳規範に基づくものとなる。

【4-6】仁ハ天ノ元徳ニシテ生理〈人間の生命愛情の原理〉也。其本体ハ無声・無臭ナリトイヘドモ、感ジテ天下ノコトニ通ズルトキハ慈愛惻隠《じあいそくいん》ノ心トナル。天下国家、慈愛ナクテハ一日モ立ガタシ。（『集義和書』、後藤・友枝〔一九七一〕一〇二―一〇三頁）

つまり、「天ノ元」は「人」にあっては「仁」であり、それが「天下」においては「慈愛惻隠ノ心」として発現するのであり、この人を慈しむという倫理が「天下国家」の基盤だというのである。

したがって、そのような「天下国家」を実現するための政治のあり方も、「道」を前提として、先述の徳治となる。

【4-7】上道アリテ明カナレバ、進メザレドモ天下善ヲナシ、戒メザレドモ悪ヲナサズ。……聖主賢君ノ政ハ何ノ労スル事モナシ。タヾ道明ニシテ上ニ位シタフバカリ也。（『集義和書』、後藤・友枝〔一九七一〕一一七頁）

以上のような蕃山の儒教理論は、基本的に、宋明学に由来するものである。

3　道徳的退廃

人間はいつも自分を取り巻く状況を知覚・評価している。ただし、これは人の脳内に成立したその人の認識であって、事実そのものではない。同じものを見ても、違う人は違う評価をする可能性は低くない。現状認識というものは、現実そのものではなく、その認識を持った人の脳内に形成されたイメージ、つまりその人の思想の一部である。

蕃山の現状認識によれば、二つのことが問題であった。その一つは、一六七五（延宝三）年、播磨国《はりまのくに》明石（現・兵庫県明石市）に住んでいた蕃山が、池田光政の三男で、一時期蕃山の養継嗣となっていた池田《いけだ》輝録《てるとし》（一六四九―一七一四）に送った手紙に示されている。

【4―8】此間備前より明石へ参候者共の物語も、方々にてうゐ死多《おおく》、にが〳〵敷体《しきてい》に候へども……御家中方々ありきじやうるり〈浄瑠璃〉こうた〈小唄〉にて身をすぎ申候。……加様に義心亡び人道乱れ候へば、思ひの外なる凶事出来《しゅったい》仕《つかまつる》者にて候。……兵乱の時いたり候て、武士は義を失ひ、民はうらみ骨にてつし居申候へば、御家の滅亡遠かるまじく候。……他国より乱と申も尤に候。……義理かけはて申候。（「増池田丹波守書」、正宗〔一九七九b〕一三八―一三九頁）

ここでの問題は、要するに「義心亡び人道乱れ候」という池田家家中の「にが〳〵敷体」である。これに対して、蕃山にとって、武士は次のようでなければならなかった。

【4―9】膳中の一飯も一粒〳〵民の辛苦より出《いで》たり。……天下は相助《あいたすけ》相報《むく》ゆる道理なり。故に、善をなさゞる者は

天地の賊なり。況《いわん》や驕《おごり》て民をくるしめ人の害になるものをや。士の文を学び礼儀を慎み、弓馬に遊び武勇をたしなむは、民の耕作の業に同じ。士は天下を警固して民を安からしめ、君上の干城《かんじょう》〈盾と城〉となり、武威を以て世のしづかならんことを欲す。是《これ》道徳をしるが故に、少し民の労に報《むくい》むと思ふもの也。(『集義和書』、後藤・友枝〔一九七一〕三五三頁)

つまり、蕃山から見れば、現実の武士は「道徳をしる」ことから遠く隔たった存在であった。すなわち、蕃山の現状認識の一つ目は、世の道徳的退廃である。

4　経済的困窮

もう一つの現状認識、それは経済上の問題である。

【4–10】今は誰が有にもならですたる〈廃る〉米限なし。しかれども今の勢は其すたる故に世間立事也。百姓は年貢を納め、武士は物成《ものなり》〈年貢〉取て已後は、多くすたるほど、貴賤ともによき勢となれり。此勢を変ぜずして、すたらぬやうにせば、世の中ます〳〵困窮すべし。すたりを取あげたらば、米亦下直《げじき》〈低価格〉なるべし。近年豊年故、武士も民もます〳〵困窮す。士民つまりたればあきなひなし。工商も亦困窮す。……此惣詰りは、米少し多く成たる故也。(『大学或問』、後藤・友枝〔一九七一〕四一七頁)

奇妙なことに、「すたる」つまり無駄になる米が多いことによって、世の中が成り立っているというのである。つまり、無駄になっている米を無駄にならないようにすると、市場に供給される米が増加し、その結果、米価が下落する。米が安くなると、「百姓」から収取した年貢米を市場に売却して貨幣を得る「武士」も、余剰米を販売する「百姓」も、貨幣収入が少なくなる。「武士」「百姓」の収入が減ると、彼らからの需要に依存している「工商」も困ることになる。皆が窮迫するので、これを「惣詰り」という。すなわち、「豊年」ために「惣詰り」が起こるという逆説は、「武士」「百姓」が米穀市場に参入し、彼らが米価変動の影響を受けているということなのである。これは、市場経済の展開とそこにおける人々の経済状況に関わる社会的な問題である。

要するに、先に述べた道徳的退廃とこの経済的困窮の二つが、蕃山の現状認識である。

5　政治の実効性

右のような現状を改善するために必要なものの一つが、「【4―11】仁政を行ふ事は、其人を得るにあり。賢者を位に置、本才ある人に国政をとらしめ、能者を諸役に命ずる時は、君の仁心ひろくなりて、仁政行はる」（『大学或問』、後藤・友枝〔一九七一〕四一一頁）という人材の登用である。しかし、この人材登用論は、先程の「聖主賢君ノ政」（【4―7】）とは少し違うのではないだろうか。

【4―12】徳を以て造化〈天地が万物を育てること〉を助るは、聖賢の事也。政《まつりごと》を以て造化を助くるは人才也。大君徳いまだ賢人君子に至り給はず共、人民の父母たる天職にだにかなひ給はゞ、事を以て造化を助る時多し。……心の位を以ていへば、善人英雄本才也。政の才を以ていへば、本才英雄善人也。（『孝経外伝或問』、正宗〔一九七九a〕六八―六九頁）

つまり、「聖主賢君」ならば徳治は可能であるが、「賢人君子」でない「大君」の場合、徳治は無理であり、「心の位」では最下位ではあるが、「政の才」つまり政治的能力では最上位の「本才」の登用が必要なのである。理想の徳治は、原則的には否定されていないが、実際的には、別の政治のあり方が求められていると言えよう。

では、なぜそのような理想とは異なることをしなければならないのか。それは、現実政治においては「造化を助る」という具体的な結果を出すこと、つまり政治の実効性が求められているからである。

【4-13】徒善《とぜん》は政をするに不ㇾ足《たらず》といふもの也。悪なれ共、君の手に権威ある時は下したがふもの也。善なれども、君に権柄《けんぺい》〈支配力〉威厳なき時は下したがはず。後世、君たる人、其身正しく不欲なれども威なきは柔善なり。しかのみならず、政をするの道をしらず。この故に、正しく不欲なるは善なれども、其化、士にうつらず、其沢《たく》、民に及ばす。（『集義和書』、後藤・友枝〔一九七一〕二五〇頁）

ここでは、政治における強制力の重要性が説かれている。「徒善」の「徒」は無益・無駄という意味である。実効性のない「不欲」「柔善」は無用と退けられているのである。

6　状況への対応

右のように、蕃山は為政者の質によって、それに適合する政治の形態を選択している。すなわち、ここに見られるのは、状況を知り、それに対応しようとする姿勢であり、これを一般化すれば、次のようになる。

【4-14】道と法とは別なるものにて候を、……法を道と覚えたるあやまり多く候。法は中国の聖人といへども代々に替り候。……法は聖人時処位に応じて、事の宜きを制作し給へり。故に其代にありては道に配す。時去り人位かはりぬれば、聖法といへども用ひがたきものあり。不合《あわざる》を行ふときは、却《かえつ》て道に害あり。……時処位の至善に叶はざれば道にはあらず。(『集義外書』、正宗〔一九七八〕六三—六四頁)

一方において普遍的原理としての「道」を堅持しつつ、他方においては状況に応じた施策つまり「法」が立案・実行されねばならないということである。右述の統治者の質も一つの状況であり、「聖主賢君」と「大君」では、政治のあり方が違ってくるのである。時所(処)位論と呼ばれるこの論理は、蕃山に政策選択の幅を与えている。

7 道徳的改革の遷延

道徳的退廃と経済的困窮、この二つの問題はどのような関係にあるのだろうか。

【4-15】大道とは大同なり。俗と共に進むべし、独抜《ひとりぬきん》ずべからず。衆と共に行ふべし、独異なるべからず。……衆のしたがふべき気を見ては、さきだちてすゝむることあり。己気力ありとも、人のしたがひがたき事はなさず。世の道学の小道なること、いはずしてしりぬべし。(『集義和書』、後藤・友枝〔一九七一〕八八頁)

蕃山は、道徳上の改革を先送りしようと言っている。ある種の諦観が彼の心底にあったのであろうか。しかし、理論的に言えば、これは時所位論に基づく主張であろう。すなわち、「小道」が支配的な今の「世」では多くの人々ができないことはあえてしないというのである。

ただし、時所位論は「道」の普遍性を否定したり、また、現状における無作為を正当化する論理ではない。むしろ、右述のように、為政者には、今の状況に応じた「法」の立案・実行が求められているのである。

8　経済と道徳

道徳上の問題を先送りするとすれば、経済的困窮の方はどうなのであろうか。

【4-16】国の本は民也。民の本は食也。……大君・諸侯は其任にして天の責あり。……是〈人民〉を撫《なで》〈いつくしむ〉是を治るの道、至誠を尽すべし。人の至誠を尽す所、子に過たるはなし。人君は民の父母也。親の子にをける何をか先とする。養をかへり見るを第一とせずや。養道備りて後教べし。故に、仁君は稼穡《かしよく》〈農業〉の艱難《かんなん》〈苦しみ〉をしれり。（『集義和書』、後藤・友枝〔一九七一〕三四四頁）

ここでは、「食」に代表される基礎的消費財の安定供給が、「民」の生活を支える基本であり、したがって、「父母」が「子」をいつくしむように、「養」を確保することが、君主の任務とされているのである。

しかも、「養」は、経済の局面だけでなく、道徳の問題にも関わっている点が重要である。すなわち、「養道備りて後教べし」とは、「養」が道徳上の「教」の現実的な前提であり、だから「養」は「教」に先行しなければならないというのである。言い方を換えれば、「【4-17】善事をあたへんと欲する時は、富有大業の政を行て、万民富足やうにする也。困窮してせは〳〵しき人民には教をほどこしがたし。何のいとまありてか、礼儀を修べきや」（『孝経外伝或問』、正宗〔一九七九ａ〕六九頁）ということであり、これは、人間の本性を「道」とする規範主義的人間観を、理論的にではないが、事実上修正するものである。すなわち、日々の経済状態は人間の現実のあり方を規定するということである。だから蕃山は「仁政」を次のように定義しているのである。

【4-18】世人のまどひは異端〈仏教〉の渡世〈仏僧〉よりをこり、民の困窮は世の奢《おごり》より生ずるとにて候。しかれども数十年奢によりて、渡世するもの余多あれば、急に奢をやめむとすれば、うゐに及もの多き者にて候。異端の渡世はなを以て数十万人あるべければ、是も急には制しがたかるべし。人の迷惑せぬを仁政と申候。大道行はれ候はゞ、一人も迷惑するものなく、人のまどひも困窮もやみ可レ申《もうすべく》候。（『集義外書』、正宗〔一九七八〕一二頁）

贅沢や仏教はよくないが、それによって生活の糧を得ている者がいる以上、それらを性急に規制してはならない。その者たちが失職して「うゐ」る、つまり「迷惑」するからである。いかなる善政においても、その実施過程においては、新たな経済的困窮者の発生を絶対に回避しなければならないのである。これが蕃山の「仁政」である。

9　武士土着

既述のように、蕃山は「豊年」のために「惣詰り」が生じていると認識している。このような言わば本末転倒の状況において、「万民富足やうにする」「富有大業の政」を「一人も迷惑するものなく」実行するというのは、虫がよすぎるのではないだろうか。実際、それは並大抵のことではなく、もしかすると、徳川体制の根幹を変えてしまうほどの変革が必要かもしれない。

【4–19】如《かくのごとく》レ此自然に高免〈年貢率〉に成て、民の悴《かじけ》〈痩せ衰える〉たるは、士とはなれたる故也。士の在々〈村々〉に在付《ありつく》やうにすべし。又士の心得にも、此後子々孫々生死を共にする譜代《ふだい》の民なれば、民の為あしからぬやうにたしなむべし。軍役は民をつれて出る事なれば、常に人を多くはかゝへ置ず。……少づゝの手作り〈耕作〉すれば……文武の芸をつとめ、君の干城となるべき武夫ならん。……子々孫々に至りては、士共に作人となりて、十一の貢《みつぎ》〈年貢率一〇パーセント〉に帰すべし。(『大学或問』、後藤・友枝〔一九七一〕四四〇頁)

これは武士土着論あるいは農兵制論と呼ばれるものである。徳川体制の根幹を変えるとは、第2章で述べた兵農分離を否定し、武士を兵農分離以前の状態に戻すということである。すなわち、町の消費者である武士が「在」つまり所領に移住すれば、つつましやかな田舎暮らしによって支出を減らすことができる。さらに、自らも農業生産に従事し、実質所得を増加させる。そうすれば、「民」に対する年貢賦課を軽減し、最終的には年貢率を一〇パーセントにまで引き下げることができる。また、質素な農村において、武士としての鍛練にはげみ、農民との関係も緊密なものとなる。君主の側から見れば、家臣団に支給する俸禄が少なくなり、財政にゆとりが生ずる。要するに、兵農分離以前に戻れば、「士」と「民」が直結し、また「士」自身も耕作するので、生活に必要な財貨は、市場経済を介することなく、「在」の中で調達可能となり、結果として「工商」の多くも不要となり、「士」と「民」から成る世の中に戻り、「豊年」によって「物詰り」が生ずるという逆説はなくなるということである。言い換えれば、「一人も迷惑するもの」のない「仁政」が実現するのであり、その要諦は、武士土着による脱市場である。

しかも、武士の土着によって経済上の問題が解決されるだけでなく、道徳的な社会の構築もまた可能となるのである。それは、先述の「養」と「教」との先後関係からすれば、当然であろう。

【4―20】富有は天下の為の富有なり。……四海〈天下〉の困窮くつろぎ、万事調て已後《いご》は余財用〈余計な支出〉なければ、農兵の昔に返り、十一の貢に成て、財散じ〈富が社会全体に広まり〉、人心あつまり、足る事を知て富有淳厚の風俗と成て、人民足らざる事を知らず。農兵とならば、日本の武勇格別つよく、真の武国の名に叶ふべし。(『大学或問』、後藤・友枝〔一九七一〕四四二―四四三頁)

さきほど、規範主義的人間観が事実上修正され、経済状態が人間の現実のあり方を規定するという認識が、蕃山において成立していることを見た。そして、社会を人と人との関係だとすれば、人間観の変化は社会観の変容をもたらすであろう。つまり、経済の実態は、個体としての人間のあり方とともに、全体としての社会の実相をも左右する、少なくともその一つの規定因であるということである。言い換えれば、経済実態が人間と社会の両方を規定するという人間観＝社会観の成立である。つまり、経済の現実が、要の位置にあるということである。

しかし、既述のように、蕃山においては、「道」の普遍性が揺らいでいるわけではない。むしろ、だからこそ、経済は「道」の実現を事実上左右する現実的な手段、つまり「法」としての重要性を持つのである。ただし、「道」の実現が最終目標であるのに対して、経済は手段であること以上の意味を持ってはいない。すなわち、市場経済は、否定されはしないが、それを縮小させることに躊躇はない。市場や商人がそれ自体として敵視されているわけではなく、一定の役割も認められているが、さりとてその拡大が求められることはないし、「富有」やその成長が目的化されるともない。蕃山は、「【4－21】堯舜〈中国の伝説上の天子である堯帝と舜帝〉の民も貧乏をまぬかれず候や」との問いに対して、問題なのは「心」のあり方だと答えている。

まづしくはあれども乏しき事はなく候。人々分を安じて願なければ、身は労して心は楽めり。堯舜の民は康寧《こうねい》〈安らかで患難のないこと〉の福あるとは、此理にて候。（『集義和書』、後藤・友枝〔一九七一〕五五頁）

経済という社会現象は人類にとって不可欠なものである。けれども、それにどのような意味を与えるかは、自明のことではない。ある現象になんらかの意味を与えるのは人間であり、それが思想である。

10　陽明学と朱子学

中江藤樹のもとで修学を開始した蕃山が、その後、藤樹とは違う方向へ思索を展開していったことは既述の通りである。蕃山がその政治体験を元に独自の経世済民論を構築していった時、そこに浮かび上がってきたものが道徳と経済の問題であり、これを抜本的に解決する方法が武士の土着であった。そして、この経世論構築と表裏一体の関係を成すはずの儒学理論の形成について見るならば、それは、陽明学の「心即理」の「心」から、人の「外」の世界に目を向け、その「外」のあり方を理論の中に組みこむという作業になるのではないだろうか。

【4－22】天下の理の重きものは斉家《せいか》・治国・平天下なり。其中の一事〳〵は天の与たる才知あり。君も其質の得たる所を察し給ひて、其職を命じ給ひ、臣もみづからの天を尽すものなり。……天下の事は多し、理は窮《きわまり》なし。（『集

義和書』、後藤・友枝〔一九七一〕一五九―一六〇頁）

ここから、蕃山が社会や自然のさまざまな事物・事象に着目し、その一つ一つにそれぞれ固有のあり方があるという認識を有していたことが読み取れるであろう。けれども、「天下の事は多し、理は窮なし」というこの知見は、陽明学の理論には収まりきれなかったかもしれない。「内」から「外」へと関心が広がった時、この「外」をも包摂する発想を理論化するのに有効であった思想的ツールは、森羅万象をその理論の内に包みこんでいる朱子学であった可能性が高い。ただし、彼の場合、朱子学に完全に移行しきっているわけではない。ただ、蕃山が、儒学理論上では陽明学から出発して朱子学へ接近していったことは事実であり、その思想的営みの過程が彼の為政の体験に裏打ちされたものであった可能性を想定しておきたい。儒学、特に朱子学や陽明学といった中国の頂点的思想が江戸時代の日本で受容されたとすれば、蕃山は、それはどのような思想的意味においてであったかを示す一例だからである。

【4-1】中村幸彦校注〔一九七五〕『日本思想大系59　近世町人思想』（岩波書店）
【4-2】【4-4】【4-14】【4-18】正宗敦夫編〔一九七八〕『増訂蕃山全集』第二巻（名著出版）
【4-3】【4-5】【4-6】【4-7】【4-9】【4-10】【4-11】【4-13】【4-15】【4-16】【4-19】【4-20】【4-21】【4-22】後藤陽一・友枝龍太郎校注〔一九七一〕『日本思想大系30　熊沢蕃山』（岩波書店）
【4-8】正宗敦夫編〔一九七九ｂ〕『増訂蕃山全集』第六巻（名著出版）
【4-12】【4-17】正宗敦夫編〔一九七九ａ〕『増訂蕃山全集』第三巻（名著出版）

第5章　将軍権力による脱市場

一　徂徠豆腐と赤穂事件

荻生徂徠《おぎゅうそらい》（一六六六—一七二八）は、江戸時代思想史において最も大きな影響力を持った人物である。彼は江戸に生まれたが、一六七九（延宝七）年、父がなんらかの咎を受けたため、一家は母の実家のある上総国本納村《かずさのくにほんのう》（現・千葉県茂原市）に転居した。

一六九〇（元禄三）年、徂徠は江戸に戻ることができ、「【5-1】芝三島町豆腐屋の裏」（『蘐園雑話』、森・北川〔一九七九〕六六頁）に住んだ。けれども、定職はなく、その日暮らしであったらしい。しかし、一六九六年、第五代将軍徳川綱吉《とくがわつなよし》（一六四六—一七〇九）の側近柳沢吉保《やなぎさわよしやす》（一六五八—一七一四）に仕えることになった。なお、貧乏であった頃、徂徠は毎日のように近所の豆腐屋から雪花菜《おから》をもらっていたが、彼はこの豆腐屋の恩を終世忘れなかったという話は、今日でも「徂徠豆腐」という落語や講談の人情話として残っている。

ところで、一七〇三年一月（元禄一五年一二月）に起こったいわゆる赤穂事件の際、吉良義央《きらよしなか》（一六四一―一七〇二）を殺害した播磨国《はりまのくに》赤穂（現・兵庫県赤穂市）浅野家の旧臣四六人の切腹――事件に加わった者は四七人だとされるのが普通である。一人の差をどう考えるかについては諸説がある（田原〔一九七八〕、野口〔一九九四〕）――を進言したのは徂徠だと言われている。それは、事件処理に当たっていた柳沢吉保の問いに答えたものらしい（「柳沢家秘蔵実記」、甲斐叢書刊行会〔一九三四〕六四―六五頁）。当時、多くの人々が赤穂浪人に同情的であった中で、徂徠が切腹を妥当と考えた理由は、亡君の意志を継いだことは武士にとっては「義」であるが、それは公的法秩序からすれば違法な「私の論」であり、死刑は免れない。しかし、浪人とはいえ、君臣関係に限って言えば「義」であることを考慮して、武士としての名誉ある死が適当であるということのようである（「徂徠擬律書」、国書刊行会〔一九一〇〕一五〇頁）。この論理は、個々人における倫理と社会全体における法秩序とを区別し、後者を優先させる点で、後年の朱子学批判につながっていく要素を含んでいると言えよう。

徂徠は、享保の初め（一七一〇年代半ば）、朱子学批判に立脚した自己の儒学を確立するようになる。現在「徂徠学」と呼ばれているものは、享保期の思想を指すのが普通である。また、第六・七代将軍期、徂徠と徳川政権との距離は開くが、一七一六年、徳川吉宗《とくがわよしむね》（一六八四―一七五一）が第八代将軍になると、徂徠と政権と関係が復活してくる。『政談』として知られている著作は、徂徠が、一七二五年に吉宗から受けた「政策諮問」（平石〔一九八四〕一五一・二六三頁）に対する答申の書である。

二　朱子学の否定

朱子学の「理」は、形象を持たない、宇宙の唯一の原理であり、その内容は道徳規範である。そして、この「理」は人間を含む万物に内在し、その本質を形成する。他方、事物・事象の具体相は「気」と一括される複数の元素の組み合わせによって形作られると考えられている。つまり、「理」は形而上に、「気」は形而下に属するものであり、相互に次元を異にしている。朱子学が理気二元論の思想と言われるのはこのためである。

これに対して、徂徠も、「【5-2】理なる者は、事物にみな自然にこれあり」(『弁名』、吉川・丸山・西田・辻〔一九七三〕一五〇頁)と、「理」の存在を認めている。しかし、「事物」は多様なので、そのような「事物」の一つ一つに内在した「理」も多様であり、唯一の原理といったものではなくなる。しかも、その「理」とは何かを考える人間もまた多様であり、その上、人間の「【5-3】心は形なき」(『弁道』、吉川・丸山・西田・辻〔一九七三〕二七頁)捉え所のないものなので、これが「理」だと言っても、それは一定しないと徂徠は考える。

【5-4】我が心を以てこれを推度《すいたく》〈おしはかる〉して、その必ずまさにかくのごとくなるべきと、必ずかくのごとくなるべからざるとを見ることあり、これこれを理と謂《い》ふ。……故に理なる者は定準なき者なり。何となれば……人の見る所は、おのおのその性を以て殊《こと》なり。……人おのおのその見る所を見て、その見ざる所を見ず、故に殊なるなり。(『弁名』、吉川・丸山・西田・辻〔一九七三〕一五〇頁)

朱子学がその理論の中核にすえた「理」も「心」も、徂徠にとっては確固としたものでない。だが、そうだとすると、人間の規範や社会の秩序は、どのようにして善良に維持されうるのか。

三　人工物としての道

右の問いに対する答えは、やはり「道」である。

【5―5】先王の道は、先王の造る所なり。天地自然の道に非ざるなり。けだし先王、聡明睿知《そうめいえいち》の徳を以て、天命を受け、天下に王たり。その心は、一《いっ》に、天下を安んずるを以て務めとなす。ここを以てその心力を尽くし、その知巧を極め、この道を作為して、天下後世の人をしてこれに由りてこれを行はしむ。あに天地自然にこれあらんや。（『弁道』、吉川・丸山・西田・辻〔一九七三〕一四頁）

徂徠の言う「道」は、古代中国に実在したと彼が信じている「先王」と呼ばれる人物群が「造」ったもの、つまり人工物である。そして、「先王」がわざわざ「道」を「造」った目的は、「一に、天下を安んずる」つまり世の中を統治し、安寧を実現することである。

しかし、「先王」は、無制約に、無から有を「造」り出したわけではない。すなわち、「【5―6】先王、人の性に率《したが》ひてこの道を作為すと謂《い》ふなり」（『弁道』、吉川・丸山・西田・辻〔一九七三〕一四頁）、「【5―7】聖人甚深広大の智を以て。人の生れつき相応に建立し」（『徂來先生答問書』、島田〔一九七三〕四七八頁）と言われるように、「先王」は

「道」を「造」る際、「人の性に率」った、言い換えれば、「道」は究極的には「人の生れつき」という人間の本性に根ざしているのである。

では、その「人の性」とはどのようなものであろうか。

【5-8】人の初めもまた山谷の間に散処し、渙然《かんぜん》として〈溶け散って〉あひ通ぜず。然れどもそのあひ親しみあひ愛し、あひ輔けあひ養ひ、能《よ》くその群を合はせて、以てその性を安んずる者は、人の性あり。これいはゆる仁なり。聖人その性に率ひて以て人の道を立て、五倫〈君臣・父子・夫婦・兄弟・朋友〉以てあひ維《つな》ぎ、四民〈士農工商〉以てあひ助け、しかうしてのち四海〈天下〉は一家となり、中国〈自国〉は一人となり、その道、万世に亘りて長く存す。これいわゆる人の道は、仁に非ずして何ぞや。聖人なほその性の或いは微にして、その道の或いは雍（壅）せん〈ふさがる〉ことを慮るや、則ち礼楽刑政《れいがくけいせい》〈礼儀・音楽・刑罰・善政〉を作為す。……いはゆる先王の道なり。

（『蘐園十筆』、西田〔一九七六〕五八六頁）

つまり、人間には「【5-9】親愛生養の性」（『弁道』、吉川・丸山・西田・辻〔一九七三〕一八頁）という相互に親しく交わりあう、「群」を成す資質が生得的に潜在している。「先王」が「道」を「造」る際の拠り所は、この人間の「性」である。言い換えれば、「群」を成す人間の潜在的生質を顕在化させ、人間の言わば原始状態に終止符を打ったものが、「聖人」の「道」なのである。すなわち、「道」が、あるいは「聖人」が「道」を「造」ったという歴史的事実が、人間が社会を形成し、「【5-10】人間界といふ物」が「立」（『徂來先生答問書』、島田〔一九七三〕四七八頁）った決定的な契機なのである。

徂徠は、人間性そのものを、宇宙の原理としての道徳規範と見なすことはなかった。しかし、彼は人間性に「親愛生養の性」すなわち「仁」が潜在し、人は「孤立」ではなく「群」を成す生質を備えていることを認め、それに依拠した。つまり、徂徠の「道」はこの人間の生得的「性」に基づいているのである。ただし、「親愛生養の性」＝「仁」は人間の生得的な資質であって、それ自体が道徳規範であるわけではなく、したがって、「道」はあくまでも「先王」が「造」った人工物なのである。「【5-11】先王の道は外に在り」（『弁道』、吉川・丸山・西田・辻〔一九七三〕四七頁）と言われるのはこのためである。

四　為政者

徂徠によれば、「道」は古代中国にできあがっている。しかし、その後の「人間界」のすべてが自動的に「天下を安んずる」状態にあったわけではない。【5-5】には、「先王」は「道を作為して、天下後世の人をしてこれに由りてこれを行はしむ」と書かれている。つまり、「天下後世の人」に何かが期待されているのである。

【5-12】孔門の教へは、仁を至大となす。何となれば、能《よ》く先王の道を挙げてこれを体する者は仁なればなり。先王の道は……要は天下を安んずるに帰す。その本は天命を敬するに在り。天、我に命じて天子となり諸侯となり大夫となれば、すなはち臣民の在ることあり。……士大夫はみなその君と天職を共にする者なり。故に君子の道は、ただ仁を大なりとなす。（『弁道』、吉川・丸山・西田・辻〔一九七三〕一七頁）

ここでは、「天子」「諸侯」「大夫」─「臣民」という社会的関係が想定され、前者が後者を「安んずる」ことが求められている。それは「道」を「天下後世」という具体的場面において実現するということである。「天子」「諸侯」は、言わばミニ「先王」である。

【5-13】後王・君子は、先王の礼楽を奉じてこれを行ひ、敢へて違背せず。しかうして礼楽刑政は、先王これを以て天下を安んずるの道を尽くせり。これいはゆる仁なり。後王・君子も、まただ先王の礼楽の教へに順《したが》ひて、以て仁人たることを得しのみ。(『弁道』、吉川・丸山・西田・辻〔一九七三〕一六頁)

要するに、ある時代・地域において「天下を安んずる」ことが実現されるか否かは、その時代・地域を統治する「後王・君子」にかかっているのである。そして、その統治のあり方は、当然、「先王」の「道」に則らなければならない。江戸時代の為政者たちも、この「後王・君子」に属している。

五　現状認識

徂徠は徳川の治世を次のように見ていた。

【5-14】制度なきといふは如何の事なれば、古聖人の治めに制度といふ物をたてて、是にて上下の差別を立て、奢《おごり》をおさへ世界を豊にする妙術也。是によりて歴代皆此制度を立る事なるに、当時〈徳川の世〉は大乱の後武威を以

て天下を治め給いたるに、時代遙に隔りて古《いにしえ》の制度は用いがたく、其上大乱の後なれば、何事も制度みなほろび失たりし代の風俗をあらためず、其儘にさし置くによりて、今の代には何事も制度なく、上下共に心儘の世界也。（『政談』、平石〔二〇一一〕九九―一〇〇頁）

「歴代皆此制度を立る」はずであるが、徳川政権は一度もこれを実行してこなかった。「外」に「制度」がないので、内の、そもそも不確かな「心」が奔放になり、今は「上下共に心儘の世界」になっている。具体的には、次のようなことが問題である。

【5-15】太平久敷《ひさしく》続く時は、漸く上下困窮し、夫よりして紀綱乱れて遂には乱を生ず。……故に国天下を治むるには、先《まず》富豊かなる様にする事、是治めの根本也。（『政談』、平石〔二〇一一〕八六頁）

社会全般に及ぶ経済的困窮と秩序の弛緩、これが徂徠の現状認識である。そして、「【5-16】上下の困窮したるより代の乱れを生じたる事は古今一轍なれば」（『政談』、平石〔二〇一一〕九〇頁）、「先」経済上の問題から手を付けていくというのが、徂徠の経世済民論の「根本」となる。経済の問題を先行させるという発想は、前章で取り上げた熊《くま》沢蕃山《ざわばんざん》（一六一九―一六九一）にも見られたものである（【4-16】）。

六　武士土着

では、その「困窮」の原因は何か。徂徠は、二つの原因を挙げている。

【5-17】困窮に成べき筋を第一に吟味すべき事也。……只《ただ》古の聖人の仕形には有て、今の世には欠たる事共有《ことどもあり》。是を考へて改るにしくはなし〈こしたことはない〉。……上下万民を土に有つけて、其上に礼法制度を立る事、是治めの大綱也。当時は此二色欠たる所より、上下困窮の病も出来たる也。（『政談』、平石〔二〇一一〕九〇頁）

まず一つ目は「上下」が「土」つまり村から離れていること。徂徠はそれを「旅宿の境界」と表現している。「旅宿」とは文字通り旅の宿という意味であり、人々とりわけ武士が、本来住むべき自宅におらず、ホテル暮らしをしているということである。そして、これが次のような不都合を生む。

【5-18】御領〈徳川領〉・私領〈大名領〉ともに、一年の年貢米をくひ料〈食料〉ばかり残して、其外をば悉く売払て金にして、其金にて諸国の物を買調へて、日夜朝暮の用事を弁ずる事、是当時武家の有様なり。……商人なくては武士はたたぬ也。諸事の物は皆商人の手にあるを、それを金を出して申請て用を弁ずる事なるゆへ……畢竟直段は商人の中次第也。是武家皆旅宿の境界なる故、商人の利倍を得る事、此の百年以来ほど盛なる事は、天地開闢已来、異国にも日本にも是なし。（『政談』、平石〔二〇一一〕九三頁）

自宅にいれば生活必需品は手元にあるが、ホテルではすべての財貨を金を出して買わなければならない。つまり、市場経済に依存しなければならず、その結果、経済の実権は武士から商人の手に移ってしまい、世の中は商人の

「【5-19】極楽世界」(『政談』、平石〔二〇一一〕一〇九頁)になっているというのである。

したがって、徂徠の提言する政策の中心は、「上下万民を土に有りつけ」ること、とりわけ武士を言わばホテルである城下町から自宅である所領に移住させることであり、これによって「【5-20】武士田舎に居住する時は、第一衣食住に物入らぬ故、武家の身上直るべし」(『政談』、平石〔二〇一一〕七七頁)となる。つまり、質素な「田舎」暮らしによって家計に余裕が生まれるということである。

ところで、この武士土着論は熊沢蕃山にも見られたものであり(【4-19】)、徳川体制の大前提である兵農分離を否定するものである。しかし、徂徠には、さらにこの他にも、徳川体制の根幹を変更しかねない提言がある。

七　公儀と大名

【5-21】公儀の御身上《ごしんしょう》も同じく旅宿の仕かけ也。其子細は何もかもみな御買上げにて御用を被弁《べんぜらるる》によりて也。……天下を被知召《しろしめさるる》上は、日本国中は皆御国也。何もかも皆其物を直に御用被成《なさるる》事なる故、御買上げといふ事はなき筈也。物を買ふといふは、元来人の物なるを只《ただ》はとられぬ事なるゆへ、代を出して取る事をいふ也。日本国中皆我国なれば、何もかも日本国中より出る物は我物なるを、人の物と思ひて代を出して買調ゆる事、大き成取違なり。

(『政談』、平石〔二〇一一〕九一—九二頁)

ここでは、[1]徳川政権は全国の最高統治者であること、[2]全国土は徳川政権の領地であること、[3]徳川政権は全国から貢租を収取できる、あるいは、すべきであること、[4]その貢租は米に限られないこと、が主張されている。しかし、実際には、諸大名は、将軍に臣従してはいるが、同時に、徳川政権から相対的に自律して自領を統治し、年貢徴収権を一元的に掌握していた。この点において、徳川政権は今日考えるような意味での中央政府ではなかった。徂徠は、このような徳川政権の性格、あるいは、徳川政権と大名との関係を抜本的に変更し、全国土から徳川政権が年貢を取るべきだと言っているのである。これは、徳川政権が諸大名領に手を突っ込むことを意味し、徳川政権の強大化と大名権力の弱体化を意味する。

もう一つ、米穀以外の財貨を貢租として収取すること。すなわち、第2章で述べたように、江戸時代の年貢は原則として米穀であったが、徂徠は、【5-21】において、米に限らず「何もかもみな」年貢として収取することが「先王」の「道」に則ったやり方だと言っているのである。しかも、これは「公儀」だけのことではなく、諸大名もまた自領に関しては「【5-22】公儀と同断」(『政談』、平石〔二〇一一〕一二一頁)なのである。確かに、これが実現されれば、【5-18】のような状態はなくなるであろう。

もしかりに、右述の徳川政権の年貢徴収権の全国化と年貢制度の変更が敢行されれば、徳川体制の根幹が変更されることになり、武士による米の売却と諸財貨の購入の必要性は小さくなり、市場経済の重要性も低下するであろう。しかも、徳川政権の経済的基盤は、大幅に強化されることになるのである。徂徠は一概に市場経済を否定したり、商人を敵視しているわけではないが、熊沢蕃山と同様、市場経済への依存なしに成立しうる、言わば脱市場の社会を構想していたのであり、それを実現するために「後王・君子」たる徳川政権に「制度を立る事」を求めていたのである。しかも、それは江戸時代社会を抜本的に変えてしまうほどのものであり、ここに強大な、あるいは、強大であるべき将軍権力の発動が期待されていたのであろう。

八　物価と貨幣

第7章で述べるように、一六九五（元禄八）年以降、約四〇年間にわたって徳川政権の貨幣政策は二転三転し、それに伴って物価も大きく上下動した。徂徠が『政談』を書いた一七二六（享保一一）年頃は、まさにそのような時期であった。貨幣や物価について、彼がどのように考えていたかを最後に見ておこう。

徂徠の基本的な考え方は、左のように、財・サービスの需給関係が物価の決定因だということであり、彼は貨幣的要因に重きを置いていない。

【5-23】用る者多き故、諸色《しょしき》〈米以外の財貨〉次第に高直《こうじき》に成たり。用る者多き事は、制度なきより起れり。元来貴き人はよき物を用ひ、賤敷人《いやしきひと》はわろき物を用ゆる時は、物各《おのおの》其宜鋪《よろしき》を得る故、諸色は高直にならぬを、今は賤敷者までもよき物を用ゆる事に成たるゆへ、諸色引はりたらぬ道理にて、高直になりたる也。……四五十年以前と只今は、諸色の直段十惣倍の上に成たる也。……此用ゆる人多き故、物の直段の高直に成たる筋は、制度をたてて町人百姓をきびしく制せば、諸色の直段過半下直《げじき》に成べし。（『政談』、平石〔二〇一一〕一二六―一二八頁）

つまり、半世紀ほど前に比べて物価が高いのは、長期にわたって需要超過の状態が続いているからであり、その需要超過は、「制度」がないために多くの人々が勝手気ままに欲しい物を買っていることに由来している。したがって、徳川政権が人々の生活水準を分相応に定めれば、需要は抑制され、物価は然るべき水準に落ち着くというのである。

政治権力は人々の生活・消費・需要を規制することができ、物価もまた制御可能であるということである。しかも、武士の土着が実現すれば、既述のように、武士の市場経済への依存度が低下し、武士は商人に頼らなくてもすむようになり、両者の力関係は逆転し、この面からも、武士は市場における価格形成を制御できるようになるのである。

【5-24】武家みな知行所に住する時は、米をうらずして事済む故、商人米をほしがる事なれば、武家主となりて商人は客也。されば諸色の直段は心儘になる事也。是皆古聖人の広大甚深なる智恵より出たる万古不易の掟也。(『政談』、平石〔二〇一一〕一五五頁)

ただし、かりに右のようなことが実現するとしても、それにはなにがしかの時間が必要であろう。目の前の現実の問題として言えば、徳川政権の貨幣政策による貨幣数量の増減と物価の変動を無視することはできない。実際、左のように、徂徠もこれに言及している。しかし、彼は金貨・銀貨の品位や数量を重要視していない。

【5-25】元禄金銀吹替られて、御蔵に金満たり。程なく……其金民間にひろごり民間に金多くなる故、人弥《いよいよ》奢て商人弥利を得、一人の身一軒の家にても、物入の品多くなり、……又田舎の末々まで商人一面に行渡たる事、それがし〈私〉覚へても専《もつぱら》元禄已後の事也。然ば当時〈正徳以降〉金銀半分より内にへりて慶長の昔〈江戸時代初期〉に返れども、世界の奢、風俗の常と成たる所は、慶長の時分とは遥に別也。……人々半身代〈所持貨幣の減少〉にて、世界の困窮する筈の事なるを、世界はよく成筈の事といふは、世界の全体の姿を知らぬ愚眼といひつべし。諸色の高直に成たるは、全く元禄の時に金銀に歩を入れて、金銀の位悪《あ》敷《しく》なる故に、高直に成たるにも非《あら》ず。又金銀

の員数ふゑたる故に、高直に成たるにも非ず。元来旅宿の境界に制度なき故、世界の商人盛に成より事起て、種々の事を取まぜて、次第次第に物の直段高く成たる上に、元禄に金銀ふゑたるより、人の奢益々盛になり、田舎までも商人行渡り、諸色を用ゆる人ますます多くなる故、ますます高直に成たる也。左様に成たる世の有様をば其儘に仕置きて、当時金銀斗《ばかり》を半減になしたる故、世界みな半身代に成て、金銀引はりたらず。是によりて世界困窮したる事明らか也。(『政談』、平石〔二〇一一〕一三四—一三五頁)

すなわち、一六九五年以来の金銀貨の悪鋳による貨幣数量の増加も、逆に一七一四(正徳四)年からの良鋳による貨幣数量の減少も、どちらも本質的な問題ではなく、「制度」がないことに起因する「奢」の蔓延こそが問題の核心なのである。

しかし、実際には貨幣にまったく無頓着というわけにもいかないであろう。この点で、徂徠が着目しているのは、金銀貨ではなく、銭貨、もう少し正確に言えば、金銀貨に対する銭貨の相対的価値である。

【5-26】銭の直段の事、慶長の頃は一両に四貫文なりと承る。……此三四十年斗已前までは、一両に五貫文したり。元禄の頃より又四貫文になる。……今又一両に四貫文の内外には成て、それより下へさがらぬ事、是銭の減少したる筋有。(『政談』、平石〔二〇一一〕一三八頁)

つまり、元禄以降の金銀貨が増加している時期に金一両=銭四貫文であったが、正徳以降、金銀貨が減少しているにもかかわらず、依然として金一両=銭四貫文だというのである。つまり、この状態で金貨が「半分」になれば、人々が金貨との両替によって入手しうる銭貨も「半分」になり、「人々半身代にて、世界の困窮する筈」なのである。したがって、日常生活では銭貨の使用頻度が高いので、左のように、金銀貨ではなく、銭のあり方を考えなければならないというのが徂徠の主張である。

【5―27】物の直段の至極に下直なるは、銭壱文に売る事にて、是より下直なる物なし。銭少く成て貴きとて、一文を二つにも三つにも割ては使はれぬ物也。故に兎角銭をば至極の賤敷物に極めて、是をどだいにして、金銀の威光働きの強き弱きは見る事也。（『政談』、平石〔二〇一一〕一三七頁）

したがって、次のように徂徠は、銭貨の大量鋳造による金銀貨に対する銭貨価値の引き下げを説いているのである。

【5―28】当時如何様の事をして世界をば賑はすべきと工夫するに、銭を鋳るにしくはなかるべし。……今銭を夥敷《おびただしく》吹出して、一両に七八貫文にしたらば、金銀の員数は半分に減じたれ共、位一倍によく成故、元禄の金銀をやはり吹直さず置て、金銀の員数、元のごとくなると全く同意なるべし。金銀の誠の位といふ物は、銭高くなれば位さがりて金銀の威光働き少く、銭賤くなれば位あがりて金銀の威光働《はたらき》強くなる事にて、金銀の性のよきは何の詮もなき事也。（『政談』、平石〔二〇一一〕一三六―一三七頁）

既述の通り、徂徠は実物的需給を中心に発想しており、金属貨幣の品位や数量に重要性を与えていない。ただし、当面のことを考えれば、金銀貨と交換される銭貨の量が少ないということが日常生活における一つの障害であると認識し、その限りにおいて、銭貨が潤沢に供給されることが「世界をば賑はす」こと、つまり目の前の市場経済の円滑化に資すると考えていたようである。しかし、「世界をば賑はす」ことは、あくまでも現状への差し当たりの対応策であり、彼の最終的な目標ではない。なぜなら、強大な将軍権力の発動によって、武士の土着と年貢制度の変更が実現されれば、市場経済の規模は小さくなり、貨幣の必要性も低下し、脱市場の社会が現出するはずだからである。「世界をば賑はす」を景気回復や成長といった文脈で理解することは、今日的に過ぎるであろう。

しかし、それにもかかわらず、徂徠自身から少し離れて、彼の貨幣観が第7章で述べる徳川政権の政策担当者のそれとどのような関係にあるかは、興味深い問題かもしれない。

【5−1】森銑三・北川博邦編（一九七九）『続日本随筆大成』4（吉川弘文館）
【5−2】【5−3】【5−4】【5−5】【5−6】【5−9】【5−11】【5−12】【5−13】吉川幸次郎・丸山真男・西田太一郎・辻達也校注（一九七三）『日本思想大系36　荻生徂徠』（岩波書店）
【5−7】【5−10】島田虔次編輯（一九七三）『荻生徂徠全集1　学問論集』（みすず書房）
【5−8】西田太一郎編（一九七六）『荻生徂徠全集17　随筆1』（みすず書房）
【5−14】【5−15】【5−16】【5−17】【5−18】【5−19】【5−20】【5−21】【5−22】【5−23】【5−24】【5−25】【5−26】【5−27】
【5−28】平石直昭校注（二〇一一）『政談—服部本』（平凡社東洋文庫）

第6章　経世論の曲がり角

一　孤高の太宰春台

第5章で述べたように、荻生徂徠《おぎゅうそらい》（一六六六―一七二八）は、江戸時代思想史において最も大きな影響力を持った人物である。朱子学を否定したその思想は、儒学界はもとより、さまざまな領域に共感や反発を生み出していった。徂徠は、一時期、江戸日本橋茅場町《かやばちょう》に居住し、塾を開き、その塾を蘐園《けんえん》と称した。「蘐」は「茅」を意味するからである。このため一門は蘐園学派と呼ばれるようになった。

徂徠の弟子の中で最も代表的な人物は、本章で取り上げる太宰春台《だざいしゅんだい》（一六八〇―一七四七）、それに服部南郭《はっとりなんかく》（一六八三―一七五九）である（田尻・疋田〔一九九五〕、日野〔一九九九〕）。徂徠の没後、蘐園学派内で継承されていったのは、「徂徠の思想のうち……人情の自然を寛容に認め文学を道徳から独立させる私的な領域にかかわる側面」（日野

〔一九七五〕二一頁）であった。つまり、政治や経済といった社会的事象とは別の空間に、自己の生きる場所を見出していこうとする意識が蘐園学派の大勢を占め、服部南郭はその先頭に立っていた。

他方、太宰春台は「徂徠の学問の正統的な後継者を以て自任し」（尾藤〔一九七二〕四八七頁）、徂徠の儒学理論や経世済民論の継承・発展を自己の任務とした。したがって、春台から見れば、南郭の姿勢は許容しがたく、両者間の溝は次第に深まり、春台は蘐園学派内で孤立していった。しかし、それだけではなく、そもそも徂徠と春台の間に「一種の疎隔の感情が……存在した」（尾藤〔一九七二〕四八七頁）。これは、少なくともその一部は、この師弟間の思想上の差異に由来していたかもしれない。

二　争競ノ心

次は、言わば人類の原始状態を説く点で、徂徠の【5-8】に似ている。

【6-1】天地開闢の初……人は貴賤上下の品も分れず、皆同輩にて候。是を平民と申し候。形は人にて候へども心は禽獣に異ならず、……〈人に〉賢き者あり愚なる者あり、強き者あり弱き者あり、賢き者は能《よ》く飢寒を免れ、愚なる者は飢寒を免るゝことあたはず、強き者は弱き者の衣食を奪ひ、弱き者は強き者に衣食を奪はる、是より平民の中に争闘といふこと出来候。……人に欲なき者は無く候。欲はすなはち情にて候。……人の身にすべき事と、すまじき事と有るを、上古の愚民これを知らずして、すべき事をばせず、すまじき事をする故に、禽獣の行ひになり候。（『弁道書』、鷲尾編〔一九六九〕一四―一六頁）

しかし、話の内容は、【5-8】とは異なっている。徂徠は原始の人間に「親愛生養の性」(【5-9】)を見出していたが、春台の「平民」は「欲」のままに行動する「禽獣」の同類であり、このため人々の間に「争闘」が起るのは必然であったというのである。

【6-2】凡《およそ》天下ノ人、争競ノ心ナキ者ハ有ラズ。争競ハ、アラソヒ、キソフナリ。キソフトハ、人トハリアフナリ。人ト争テハ、人ニ勝ンコトヲ思ヒ、人ト競《きそい》テハ、人ニ後レジト思フ。是人情ナリ。……此実情ハ、賢者モ愚者モ、君子モ小人モ、同ク有リ。(『聖学問答』、頼〔一九七二〕七九―八〇頁)

思想の根幹をなす人間観において、春台は師説の単純な祖述者ではなかった。

三　聖人の道

人には「欲」「争競ノ心」があり、「争闘」が常態であるならば、人や社会はどのようにしたら善良でありうるのか。しかし、この点においては、春台は徂徠の祖述者であったように、一応は、見える。彼の答えも「聖人の道」だからである。

【6-3】天下国家は聖人の道を捨ては一日も治まらず候。天子より庶人まで是を離れては一日も立申さず候。……

聖人……聡明叡智を以て天地万物の理を知て、天下の為に常行不易の道を開たまひ候。……聖人の教に義といふは、すべき事とすまじき事とをわけて、すべき事をば勉てなし、すまじき事をば身死すれどもせざるを義と申候。此義すなはち聖人の道にて候。(『弁道書』、鷲尾編〔一九六九〕一三―一四・一六―一七頁)

すなわち、「禽獣」同然の人々に、していいことと悪いこと、つまり「義」という行動規範を教えたのが「聖人」であり、その規範を総称して「道」というのである。

しかし、春台の「聖人の道」は、徂徠の言う人の「親愛生養の性」に根差したものではない。と言うより、人の「実情」は「欲」「争競ノ心」であるから、規範がこれらに基づくというのは、ありえないことであろう。むしろ、「道」は人間の「欲」「争競ノ心」をその「外」側から制御するための規律であるほかなく、「欲」「争競ノ心」そのものが矯正され、「争闘」が止むことは、もともと期待されていないと言うべきであろう。

【6―4】聖人ノ道ニハ、人ノ心底ノ善悪ヲ論ズルコト、決シテ無キ事ナリ。聖人ノ教ハ、外ヨリ入ル術ナリ。……外面ニ君子ノ容儀ヲ具《そなえ》タル者ヲ、君子トス。其人ノ内心ハ如何ニト問ハズ。……徳トイフハ別物ニ非ズ、衣服容儀言語ノ凝《こり》カタマリタル者ナリ。(『聖学問答』、頼〔一九七二〕九五頁)

前章で見た徂徠の「道」とは異なり、春台にとっての前提は「人」の「欲」「争競ノ心」であり、したがって、春台の場合、徂徠に見られたような「共同性の可能性は、人間本性はもとよりのこと、個々人の間にも存在しない」(前田〔二〇一二〕六六頁)と言えよう。春台が「人ノ心底」ではなく、「外面」を問題にするのはこのためである。

そして、「天下」もそのような「人」の集合体である以上、善良な秩序を形成する動因は「天下」自体には内在していないことになる。だから、社会にとっても「外面」を規制する「聖人の道」が必要なのである。

【6-5】凡天下ヲ治ムルニハ、万事ニ於テ制度ヲ立ルヲ先務トス、制度トハ万事ノ法式ヲ定ルヲイフ、……天下国家ヲ経営スルニハ、其初ニ万事ノ制度ヲ立テ、永々ニ遺シ、イツ迨《まで》モ是ヲ改メズ、上下共ニ堅ク守ルベキ也、(『経済録』、滝本〔一九六七a〕六二四頁)

四　老子ノ無為

徂徠が徳川の治世には「制度」がないと言ったように(【5-14】)、春台も「【6-6】総ジテ当代ノ国家ニハ、制度トイフベキコトナシ」(『経済録』、滝本〔一九六七a〕六二五頁)と述べている。しかしそれにもかかわらず、春台は、徂徠とは違って、「制度」構築の方向へ進んではいかない。なぜであろうか。

「道」を「作為」しうるのは「聖人」のみであが、徂徠は「後王・君子」が「先王」にならって「仁人たる」可能性を認めていた(【5-13】)。だが、「聖人」に代位しうる人物がいないとすれば、どうなるのだろうか。

【6-7】凡経済〈経世済民〉ノ道ハ、国初ノ時ニ、明君賢佐アリテ百官ヲ立、制度ヲ定メ、法令ヲ厳ニシテ、百世不易ノ政ヲ行フ、是《これ》最上ノ経済也、其次ハ中世ニ及デ、英雄ノ君出デ、賢臣ヲ用テ旧弊ヲ改メ、風俗ヲ正クシ、黜《ちゅつ》陟《ちょく》〈適正な人事〉ヲ行ヒ、賞罰ヲ信ニシ、先王先君ノ政ヲ修シテ、……衰ヘタル国家ヲ興シテ、福祚《ふくそ》〈幸い〉ヲ長

クスル、是ヲ中興ト云フ、……然ルニ明君賢相古《いにしえ》ヨリアヒ難ク、君臣合体スルコト甚稀《はなはだ》ナル故ニ、……経済ノ成就スルコト極テ難シ、サレバ真ノ経済ニ非ズシテ、旧政ヲ改メ、眼前少々ノ利害ヲ見テ、一時ノ便宜ヲ計ルハ、人民ヲ擾乱《じょうらん》スル道ニテ、国家ノ大害也、……初ヨリ正シキ制度モナク、堅キ法令モナク、古ヲ稽《かんがえ》タル政モナク、只姑《こ》息《そく》〈一時しのぎ〉ノ政ヲ行テ、数百年ヲ経テ、士大夫《したいふ》〈ここでは武士〉ハ世禄ニテ驕奢《きょうしゃ》〈おごりと贅沢〉淫佚《いんいつ》〈みだら〉ノ行ヲナシ、民ハ本業ヲ棄テ末利ヲ事トシ、風俗頽敗《たいはい》シ、上下困窮シタル時節ニ、真ノ経済ニ非ズシテ、彼此《かれこれ》ト旧政ヲ変ズルハ大ニ不可ナルコト也、此時ニ当テハ、大槩《たいがい》〈おおかた〉国ヲ治ムル政事ヲ止テ、只無為ノ道ヲ行フニシクハナシ、（『経済録』、滝本〔一九六七a〕六五七―六五八頁）

春台にとって、現実の為政者の中に「真ノ経済」を実行するに足る人物はいなかったのであろう。だから、現状は誉められたものではないにしても、これを変更することは「不可」であり、「国ヲ治ムル政事ヲ止テ、只無為ノ道ヲ行フ」方が、まだましだと言うのである。

【6―8】老子ノ無為ハ、上モ下モ、一向ニ作為スルコトナク、天地自然ノ勢ニ任テ、天下ノ事ニ少モ手ヲツケズ、其成行儘《なりゆくまま》ニシテ捨置ク義也、儒者ヨリ観レバ、不仁ナル様ニ思ヘドモ、不仁ニハ非ズ、此道ハ衰世ニ宜キ道也、……是治メザルガ却《かえっ》テ治ムルニ当ル、是ヲ不治之治トイフ、老子ノ無為ハ此意也、衰世ヲ御スル道ハ、是ニ勝ルコトナシ、（『経済録』、滝本〔一九六七a〕六五九―六六〇頁）

「無為ノ道ヲ行フ」とは、現状を、その是非善悪にかかわらず、あるがままに追認し、それに順応していくことである。「欲」「争競ノ心」を「実情」とする人間から成る「天下」は、理論上の可能性としては、「聖人の道」によって「外」から秩序づけられうる。しかし、善良な社会秩序構築の根拠は、それがどのようなものであれ、人間の内側には存在していない。だから、春台が依拠しうるものは「外」たる「聖人の道」しかなかったのである。したがって、その頼るべき「聖人の道」が存在しない「衰世」にあっては、可能な選択肢は「老子ノ無為」「不治之治」だけだったのである。これは、第4章で見た熊沢蕃山《くまざわばんざん》（一六一九―一六九一）の時所位論に似ているが（【4-14・15】）、春台にあっては「聖人の道」は事実上放棄されており、「道」の普遍性を前提とする蕃山と春台の差は小さくないであろう。

五　現状認識

では、「衰世」の現実とは具体的にはどのようなものであろうか。

【6-9】聖人ノ政ニハ、天下ノ戸籍ヲ正シクシテ、四民ノ家数、人別ヲ度々《たびたび》改テ、農民ヨリ妄《みだり》ニ他ノ業ニ遷《うつ》ルコトヲ禁ズル也、当代ニハ此禁ナキ故ニ、工商ノ輩日々数多クナリ、在々所々ニ徧満《へんまん》〈みちわたる〉シテ、人ノ用ヲ弁ズルハ便利ナル様ナレドモ、人ノ侈心《ししん》〈おごる心〉ヲ引起シ、金銀ノ貨悉《ことごと》ク賈人《こじん》〈商人〉ノ蔵ニ納マル、歎カシキコトニ非ズヤ、（『経済録』、滝本〔一九六七a〕四九二頁）

武家が実態経済の動向を制御できず、商人層が富を集積し、その対極で武家の財政や家計が窮乏化しているということである。蕃山や徂徠同様に、春台もまたこの現実を問題視しているのである。

六　国を富す術

蕃山や徂徠は、政治の力によって「脱市場」の経済システムを構築すべきだと主張していた。春台の場合も、「正シキ制度」があれば、「衰世」の現実は変更可能であるし、本来はそうあるべきなのであろう。しかし、「衰世」においてはそれは無理であり、彼は実現可能な政策目標を「【6-10】悪クナリコヂレタル国家」の「国運ヲ少モ長クスルコト」(『経済録』、滝本〔一九六七a〕六六一頁)に限定せざるをえなかったのである。では、そのための方法はどのようなものであろうか。それは、要するに、【6-11】のように、大名家が自領内で産業を育成し、そこで生産される財貨を他領に販売し「金銀」を獲得することである。

【6-11】今の世は、只金銀の世界にて、……米穀布帛《ふはく》〈織物〉ありても、金銀乏ければ、世に立ち難し、……然れば今の世は……如何にもして金銀を手に入るゝ計を為す、是今の急務と見ゆるなり、金銀を手に入るゝ術は、売買より近きことなし、……大小諸侯の国に、何と云ふことなく、土産なきは非ず、土産の出づるに多きあり、寡きあり、土産少き所は、其民を教導し、督責《とくせき》〈うながす〉して、土地の宜に従ひて、百穀の外、木にても草にても、用に立つべきものを植ゑて、土物の多く出るやうにすべし、又国民に宜しき細工を教て、農業のひまに、何にても人間の用に立べきものを作り出さしめて、他国と交易して、国用を足すべし、是国を富す術なり、(『経済録拾遺』、滝本〔一九六七a〕六七七―六七八頁)

これが「真ノ経済」ではなく、「老子ノ無為」であることは、春台自身よく分かっていた。それは「衰世」という「今」の「【6-12】急を救ふ一術」（『経済録拾遺』、滝本〔一九六七a〕六八一頁）に過ぎない。このような「術」の提唱が、果して春台の本意であったかどうか、にわかには判断できないことである。しかし、そうした主観上の自己認識を別にすれば、「【6-13】金銀を豊饒にするより外の事なし」（『経済録拾遺』、滝本〔一九六七a〕六八一―六八二頁）と言い切ったところに、春台の経済思想史上の位置があると言えよう。彼は日本経済思想史上の一つの曲がり角を通り、蕃山や徂徠のような「脱市場」とは別の領域に足を踏み入れたのである（川口〔一九八八〕）。

【6-1】【6-3】鷲尾順敬編〔一九六九〕『日本思想闘諍史料』第三巻（名著刊行会）
【6-2】【6-4】頼惟勤校注〔一九七二〕『日本思想大系37　徂徠学派』（岩波書店）
【6-5】【6-6】【6-7】【6-8】【6-9】【6-10】【6-11】【6-12】【6-13】滝本誠一編〔一九六七a〕『日本経済大典』第九巻（明治文献）

第7章　将軍徳川吉宗と実務派官僚

一　財政難と貨幣改鋳

第4章で述べたように、一七世紀半ば過ぎ、武家財政が不安定化し始める。一六八〇（延宝八）年に第五代将軍となった徳川綱吉《とくがわつなよし》（一六四六―一七〇九）は、財政の安定に努めたが、結果は芳しくなかった。荻生徂徠《おぎゅうそらい》（一六六六―一七二八）が言及している「元禄金銀吹替」【5-25】、すなわち金銀貨の悪鋳が始められたのは一六九五（元禄八）年であった。この貨幣改鋳の目的の一つは古くなった貨幣の更新、もう一つは「出目《でめ》」と呼ばれる改鋳益金の歳入への繰り入れであった。この出目を目的とする貨幣改鋳は、宝永期（一七〇四―一七一一）まで続けられた。

しかし、災害の復旧費などがかさみ、さらに貨幣数量の増加が物価上昇を誘発したため、財政支出が増大してしまった。また、物価高騰に対する不満・批判は不可避であった。貨幣悪鋳を主導した勘定奉行荻原重秀《おぎはらしげひで》（一六五八―一七一三）批判の急先鋒は、第六代将軍徳川家宣《とくがわいえのぶ》（一六六二―一七一二）・第七代将軍徳川家継《とくがわいえつぐ》（一七〇九―一七一六）の政権に強い影響を及ぼした新井白石《あらいはくせき》（一六五七―一七二五）であった。

【7―1】古《いにしえ》の善く国を治め候人は、物の貴賤と貨〈貨幣〉の軽重を観《み》候て其政を施し行はれ候き。凡《およ》そ物の価《あたい》重く候事は貨の価軽きにより候て、貨の価軽くなり候事は其数多きが故に候へば、法を以て其貨を収めて其数を減じ、又物の価軽く候事は貨の価重きにより候て、貨の価重くなり候事は其数少きが故に候へば、法を以て其貨を出して其数を増し、貨と物とに軽重なきごとくに其価を平《たいら》かにし候時は、天下の財用ゆたかに通じ行はれ候……当時〈現在〉万物の価の重くなり候事、金銀の数多く候て、其価軽くなり候故により候事疑ふべからざる事にて候。（「白石建議四」、市島〔一九〇七〕一九一―一九二頁）

白石は、物価と貨幣数量は相関しており、現在の物価高騰は貨幣数量の著増によって引き起こされ、その責任は荻原重秀にあると言っているのである。実際、一七一二（正徳二）年、荻原は罷免され、一三年、白石は【7―1】を徳川家継に奉呈したのである。

けれども、貨幣数量と物価の関係だけが問題であるならば、貨幣数量を物価との関係で適切と思われる水準にまで減少させれば、それですむであろう。実際、白石は貨幣数量の多寡に注意を払っており、その調整のために「【7―2】銀鈔」（「白石建議五」、市島〔一九〇七〕二〇九頁）すなわち紙幣の使用も提案しているのである。

しかし、白石にとって、貨幣数量と物価の相関だけが問題なのではなかった。むしろ、白石は、「【7―3】金銀の事を論じ候には、をのづから其品の高下ある所を覚悟すべき事に候」（「白石建議七」、市島〔一九〇七〕二四六頁）と、金銀貨の品位つまり金銀含有率を重視しているのである。もっとも、金銀貨の品位の変更は貨幣数量の増減につながり、ひいては物価を変動させるであろうから、金銀貨の質を問題にするのは当然かもしれない。けれども、そうであれば、結局のところ、問題は物価と貨幣数量の相関に帰着し、貨幣の「品」は二の次になろう。

しかし、それではなぜ白石は金銀貨の品位を注視するのであろうか。彼は、金銀貨の「【7-4】其本たるべき事五つ」の一つ目に、「慶長の法のごとく」(「白石建議五」、市島〔一九〇七〕二〇八頁)を挙げている。つまり、「慶長」という徳川政権成立時のあり方にならうべしというのである。これは、徳川政権の正統性という政治的価値を基準とするということであり、経済上の貨幣数量や物価とは異次元に属するものと言えよう。

しかも、白石には、徳川政権の正統性と結びついた、もう一つの金銀観がある。それは、【7-5】のように、金や銀はそれ自体に特別な価値が具有された稀有な自然物つまり貴金属であるという金銀の特別視である。

【7-5】凡《およそ》金銀の天地の間に生ずる事、これを人にたとふれば骨のごとく、其余の宝貨は皆々血肉皮毛のごときなり。血肉皮毛は傷れ疵つけども又々生ずるものなり。……骨のごときは一たび折れ損じてぬけ出ぬれば二たび生ずるといふ事なし。金銀は天地の骨也。……これを採る後には二たび生ずるの理なし。……我神祖〈徳川家康〉の起り給ふに至りて、天地も其功をたすけさせ給ひしと見えて、我国の金銀銅の出し事……万国の中にかゝるためしを聞かず。(『五事略』、今泉〔一九〇六〕六七三―六七四頁)

白石の場合、金銀の貨幣的機能は、金銀の貴金属という特別な価値を前提とするものである。そして、このような金銀観と徳川家の正統性という政治的価値とが結びついた時、「慶長」への回帰という貨幣政策が成立するのである。

白石にとって、金銀貨の悪鋳が物価騰貴を誘発したことは由々しき事態ではあるが、それだけではなく、彼から見れば、その悪鋳は徳川政権の正統性を毀損するものであったのである。

さて、一七一四（正徳四）年、徳川政権は金銀貨を「慶長」に戻す貨幣改鋳すなわち良鋳に着手した。しかし、一七一六（享保元）年、徳川家継が死去し、徳川吉宗《とくがわよしむね》（一六八四―一七五一）が将軍職を嗣ぎ、この代替わりによって白石は政権の中枢から退場することになった。

二　享保改革

いわゆる享保改革というのは、徳川吉宗が自ら主導した徳川政権の政治改革のことである（深井〔一九九一〕）。しかも、吉宗の主導権は将軍を辞めた一七四五（延享二）年以降も変わることはなかった。したがって、本章では、一七一六年から吉宗が死去する五一（宝暦元）年までの期間における諸政策を、享保改革というひとまとまりのものと見なす。また、吉宗政権も同様である。

将軍に就いた徳川吉宗の前に、財政問題が未解決のまま残されていた。始まって日の浅い貨幣の良鋳をどうするかも、一つの課題であった。激しい物価上昇も、まだ記憶に新しいものであったろう。

1　年貢の増徴

財政状態が悪い時、すぐにできる対策は歳出削減であろう。吉宗は倹約好きの人であったらしく、また財政事情から言っても、歳出抑制は必要であったはずである。

しかし、一七二二（享保七）年、財政赤字は一三万両余に上り、諸大名から石高の一パーセントを上納させ、その代わりに参勤交替を緩和するという異例の事態に陥った。倹約だけでなく、積極的な歳入増加策が必要であった。歳入の根幹は百姓からの米納年貢であり、政策が農業生産の拡大と年貢の増徴に向かうことは当然である。特に吉宗の場合、後にも述べるが、徳川体制の初発に戻ろうとするような指向があり、これが農業政策に対する積極的な姿勢につながっているようにも思われる。すなわち、享保改革の一つの柱は、農政の刷新であり、実際この面での成果は大きく、徳川家の総石高と年貢高は、一七四〇年前後の時期にピークに達している。

2　貨幣の良鋳

一七一四年に開始された金銀貨の良鋳を、吉宗政権はそのまま引き継いだ。この理由は、いくつか考えられるが、物価の高騰を経験した当時にあっては、貨幣数量の減少が物価の安定をもたらすと、恐らく期待されたであろう。貨幣の悪鋳が貨幣数量の増加をもたらし、それが物価騰貴の原因であるということを、理屈はともかく、一種の経験則として認識する人々が少なからずいたはずである。

しかし、上昇する物価を安定させるという現実的な目標とは別に、吉宗は、白石と同じように、慶長の金銀貨を正当な貨幣と見なすような貨幣観を持っていたかもしれない。このことは、先述の農業に対する姿勢にも相通じているし、また、後述する一七三六（元文元）年の貨幣改鋳に対する吉宗の否定的態度とも関わるものである。

3　享保期の物価問題

右述の金銀貨の良鋳によって貨幣数量が減少した（岩橋〔一九七六〕二五八頁）。さらに、吉宗政権の倹約政策は、総需要を抑制したであろう。また、一八世紀に入って、江戸時代初期以来の人口増加にブレーキがかかり始め、他方、生産量は漸増しており、この需給関係の緩みは物価が上がりにくくなる素地を作ったであろう。実際、享保期に入り、物価は上昇から下降へと転じ、その後、むしろ下落し続けることになった。

一般的に言って、高騰していた物価が落ち着くことは悪いことではない。しかし、江戸時代の場合、米価と米以外の財貨（諸色）の価格との関係、つまり相対米価（米価／一般物価）に注意が必要である。米納年貢に依存する武家にとって、米がいくらで売れ、得られた貨幣によってどれだけの諸色を購入できるかは、彼らの統治や生活に直結するからである。享保期、物価全般が下落したが、米価はそれ以上に下がり、この結果、相対米価も低落した。

この相対米価の低落は、財政の安定化を阻害するものであり、これに対して、町奉行大岡忠相《おおおかただすけ》（一六七七―一七五一）らによって、いくつもの対策が繰り返し実行された。しかし、享保期を通じて、期待されるような結果を得ることはできなかった。

4　元文の貨幣改鋳

一七三六（元文元）年、金銀貨の悪鋳が再開され、同時に、荻生徂徠が【5―28】で言っているように、銭貨の鋳造も触れ出された。しかし、この元文の貨幣改鋳は、元禄から宝永にかけての貨幣改鋳と異なり、改鋳益金の取得を目的とするものではなかった。すなわち、徳川政権が得る出目はわずかに抑えられ、新金銀貨と旧金銀貨とを交換する際、金貨では六五パーセント、銀貨では五〇パーセントの増歩《ましぶ》を付けるというものであった。つまり、旧金銀貨の所持者は、新金銀貨との交換によって、より大きな額面価値の金銀貨を得ることができるということである。

では、なぜわざわざこのようなことをしたのであろうか。それは、政策担当者が、市場における貨幣数量を増加させれば、物価と相対米価が上昇に転じると予測し、その結果、中長期的には、歳入の増加が実現されるであろうと期待したからではないだろうか。すなわち、元文改鋳は「財政政策という側面よりも、金融政策としての側面を中心にすえ……市場メカニズムをうごか」(新保〔一九七八〕五六―五七頁)す政策であったのである。元禄改鋳以来、四〇年にわたる経験から、市場の機能が理解され、それが政策的に応用されたのである。実際、この改鋳はねらい通りの結果をもたらし、物価が反騰し、相対米価も上昇して、年貢収納高の増加と相俟って、財政状態が好転し、一七世紀後期以来の財政難は解消されたのである。

5 吉宗の不満

元文改鋳から二年半経った一七三八(元文三)年冬、大岡忠相は、そもそも吉宗は元文改鋳に「【7-6】御不同心」(大岡家文書刊行会〔一九七二〕三四五頁)つまり反対であったとその日記に書き記している。すなわち、吉宗には「慶長」の金銀貨にこだわりがあり、これに対して、大岡らの実務派官僚は、政権とその金銀貨の正統性といった無形の価値よりも、貨幣の具体的な経済的機能を認識し、市場の実態に沿うような市場指向的な政策つまり貨幣悪鋳を立案し、将軍の反対を押し切って、それを実行したものと推測される。一般的に言って、政権内部に、路線の違いがあることは珍しいことではない。吉宗と大岡は君臣水魚の交わりではあった。しかし、経済政策に限って言えば、二人は同じ土俵に立っていたとは限らなかったように思われる。(川口〔一九九五a〕)。

6 年貢の金納化

市場の実態に即して武家の財政や家計のあり方を考えようとする場合、米納年貢制が一つのネックになる可能性がある。市場で形成される米価・相対米価からの影響を、直接受ける可能性が高いからである。

大岡忠相は、一七四二（寛保二）年、その配下の代官蓑正高《みのまさたか》（一六八七―一七七一）からの建言を受けて、「【7-7】御蔵納米《おくらおさめまい》御《お》張紙《はりがみ》直《ね》段《だん》〈徳川政権から家臣団に告知される俸禄米百俵当りの米価〉三両増ニ而《て》御米を金納ニ被仰付《おおせつけられ》候得ハ」（大岡家文書刊行会〔一九七二〕五七六頁）と、年貢を米穀ではなく貨幣で収納する、つまり年貢を「金納」化する提案を行ったようである（川口〔一九九五b〕）。

しかし、実際に米納年貢制が廃止され、租税が貨幣納になるのは、およそ一三〇年後の地租改正の時であり、大岡の提案は、徒労に終わった。だが、年貢金納化は、徳川体制の根幹を成す石高制・米納年貢制の事実上の変更につながりかねない大きな政治的決断であり、経済思想史的には無視しえない意味を持っているであろう。そして、こうした構想の前提には、農業・農村・農民が市場経済と接触し、年貢を金納しうる状態にあるという現状認識があるであろうし、実際、それはその後の江戸時代経済の動向を正確に予知するものであった。また、この年貢金納化提案は、既述の元文の貨幣改鋳の基礎となった市場指向的な発想とも整合的であると言えよう。大岡の現状認識、その政策目標とそのための政策手段、さらにはそれらの前提にあるであろう価値意識は、恐らく吉宗のそれとはなにがしか乖離していたであろうし、さらに言えば、同様に徳川体制の根幹を揺るがしかねない提案である、熊沢蕃山《くまざわばんざん》（一六一九―一六九一）や荻生徂徠の脱市場的な武士土着論（【4-19】、【5-17】）とはまったく逆の発想に基づくものであることも注意しておきたい。

一八世紀前半における享保改革を経済思想史の観点から見ると、そこに、徳川吉宗的な経済観と大岡忠相的なそれとの並存・補完・対抗の関係があることを知ることができる。それらは、理論的思考の結果と言うより、経済の現実に密接していた為政者たちの中で形成された実態経済や政策目標・政策手段についての、実践性の強い経済認識とでも言うべきものである。この微妙に異なる二つの経済思想の潮流は、第6章で見た荻生徂徠から太宰春台（一六八〇—一七四七）への転換と時期的にも内容的にも近似的な関係にあり、経済政策の現場と知識人の思考との相似性を想定してもよいように思われる。それらは、吉宗政権の枠を越えて、一八世紀後期へとつながっていくであろう。

【7-1】【7-2】【7-3】【7-4】市島謙吉編輯・校訂（一九〇七）『新井白石全集』第六巻（国書刊行会）
【7-5】今泉定介編輯・校訂（一九〇六）『新井白石全集』第三巻（国書刊行会）
【7-6】【7-7】大岡家文書刊行会編（一九七二）『大岡忠相日記』上（三一書房）

第8章　百姓・町人の自己認識・自己主張

第2章で述べたように、江戸時代の身分制のもとでは、士農工商のそれぞれがある一定の社会的機能を果たしつつ、相互に依存し合うことによって、社会全体が成り立っていたと考えられる。したがって、武士だけでなく、農工商の側にも、自分たちの機能や価値について思索をめぐらす者がいても不思議ではないだろう。身分制上、農工商は下位者であるだけに、自分は何者かを問う自己確認や自己主張の必要性は、むしろ高かったかもしれない。そして、彼らは経済行為の従事者であるので、この社会的機能との関連において百姓・町人の経済思想が成立してくる可能性があるのである。

一　社会的有用性

下位身分の農工商が自己を語るとすれば、一つの方法は、上位者である武士の議論にならうことであろう。上位身分に支持されている考え方は、常識や通念である可能性が高いからである。たとえば、山鹿素行《やまがそこう》（一六二二―一六八五）の【3―2】は農工商の社会的有用性を語っており、この議論は、百姓・町人にとっても、違和感のないものであったのではないだろうか。僧侶鈴木正三《すずきしょうさん》（一五七九―一六五五）の『万民徳用』は、そうしたものの一例である。

【8―1】諸職人なくしては、世界の用所、調べからず。武士なくして世治べからず。農人なくして世界の食物あるべからず、商人なくして世界の自由、成べからず。此外所有《あらゆる》事業、出来て、世のためとなる。（鈴木〔一九六二〕七〇頁）

すなわち、百姓や町人の自己認識・自己主張の一つの論拠は、武士と同様に、自分たちも社会の中で然るべき役割を果たしているという社会的有用性であり、身分を問わず、社会的に有用な「役」を果たしているということが、人の社会的正当性を保証する根拠となっていると考えられるのである（尾藤〔一九九二〕）。このことは、恐らく、江戸時代社会の各身分間の相互依存的構造に淵源しているであろう。

しかし、社会的機能というレベルに止まらず、百姓・町人の人間としての価値という内面の問題にまで踏み込んだ時、社会的有用性だけでは、論拠としては十分なものとは言いえないのではないだろうか。また、身分制のもとでは、社会的に有用であろうがなかろうが、武士と百姓・町人が社会的に平等だと考える者はほとんどいないはずであり、そもそも百姓・町人の人間としての価値といった問題は、議論の対象になりにくい可能性さえあるかもしれない。たとえば、「【8-2】世間にたはけといふ言葉は、百姓の上より出て、田分にて候。……子孫のおとろへて、本を失ふことは此田分より初るゆへ……遠き慮なき、はなのさきなる者をば、たはけと申候なり」（熊沢蕃山『集義外書』、正宗〔一九七八〕八―九頁）といったイメージは、少なくとも武士の間では一種の通念であったかもしれない。こうした三民観をくつがえすことは、可能だろうか。社会的有用性とは別の拠り所はあるであろうか。

二　勤労の倫理

そもそも、武士も自分たちの社会的有用性だけを主張しているわけではない。たとえば【3-3】を見ると、そこでは、武士の社会的機能とともに、それを担う人間の内面にまで議論が及んでいる。果たされるべき社会的機能・そのための具体的行為・それをする人間の内面という三者間の関係が論じられているのである。このような論理の立て方は、百姓・町人にとっては、どのような意味を持つであろうか。

1　宮崎安貞

①農書

宮崎安貞《みやざきやすさだ》（一六二三―一六九七）は、筑前国《ちくぜんのくに》福岡の黒田家に仕えていたが、三〇歳過ぎに武士を辞め、筑前国女原《みょうばる》村（現・福岡市）に居住し、その後、約四〇年にわたって農業に従事した。上層農民であったろう。

安貞はまた、本草学者《ほんぞうがくしゃ》・儒学者の貝原益軒《かいばらえきけん》（一六三〇―一七一四）に師事し、さらに、農事に関する情報を収集するため中国・畿内などを巡遊した。後に見る『農業全書』は、日本で最初に公刊された農業技術書――農書と呼ばれる――であった（古島〔一九七二〕五一三頁）。

②農術

宮崎安貞は、『農業全書』において、「農術」つまり農業技術の重要性について、次のように記している。

【8―3】農人の日々に勤る所をはかり見るに、其術委《くわ》しからずして、其法にたがふ事のみ多し。然《しか》るゆへに……効《しるし》を得る事すくなくして、やゝもすれば秋のなりはひ〈収穫〉の不足を見ることもしばく／＼なり。……唯《ただ》ひとへに民《たみ》皆農術《みなのうじゅつ》をしらずして、稼穡《かしょく》〈農業〉の道明かならざるゆへなり。……凡《およそ》天下の事、必《かならずち》致知《ち》〈知識を推し極め、事物の理を知ること〉と力行《りょくこう》〈力を尽くして実行すること〉とを兼ざれば、其功なりがたし。故に先《まず》よく農術をしりて後、農功を勤むべし。（古島・安芸〔一九七二〕七〇―七一頁）

すなわち、ただ単に働くだけでは農業の「効」つまり実際の成果は乏しく、農業に関する具体的で体系的な知識とそれに基づく技術を身に付けることが肝要であるということである。

では、安貞が「農術」によって「効」を実現しなければならないと考えた理由は何であろうか。その一つは、「秋のなりはひの不足」を解消し、農家家計を安定させることである。

③経済と人と社会

安貞は【8―3】に続けて次のように述べている。

【8―4】恒《つね》の産なければ恒の心なし。衣食たりて後《のち》礼義行はるゝ理《ことわり》なれば、民種植《たみしゆしよく》〈農業〉の道をよくしりて五穀ゆたかに、衣食の養《やしな》ひたりて、各《おのおの》其所を得ば、をのづから貪る心もなく、礼義・廉恥《れんち》行はれ、風俗すなほに、人心和順し、一世安楽ならん事日々に新に、月々にさかんなるべし。（『農業全書』、古島・安芸〔一九七二〕七一頁）

ここでは、「恒の産」と「人心」「一世」との関係が語られている。すなわち、経済の実態が、個々の人間やその集合体としての社会の実相を左右する、少なくともその一因であり、だから「種植」とその成果である「五穀ゆたか」が重要だというのである。つまり、経済実態は人間や社会に対する規定因であるという経済観、あるいは、人間や社会は経済によって左右されるものだという人間観・社会観を、安貞が持っていたということである。

ところで、これとほとんど同じことを、たとえば【4―16・17】に見出すことができるであろう。右のような経済観・人間観・社会観は、ある程度、江戸時代における常識・通念に近いものであったように思われる。

だが、「恒の産」と「恒の心」の間に正の相関があることは自明のことではない。たとえば、経済的安定は人間を怠惰にするという逆方向の仮説もありうるであろう。安貞の主張を可能にするなんらかの前提が、必要であろう。

④天と人

経済的安定が人間を怠惰ではなく「礼義・廉恥」の方向に導くとすれば、それを可能にする要因は、経済的安定ではなく、人間の側にあることになろう。

【8―5】天万物を生ずる中に、人より貴きはなし。人の貴き故は則《すなわち》天の心をうけ継て、天下の万物をめぐみ、や

しなふ心、をのづからそなはれるを以てなり。（『農業全書』、古島・安芸〔一九七二〕八四頁）

ここでは、「人」の尊貴性の根拠は、人間が「天の心をうけ継」ぐ存在だからであると述べられている。そして、その「天の心」とは、「万物」を慈しみ育てるという自然の徳性であり、それが人間の本性でもあるというのである。言い換えれば、「天」と「人」はその本質において一体であり、だから「人」は「貴」いのである。

「人心」と「天の心」が一体であるということは、人間の本性を道徳性という文脈において捉えるということである。だから、「恒の産」が確保されれば、人間は「礼義・廉恥」の方向に歩み出すと想定できるのであり、「恒の産」を生み出す「種植」は決定的に重要な営みと見なされうるのである。宮崎安貞において、人間の尊貴性とその行為としての農業の重要性は、朱子学に由来するであろう規範主義によって担保されていると言える。

⑤教導

しかし、「人心」に内在する「天の心」は、放っておいて顕在化するものではない。

【8—6】必《かならず》本《もと》あり末《すえ》あり。……凡《およそ》いにしへ聖人の政《まつりごと》は、専《もっぱら》教《きょう》・養《よう》の二つに出《いで》ず。農業の術は人を養ふの本也。……孝弟の道は人を教ゆるの本なり。孝弟の教へなければ、人倫明かならず、人の道立ずして禽獣《きんじゅう》に近し。故《かかるがゆえ》に堯舜《ぎょうしゅん》〈中国の伝説上の天子である堯帝と舜帝〉の御代には……農業を教へ……世に人倫の道を教へ給へり。しかるゆへに民生〈人民の生活〉の養ひゆたかに、人倫の道明かなり。……しかりしより以来《このかた》、代々《よよ》の聖王・賢君、天下国家を治るに、必ず農をすゝめ、稼穡を教るを以て先とし、人倫の道を正すを以て、本とし給はざるはなし。（『農業全書』、古島・安芸〔一九七二〕六九—七〇頁）

ここで言われていることは、人間の徳性は生得的ではあるが、それが顕在化するためには、「農業」が作りだす「養」ともに、後天的な「教」つまり為政者による教導が不可欠だということである。

⑥農民と農業

宮崎安貞において、百姓の営む農業は社会的に有用な行為である。これは百姓身分の正当性の一つの根拠である。しかし、もう一つの論点がある。それは、「人心」と「天の心」の同一性である。この場合の人間は、身分などの社会的属性に関わらない、その意味で人間一般であり、農工商もこの人間一般に含まれている。つまり、生得的に「天の心」を具有した道徳的存在であるという点においては、士農工商に差異はなく、四民は等質なのである。

だが、この生得的道徳性は、無条件で顕在化するわけではなく、二つの条件が必要である。その一つは、為政者による教導であり、二つ目は、生活の安定である。農業の生産物は人間や社会が存続していくための最も基礎的条件であるが、それだけではなく、農業は人間や社会が道徳的存在であり続けるためにも必須なのである。

農業という経済的行為を実践するのは、身分制上、武士の下位者である百姓である。けれども、［1］百姓は、人間としての生得的徳性において、上位者でも下位者でもない。四民はすべて道徳的に等質――社会的意味での平等ではない――であり、その存在は道徳的に正当である。［2］農業の意義の一つは、それが人間と社会が生存し続けていくために不可欠の財貨を供給するという点にある。［3］そしてもう一つ、農業は、人間や社会の道徳性の顕現を保証するという機能をも有している。要するに、以上のような［1］［2］［3］が、宮崎安貞における農業・農民の自己認識・自己主張の論拠である。ここでの農耕は、単なる労働ではなく、倫理化された「勤労」とでも呼ばれるべきものであろう。

2　西川如見

①天文地理学

西川如見《にしかわじょけん》（一六四八―一七二四）は、長崎の比較的裕福な商人である。五〇歳以降、如見は多くの著作を上梓し、これにより天文地理学者として世に知られるようになった。しかし、如見は自然系の学問だけでなく、朱子学をも学んでいた。彼の天文地理学の理論は、経験的な知見と朱子学的な理気二元論とを整合させようとする一つの試みと言えよう（川口［一九九二］）。

②五等と四民

如見は、商人の立場から、次のように述べている。

【8―7】町人に生れて其みちを楽まんと思はゞ、まづ町人の品位をわきまへ、町人の町人たる理《ことわり》を知てのち、其心を正し、其身をおさむべし。……人間に五つの品位あり。是を五等の人倫といへり。第一に天子、第二に諸侯、第三に卿大夫《けいたいふ》、第四に士、第五に庶人なり。是を日本にていふときは、天子は禁中様〈天皇〉、諸侯は諸大名主、卿大夫は旗本官位の諸物頭《しよものがしら》、士は諸旗本無官の等《ともがら》也。……公方家〈将軍〉の侍の外は、諸家中ともにみな陪臣といふて、又内《またうち》の侍いづれも庶人のうちなりと知べし。……其外《そのほか》国々の諸侍、扶持《ふち》切米《きりまい》の面々いづれもみな庶人なり。扨《さて》庶人に四つの品あり。是を四民と号せり。士農工商これなり。士は右にいへる諸国又内の諸侍なり。農は耕作人なり。……工は諸職人なり。商は商売人なり。上の五等と此四民は、天理自然の人倫にて、とりつき此四民なきときは、五等の人倫も立ことなし。此故に、世界万国ともに此四民あらずといふ所なし。此四民の外の人倫をば遊民

といひて、国土のために用なき人間なりと知べし。……いにしへは百姓より町人は下座なりといへども、いつ頃よりか天下金銀づかひとなりて、天下の金銀財宝みな町人の方に主《つかさ》どれる事にて、……いつとなく其品百姓の上にあるに似たり。……町人は四民の下に位して、上五等の人倫に用あり。かゝる世に生れ、かゝる品に生れ相ぬるは、まことに身の幸にあらずや。（『町人嚢』、飯島・西川〔一九四二〕一三―一四頁）

まず目に付くのは、町人としての自信ではないだろうか。だから、彼は「五等」と「四民」を重ね合わせ、武士の大部分を農工商と同列の「庶人」に入れてしまい、その「士農工商」が社会的に不可欠・有用であると言いえているのであろう。彼は身分制を否定してはいないが、身分間の差は事実上かなり小さくなっているものと思われる。

③人

如見は、朱子学の理論に則って人間について次のように言っている。

【8−8】陰陽〈天地の間に存在し万物を構成する二つの気〉五行〈陰陽が分かれた五つの元素〉ノ全徳、人ニ賦《ふ》シテ心性ト成リ、上七曜《かみしちよう》〈太陽・月・木星・火星・土星・金星・水星〉ニ応ジ至大ニ彌《いきわた》リ、下《しも》万物ヲ貫イテ至微ニ蔵《おさま》ル。此故ニ上古ノ聖神、人極ヲ立テ教ヲ設ケルコト、純《もっぱ》ラ五行ニ順《したが》ツテ、生民ヲシテ五行陰陽ノ理ニ離ルルコト無ク万物生生ノ気ニ背《そむ》クコト莫《な》カラシメント欲ス。（『天人五行解』、西川〔一九〇〇〕一丁）

ここでは、森羅万象を構成する「陰陽五行」の本質を「全徳」という道徳性において捉え、その徳性が天賦のものとして「人」の「心性」を成していると述べられている。だから、「【8−9】人は万物の霊なるゆへに、五倫〈父子の親・君臣の義・夫婦の別・長幼の序・朋友の信〉の道に全く厚し」（『百姓嚢』、飯島・西川〔一九四二〕一九六頁）と、人間の尊貴性が主張されるのである。そして、この点において「五等」「四民」間に差異はないであろう。

④屏風

如見は、次のような比喩を使って、右で見た儒教的な規範主義的人間観が、社会的存在としての農工商の正当性を保証するものであることを示している。

【8―10】去《さる》商人常の口くせに、『商人と屏風《びやうぶ》は曲《ゆが》まねばたゝず』といひて、手わろきわざもありしに、あるとき、家の年久しき古屏風の精、妖《ばけ》て商人の夢に見えていはく。『年頃われを曲めるものとのみ思ひ給ふこそ口惜く侍《はべ》れ。ゆがめてたてるは我心にあらず。のぶとちゞむとこそ、わが徳用なれ。……強て開きのぶる時は片時もたちがたし。又たゝみちゞむ事過る時は猶《なお》ひとり立がたし。のぶとちゞむとの中道をうるときは、久しく立て危《あやう》からず。そのうへ立所の地、平かに正しくしてたてざれば、則くつがへりたをれり。……主《ぬし》も先その一心の地をたいらかに正しくして、其上に商売ののべちゞめを考て、あまりに開かずあまりにちゞめずして、能程《よきほど》に身を立るときは、いつまで立ても危事なかるべし。……』と恨《うらみ》けるとかや。（『町人嚢』、飯島・西川〔一九四二〕一六―一七頁）

ここでは、商売は中庸を貴び、その商業を営む商人の心を「正しく」道徳的なものにしなければならないと語られているが、その前提には「人は万物の霊」という規範主義的人間観があるのであろう。つまり、商業はそれを営む「人」の「心性」の「全徳」によってその正当性を担保されねばならないということである。

3　石田梅岩

①庶民相手の講席

宮崎安貞が武士出身の上層農民、西川如見が比較的富有な商人であったのと比べると、石田梅岩《いしだばいがん》（一六八五―一七四四）は、丹波国東懸村《たんばのくにとうげ》（現・京都府亀岡市）の一般農民の悴であった。しかし、一一歳の時、京都の商家に奉公に上がり、町の商人としての人生を送ることになった。その後、一時期東懸村に戻ったが、二三歳の時、再び上京し、以後、商家奉公人としての暮らしが続いた。

けれども、梅岩は普通の商人とは少し違い、奉公の傍ら人間のあり方について思い悩み、その思索は二〇年以上にわたった。しかし、一七二九（享保一四）年、彼は自分の思想に確信を持つに至り、それを人々、とりわけ町人たちに伝えるため、京都の自宅で講席を開くことになった。そして、梅岩が始めた小さな会合が、彼の没後、後述の石門心学と呼ばれる大きな思想運動へとつながっていくことになるのである。

②現状認識

梅岩が講席を開いていた一七三〇年代から四〇年代前半は、おおよそ、第７章で見た享保改革の後半で、この頃、徳川政権は自己と市場経済とのあるべき関係を模索していが、他方、同じ市場経済の展開は、その中に生きていた商人にとっては、特に異とすべきものではなかったであろう。

【8―11】売物ハ時ノ相場ニヨリ……相場ノ高時《あがる》ハ強気ニナリ、下ル時ハ弱気ニナル。是ハ天ノナス所、商人ノ私ニアラズ。……狂アルハ常ナリ。……何ニ限ラズ日々相場ニ狂ヒアリ。其公ヲ欠テ私ノ成ベキコトニアラズ。（『都鄙問答』、柴田〔一九五六〕八一頁）

ここでは、「相場」つまり価格の変動を個々の商人の意思や思惑を超えた、その意味で自ずから然る現象と捉え、それを当然のこととしている。これは、恐らく、商人の日常的な感覚であったろう。

また、士農工商がそれぞれ社会的に有用であるという主張も梅岩の中に見出すことができる。

【8―12】士農工商ハ天下ノ治ル相《たすけ》トナル。四民カケテハ助ケ無カルベシ。四民ヲ治メ玉フハ君ノ職ナリ。君ヲ相ルハ四民ノ職分ナリ。士ハ元来位アル臣ナリ。農人ハ草莽ノ臣ナリ。商工ハ市井ノ臣ナリ。（『都鄙問答』、柴田（一九五六）八二頁）

③天地

梅岩は「天地」について次のように言っている。

【8―13】天地ハ形ニ見《あらわ》レテ無声無臭ニハアラズ。其天地ノ働キヲナス物ハ無レ声《おとなく》無レ臭《においなし》。無レ声無レ臭シテ天地ヲ得テ万物生ジ出セリ。（『石田先生語録』、柴田（一九五七）二七四頁）

すなわち、「天地」間に存在する「万物」はそれぞれ固有の「形」を有している。これに対して、それら「万物」を「万物」たらしめている「天地ノ働キヲナス物」は、「形」のない形而上の存在である。このような論理は、広い意味での朱子学的な考え方に由来するものであろう。したがって、この「天地ノ働キヲナス物」の本質が、【8―14】のように「仁」すなわち道徳規範であることも不思議ではない。

【8―14】無声無臭シテ万物ノ体ト成ル物ヲ、暫《しばらく》名ヅケテ、乾《けん》トモ天トモ道トモ理トモ命トモ性トモ仁トモ云。惣《すべ》テイヘバ、一物ナリ」（『都鄙問答』、柴田〔一九五六〕七二頁）

ところで、【8―14】では、一つの「万物ノ体ト成ル物」について、いろいろな表現がなされている。しかし、このような整合性や体系性の欠如は、高度な知識人ではない人々においては、むしろ一般的に見られる現象であろう。これは、日本経済思想史の史料を読む際の一つの注意点である。

④孑々と蚊

「天」が「万物」を「生ジ出」しているとすれば、一つ一つの「物」のあり方は「【8―15】天命」（『石田先生語録』、柴田〔一九五七〕二〇二頁）によって定められることになる。そして、その「天命」はそのまま受け入れられるべきだというのが、梅岩の思想の核心である。このことを梅岩は次のような比喩で語っている。

【8―16】形ヲ直ニ心トモ可知《しるべし》。……孑々《ぼうふりむし》〈ボウフラ〉水中ニ有テハ人ヲ不レ螫《ささず》。蚊ト変ジテ忽《たちまち》ニ人ヲ螫。コレ形ニ由ノ心ナリ。……形ガ直ニ心ナル所ナリ。（『都鄙問答』、柴田〔一九五六〕一一三―一一四頁）

「孑々」が「孑々」であるのは「天命」の為せる業であり、その「孑々」にはその「形」に応じた「人ヲ不レ螫」という「形ニ由ノ心」がある。また、その「孑々」が変態して「蚊」になれば、「蚊」の「形」に応じた「人ヲ螫」という「心」がある。しかし、「形」は違っても、どちらもが「天命」によって定められているのであるから、それはそのまま受け入れられるべきであるし、「孑々」や「蚊」の場合は、実際にそうなっているというのである。

⑤無心

しかし、実は、人間の場合はやっかいなのである。人間には一種の自意識があり、それが「天命」と「心」との間に介在して、この両者を乖離させてしまう可能性があるからである。つまり、この場合の自意識は「形ニ由ノ心」とは違う、言わば自分勝手な自己判断なのである。

では、人間はどうしたらいいのか。それは、「【8-17】天地ハ即チ無心ナリ。我会得スル所ハ即ハ赤子ノ心ニテ無心ナレバ我レ天地ノ心ナリ」（『石田先生語録』、柴田〔一九五七〕三〇二頁）と言われるように、人間の自意識をなくしてしまえばいいのである。つまり、自意識をなくして「無心」になれば、つまり赤ん坊のようになれば、人間は「孑々」や「蚊」と同じ状態になり、人間も「天命」によって定められた「形ニ由ノ心」を持つことができるというわけである。そして、既述のように、その「天」の本質は道徳規範なのであるから、「無心」の人間は理想的な道徳的存在となるのである。

⑥家業と富

梅岩によれば、ある人が士農工商のいずれかの「形」を持っているのは、「天命」によって定められたことである。したがって、人間一人一人には、その「形」に応じた「心」があり、もしその人間が「無心」であれば、その人の行動はその「心」つまり「天命」に従ったものになるはずである。

では、「無心」になった武士・百姓・町人がとる行動とは、どのようなものか。

【8-18】時ノ天命ニ安ジ玉フ。コレヲ法トシテ士農工商共ニ、我家業ニテ足コトヲ知ルベシ。……此義ヲ知ラバ我

職分ヲ疎《おろそか》ニスル心有ランヤ。（『都鄙問答』、柴田〔一九五六〕三七―三八頁）

要するに、それは身分に応じた職業、つまり「家業」「職分」の遂行に他ならない。すなわち、梅岩にとって人間の理想の姿とは、「家業」「職分」に精励する、そういう人のあり方なのである。

では、彼が特に講釈の対象とした商人にとっての「家業」「職分」とは、どのようなものなのであろうか。

【8-19】商人ハ勘定委《くわ》シクシテ、今日ノ渡世《とせい》ヲ致ス者ナレバ、一銭軽シト云ベキニ非《あら》ズ。是ヲ重テ富ヲナスハ商人ノ道ナリ。……如此《かくのごとく》シテ富、山ノ如クニ至ルトモ、欲心トイフベカラズ。……如此《かくのごとく》ナラバ天下公ノ倹約ニモカナヒ、天命ニ合《かな》フテ福ヲ得ベシ。（『都鄙問答』、柴田〔一九五六〕三二―三三頁）

商人の「家業」「職分」とは、要するに、堅実な商売によって家産を守り、増やしていくことである。それは「天命」によって定められた「形ニ由ノ心」の発現であり、「欲心」から出た行動ではない。そして、「天」は道徳規範なのであるから（【8-14】）、「家業」「職分」の遂行は道徳的行為そのものなのである。したがって、こうした「家業」「職分」は「天命ニ合フ」行為であるとともに、「天下ノ治ル相」（【8-12】）なのであるから、そこから得られる利得はまったく正当なものなのである。

【8-20】細工人ニ作料ヲ給ルハ工ノ禄ナリ。農人ニ作間《さくあい》〈収入〉ヲ下サル、コトハ是モ士ノ禄ニ同ジ。天下万民産業ナクシテ何ヲ以テ立ツベキヤ。商人ノ買利モ天下御免《おゆる》シノ禄ナリ。（『都鄙問答』、柴田〔一九五六〕八二頁）

⑦石門心学

梅岩没後の一八世紀後期から一九世紀において、彼の思想は弟子たちによって全国に流布され、町人はもとより、農民や武士層にも浸透し、「石門心学《せきもんしんがく》」と呼ばれるようになった。この石門心学の普及に力のあった人物としては、手島堵庵《てしまとあん》（一七一八—一七八六）・中沢道二《なかざわどうに》（一七二五—一八〇三）・上河淇水《うえかわきすい》（一七四八—一八一七）・大島有隣《おおしまうりん》（一七五五—一八三六）などを挙げることができる。

宮崎安貞、西川如見、石田梅岩の三人は、生きた時代も、社会的立場も、関心の対象も、職業の内容も、必ずしも同じではない。しかしそれにもかかわらず、百姓や町人の正当性を主張している点では、同じ経済思想の系譜に属していると言える。そして、その際、［1］農業・工業・商業の社会的有用性、［2］士農工商の道徳的等質性、［3］職業や利得の道徳的正当性を、ニュアンスの違いはあるものの、三民の自己認識・自己主張の論拠としている点においても、この三人は一つの経済思想史の流れの中にあると考えられる。そして、武士との対抗を目的としていない点も、三人に共通している。四民は、相互依存的な分業関係を成しているという認識である。

【8–1】鈴木鉄心編〔一九六二〕『鈴木正三道人全集』（山喜房仏書林）
【8–2】正宗敦夫編〔一九七八〕『増訂蕃山全集』第二巻（名著出版）
【8–3】【8–4】【8–5】【8–6】古島敏雄・安芸皎一校注〔一九七二〕『日本思想大系62　近世科学思想　上』（岩波書店）
【8–7】【8–9】【8–10】飯島忠夫・西川忠幸校訂〔一九四二〕『町人嚢・百姓嚢・長崎夜話草』（岩波文庫）
【8–8】西川忠亮編〔一九〇〇〕『西川如見遺書』第一四編

【8-11】【8-12】【8-14】【8-16】【8-18】【8-19】【8-20】柴田實（一九五六）『石田梅岩全集』上巻（石門心学会）

【8-13】【8-15】【8-17】柴田實（一九五七）『石田梅岩全集』下巻（石門心学会・明倫舍）

第9章　田沼政治と多様化する思想界

本章では、まず、第7章で述べた享保改革後の、つまり一八世紀後期における徳川政権の経済政策について考える。その中心にいたのが、老中田沼意次《たぬまおきつぐ》（一七一九―一七八八）である。次に、同時期、すなわち第6章で取り上げた太宰春台《だざいしゅんだい》（一六八〇―一七四七）没後における思想界のあり方について概観しておきたい。

一　田沼意次

1　賄賂政治家？

田沼意次は、一七三四（享保一九）年、第九代将軍徳川家重《とくがわいえしげ》（一七一一―一七六一）の時期に昇進を重ね、一七五八（宝暦八）年には大名となり、評定所に列することとなった。さらに、第一〇代将軍徳川家治《とくがわいえはる》（一七三七―一七八六）

政権（一七六〇―一七八七）のもとで、一七六七（明和四）年には将軍の側用人、七二（明和九）年には老中となった。しかし、天明飢饉（一七八〇年代）や浅間山大噴火（一七八三）という災害が続く中、一七八六（天明六）年、政争に敗れ、老中を罷免され、その二年後、失意のうちに死去した。

田沼意次と聞くと、賄賂政治家というイメージを思い浮かべる人がいるのではないだろうか。けれども、このような田沼像には根拠がないという説もあり（大石〔一九九一〕）、議論は定まっていない（山田〔二〇〇一〕）。しかし、経済思想史の観点から見ると、たとえそれが政敵によるでっち上げであるにしても、商人などからの収賄というイメージが、なんとなく、さもありなんと思われてしまう、そういう田沼の政策のあり方が問題である。

2　財政難への対応

徳川政権の財政状態は、第7章で述べたように、徳川吉宗政権の後期に安定を取り戻していた。しかし、ちょうど田沼が政権の中枢に参画し始めた頃、再び財政が不安定化した。これに対して、まず考えられるのは年貢の増徴であろう。田沼も、印旛沼《いんばぬま》の干拓による新田造出を試み――洪水のため失敗――、また蝦夷地（現・北海道）に広大な新田畑を開くことを構想し、現地調査を実行した。この企ては田沼の老中罷免によって竜頭蛇尾に終わったが、このような日本という国の枠組みを変更しかねない新しい発想・試行は、後に述べるように、一八世紀後半期の日本の社会とそこにおける思想界のあり方を示唆するものである。

田沼が農業を等閑視していたとは考えられないが、彼の経済政策の特徴は、その中心が非農業部門に向けられていたことであろう。たとえば、株仲間の結成や商工業者に対する事実上の課税などが、その例である。商人からの収賄というイメージは、こうした商工業者との持ちつ持たれつの関係に由来しているかもしれない。また、国内だけでな

表 9-1　江戸時代の貨幣

江戸時代全期間に使用された金銀銭貨				
金貨 銀貨 銭貨	1 両＝4 分《ぶ》＝16 朱 1 貫＝1 千匁＝1 万分《ふん》＝10 万厘＝100 万毛 1 貫＝1 千文《もん》			計数貨幣 秤量貨幣 計数貨幣
田沼政権によって新たに発行された銀貨				
		創鋳年		
銀貨 銀貨	五匁銀 二朱銀	1765 1772	12 個で金貨 1 両と等価（金 1 両＝銀 60 匁） 8 個で金貨 1 両と等価	計数貨幣 計数貨幣

く、長崎から清国に海産物を輸出して、銀をかせぐという貿易政策を実行したことも、一つの新機軸と言えよう。総じて、田沼の経済政策は、市場経済の拡大という現状認識に立脚し、それへの関与を強め、歳入における米穀の量ではなく、貨幣で表された収入額の確保を指向するものであった。

3　貨幣政策

表9-1に示されているように、江戸時代の三貨並立制と呼ばれる貨幣制度は、現在のわれわれからは複雑に感じられるかもしれない。しかし、中世の日本には、公的な貨幣制度は存在しておらず、徳川政権が創設した三貨並立制は、日本における事実上初めての全国的・統一的な貨幣制度であったのである（滝沢〔一九九六〕）。

だが、田沼が政権を掌握していた頃、日本経済の規模が大きくなり、貨幣使用も活発化しており、こうした状況の中で、貨幣制度をよりすっきりとしたものに改めていく必要性が高まっていたであろう。田沼意次の貨幣政策は、端的に言えば、三貨並立制における金貨と銀貨の関係にメスを入れようとするものであり、具体的には、**表9-1**のように、二種類の新銀貨を発行したことである。五匁銀《ごもんめぎん》は「五匁」が明示された計数貨幣であり、翌年には、金貨―秤量《しょうりょう》銀貨（匁銀）間のその時々の金銀相場（両と匁の交換レート）に関わりなく、金貨一両と五匁銀一二個を等価とするよう触れ出された。つまり、金一両＝銀六〇匁という交換比率を固定化し、事実上、銀貨を金貨の補助貨幣にするということである。つまり、五匁銀の導入は、銀貨の金貨に対する独立性を弱め、金貨を中心とする貨幣制度へ移行しようとするとともに、通貨面における金遣い江戸の銀遣い大坂に対する優位性を確保しようとする発想に基づくものであったように思われる。しかし、この五匁銀は重くかさばるといった理由で不評であり、事実上流通せず、この最初の試みは成功しなかった。

二番目の二朱銀《にしゅぎん》は、画期的な銀貨であった。すなわち、銀製にもかかわらず、朱という金貨の額面価値を持つ計数貨幣であり、この二朱銀は完全に金貨の補助貨幣であった。しかも、二朱銀は経済界に受け入れられ、これ以降、徳川政権は、一時的中断をはさみつつも、秤量銀貨を鋳潰して金貨単位の銀貨を鋳造していくようになった。

田沼の政治は、後述の一八世紀後半期の社会情勢・思潮を背景とするものであったように思われる。それは、人々の意識や価値観が、その多様性・混在性・流動性を高めつつあったということであり、また、田沼自身について見れば、彼は古くからのしがらみの少ない、それだけに新しい発想に基づく政策を実行しやすい立場にあり、その意味では、時代の動向を象徴する人物の一人であったかもしれない。

しかし、日本経済思想史、あるいは経済政策史の観点からすれば、田沼の政策をその画期性という文脈だけで捉えることは、適当ではないであろう。市場経済の拡大を認知し、そこに依拠しながら財政の安定を図るという政策立案姿勢は、第7章で見た大岡忠相《おおおかただすけ》（一六七七―一七五二）的な経済政策の延長線上に位置づけられうるからである。ただし、徳川吉宗政権と同じように、田沼の当時も、政権全体が市場経済指向一色に染まったわけではなく、田沼的政策に違和感を覚える人々がいたことも間違いないであろう。一七八六年の田沼の罷免は、それを示唆している。

二　一八世紀後半期の思想界

一八世紀後半期、思想界で新しい変化が起こっていた。第6章で述べた通り、徂徠学派における太宰春台《だざいしゅんだい》（一六八〇―一七四七）と服部南郭《はっとりなんかく》（一六八三―一七五九）の不仲は、荻生徂徠《おぎゅうそらい》（一六六六―一七二八）没後の思想界の多様化を予感させるものであった（日野〔一九七五〕二一頁）。また、同じ古学派儒学の中では、京都の伊藤仁斎《いとうじんさい》（一六二七―一七〇五）、その子伊藤東涯《いとうとうがい》（一六七〇―一七三八）の流れをくむ古義学派も、一定の勢力を有していた。

しかし、仁斎や徂徠からの批判を受けた朱子学も、その思想的意味を失うことはなかったように思われる。一例を挙げると、一七二四（享保九）年、大坂の有力町人五人の出資によって、懐徳堂と呼ばれる塾が作られ（ナジタ〔一九九二〕、宮川〔二〇〇二〕、懐徳堂記念会〔二〇〇四〕）、二六年には徳川政権から公認された官許の学問所となり、一八六九（明治二）年までの約一世紀半にわたって存続した。ここでの教育は朱子学を基本としており、たとえば、一七八二（天明二）年に学主となった中井竹山《なかいちくざん》（一七三〇―一八〇四）は『非徴《ひちょう》』を著し、徂徠学を批判した。徂徠没後の徂徠学派の主流が詩文の世界に向かう中、朱子学は儒教の規範主義的人間観・社会観を維持し、人と社会のあり方を人々に問うという思想的役割を果していたのではないだろうか。一七九〇（寛政二）年に徳川政権が実施した「寛政異学の禁」にそれぞれの立場で関与した頼春水《らいしゅんすい》（一七四六―一八一六）、柴野栗山《しばのりつざん》（一七三六―一八〇七）、尾藤二洲《びとうじしゅう》（一七四七―一八一三）、古賀精里《こがせいり》（一七五〇―一八一七）なども朱子学者であり、彼らも懐徳堂との関係を有していた。しかし、懐徳堂の学風は必ずしも朱子学一辺倒ではなく、富永仲基《とみながなかもと》（一七一五―一七四六）、山片蟠桃《やまがたばんとう》（一七四八―一八二一）、草間直方《くさまなおがた》（一七五三―一八三一）といった多様な人材を輩出するとともに、豊後国《ぶんごのくに》（現・大分県）の村医者で自然哲学者として、また経済思想史的には『価原《かげん》』の著者として知られている三浦梅園《みうらばいえん》（一七二三―一七八九）や天文学者の麻田剛立《あさだごうりゅう》（一七三四―一七九九）なども懐徳堂と交流を持っていた。

さて、江戸時代の初期以来、ヨーロッパからの情報流入は規制されていたが、一七二〇（享保五）年、キリスト教に関係のない漢訳洋書つまり中国語に翻訳されたヨーロッパ書籍の輸入制限が緩和された。たとえば、西洋解剖学書の邦訳である『解体新書』が刊行されたのは一七七四（安永三）年であり、一八世紀後半期は、医学や天文学という自然学領域において、蘭学が台頭した時期でもあった。だが、西洋書籍の輸入だけで、蘭学が興隆したわけではない。つまり、舶来の学術や情報を理解し、受容するための歴史的前提が必要だということであり、思想史的には、その一つは、古学派儒学的な気一元論、つまり形而下の世界こそが実在だとするような思惟様式であろうし、もう一つは、朱子学が説く「格物窮理」という事物の法則性を認識しようとする知的態度であったと考えられる。これらはいずれも、一七世紀以来の思想史、とりわけ儒学の歴史の中で育まれてきた学知である。

ヨーロッパの学問への接近は、当然、学術以外の領域においても、ヨーロッパへの関心を呼び起こすであろう。ここで注意すべきは、この時期イギリスで進行していた世界史上初の産業革命である。当時の日本では、その実態についてはほとんど分からなかったであろうが、しかし、西洋が桁違いに大きな力を獲得し、世界中に進出していることは認識されていった。このことは第14章で詳述するが、古代以来の日本人が抱いていた中国中心の世界像に変化をもたらし、ひいては日本と世界との関係や世界の中での日本のあるべき姿についての新しい認識や指向を生みだすことになる。その一例として、仙台の伊達家に医師として仕えていた工藤平助《くどうへいすけ》（一七三四―一八〇〇）の『赤蝦夷風説考《あかえぞふうせつこう》』を挙げることができる（佐藤〔一九七二〕）。「赤蝦夷」とはロシア人のことであり、これが先程述べた田沼意次による蝦夷地開発計画の一つの切っ掛けになったものだと言われている。また、平助は多くの蘭学者や和蘭陀通詞《おらんだつうじ》、大名や商人とのつながりを持ち、一八世紀後半期における思想や情報の交流の一つの結節点をなしていたと考えられる（グラムリヒ＝オカ〔二〇一三〕）。しかも、このような人的・知的交流は、日本の各地に広がりつつあり、たとえば、平助と同時代の大坂町人木村蒹葭《きむらけんか》堂《どう》（一七三六—一八〇二）は、本草学・詩文・書画・篆刻に通じ、その収集した書画・典籍・標本類は国内外に知られていたと言われている。

ヨーロッパ勢力が作り出す世界へ目を向けていくことと、一見、相反しているように感じられるかもしれないが、新しい世界像の探究は、新しい日本像の模索と表裏の関係にあることを見逃してはならない。第11章で取り上げる伊《い》勢国《せのくに》松坂（現・三重県松坂市）の本居宣長《もとおりのりなが》（一七三〇—一八〇一）が、『古事記』という日本の古典を研究し、『古事記伝』の執筆を始めたのは一七六四（明和元）年、この大著の完成は九八（寛政一〇）年である。儒学でも蘭学でもない国学が影響力を強め、そこで説かれる尊王という価値観は、儒学者や蘭学者を含めて、江戸時代後期の人々の通念になっていき、その延長線上で、天皇と将軍の関係を重大問題化させていくことになるのである。

宣長が『古事記伝』の執筆に費やした三五年間は、儒学界では古学と朱子学、儒学外では、本草学や蘭学系の自然学、新しい世界像と日本像などなどの諸思想が、相互に関連・共鳴・反発し合いつつ、叢生した時期と完全に一致している。一八世紀から一九世紀にかけての経済の動向に対応・対抗する経済思想も、こうした社会や思想の動向の中で展開していく。田沼の経済政策はその一例であり、田沼後については章を改めて述べることとする。

第10章　市道と国益

一　海保青陵

海保青陵《かいほせいりよう》（一七五五―一八一七）は、近世後期の経世家として知られている。また、青陵は、荻生徂徠《おぎゆうそらい》（一六六六―一七二八）の孫弟子に当たる。彼は、徂徠学の行き着いた先の一つの具体例かもしれない。

1　経営コンサルタント

海保青陵は、江戸生まれの江戸育ちであるが、彼の父は丹後国《たんごのくに》宮津（現・京都府宮津市）の青山家家老であり、また徂徠の弟子宇佐美《うさみ》灊水《しんすい》（一七一〇―一七七六）に師事していた。青陵自身も一〇歳の時に灊水に入門している。

しかし、青陵は政治との直接的関係を避け、三〇歳以降は江戸を離れて各地を巡遊し、正式の武家社会の外での人生を選択した。ただし、青陵は、公的な武士身分から離れはしたが、大名家に対する一種の経営コンサルタントとして生きていたのであり、これが彼は経世家だと言われるゆえんである（青柳〔二〇〇九〕）。

2 市道

海保青陵は、「市道」という言葉を使っている。シドウと言えば、士道・武士道を思い浮かべるのが普通であろう。青陵がシドウに「市道」を当てた理由は、どのようなものであったか。

【10-1】モト田ヲ民ヘワタシテ、民ヨリ米ヲアゲサスルハ何トイフモノゾヤ。……田モ山モ海モ金モ米モ、凡《およ》ソ天地ノ間ニアルモノハ皆シロモノ也。シロモノハ又シロモノヲウムハ理《ことわり》也。田ヨリ米ヲウムハ、金ヨリ利息ヲウムトチガイタルコトナシ。……金ヤ米ノ利息ヲウムハ天地ノ理也。田ヲステ、ヲケバ何モウマヌ也。……田ヲ民ヘカシツケテ十分一ノ年貢ヲ取ルハ、コレ一割ノ利ヲ取ル也。……シロモノヲカシテ利息ヲ取也。……天地ノ理也。……古ヘヨリ君臣ハ市道ナリト云也。臣ヘ知行《ちぎよう》ヲヤリテ働カス、臣ハチカラヲ君ヘウリテ米ヲトル。君ハ臣ヲカイ、臣ハ君ヘウリテ、ウリカイ也。ウリカイガヨキ也。（『稽古談』、塚谷・蔵並〔一九七〇〕二二一―二二二頁）

まず、青陵は、武士が「民」から「年貢」を取るのはなぜかと問いかけている。この問いに答える前提として、青陵はすべての物は「シロモノ」だと言っている。「シロモノ」は「代物」であり、この「代」は「代金」の「代」、つまり「シロモノ」とは経済的価値物である。しかも、この「シロモノ」は「又シロモノヲウム」、すなわち経済的価値物はたえずその経済的価値を増殖させていくのである。「天地」は、経済的価値物から成る世界である。

しかし、この経済的価値は自動的に増殖するものではなく、そこに生産という人間の行為が必要であり、これをする者が「民」である。だが、その働きかけの対象である「田」の所持者は、武士である。したがって、「田」を所持する武士は、それを「民」に「カシツケ」て、その対価として「民」から「利息」を取る。つまり、「田」の貸し賃が「年貢」だというのである。武士と「民」の間にあるものは、賃貸借という経済的関係である。

では次に、青陵はなぜシドウに「市道」を当てたのか。それは、すなわち「君」と「臣」をつなぐ紐帯は、労働力の「ウリカイ」つまり売買であり、だから君臣関係は「マーケットの道」と表現されたのである。

青陵にとっての「天地」は、経済的価値物の集合体である。したがって、その「天地」の一構成要素である人間は、「シロモノ」の中で生き、「シロモノ」の賃貸や売買に従事することになる。つまり、人と人とを結びつけるものは、貸借・売買という経済的関係であり、儒教が説く道徳的関係でもないし、荻生徂徠が言う政治的関係でもない。青陵は徂徠の孫弟子に当たるが、彼が徂徠の単純な後継者でないことは明らかである。

3　大名の借金

青陵は、年貢制度の欠陥を次のように指摘している。

【10-2】奢侈トハ出金ノ多キコト也。……武家ト云モノハ、権現《ごんげん》様〈初代将軍徳川家康〉……ノトキニ取リタル知行ノマ、ニテ、世ノ流行ニツレテ、取ルコトノマスト云コトナキモノ也。農・工・賈《こ》〈商〉ハ流行ニツレテ、取リ物マスユヘニ入金多シ。入金多キユヘニ、出金多クナリテモ、ツヂツマモ合フ也。武家ハ、取リ物ハ昔シノ通リニテ、出金ハ世ノ流行ニツレテ多クナルユヘニ、ツヂツマ合ハヌ也。是大名ハ借金多クナル理也。（『稽古談』、塚谷・蔵並

〔一九七〇〕二八五頁）

江戸時代の初め以来、年貢の増徴は思うに任せず、「武家」の経済力は漸次低下し、「大名」は「借金」依存の状態に陥っているというのである。また、青陵が「奢侈」を、道徳的文脈においてではなく、算盤勘定の問題として語っていることは、【10-1】に見られる発想と整合的であろう。

4 財政再建策

武家財政の不健全化は、既述のように、一七世紀後期以来の難問であった。右のような年貢についての認識を前提として、青陵が提言した財政再建策は、次のようなものである。

【10-3】一国一《ひ》ト味方ニナリテ、他国ノ金ヲ吸ヒ取ルトハ、産物マワシガ其機密也。……上ニテ産物マワシノセワヲヤケバ、是民ト一ト味方ニナリテ、他国ノ金ヲ吸ヒ取ル也。……今マデ納屋物《なやもの》〈非領主的商品〉ニシテ、民ノ自分ニテマワシツケタルシロモノ多カルベシ。コレヲモ上ノ荷ニシテヤリテ、……大荷物ニシテ、外ノ所ヘマワシテヤルベキ也。……大坂・京・大津ノルイバカリガ、ウリハラヒ場ニテ、外ニハナキニアラズ。大都会ニテハドコトデモ引合フコトデキル也。……又、自国ノ物ヲ他ヘウリ、他ノ物ヲ自国ヘカイ入ル、ノミニアラズ、他ノ物ヲ他ヘウリテモヨキコト也。……所詮、米ヲウラネバナラヌ武家ノコトナレバ、物ヲウリタリ、カヒタリスルコト、又甚《はなはだ》ノ醜行トイフコトニモアラズ。（『稽古談』、塚谷・蔵並〔一九七〇〕三二三―三二四頁）

まず、右の【10-3】は、日本と外国との関係ではなく、日本国内について論じたものである。したがって、「一国」は日本国内の一地域であり、その「一国」は「上」によって統治された、要するに大名領ということである。

次に、「一ト味方」であるが、「一ト味方ニナリ」という表現から推測すれば、「一国」には複数の構成員が存在し、それらはこれまでは「一ト味方」ではなかったと想定される。では、その構成員とは何かと言えば、一つは「上」すなわち大名とその家臣団から成る武家集団、もう一つは「民」つまり百姓・町人という非武士層であろう。青陵は、この武家集団と非武士層とを結びつけ、「一ト味方」すなわち一単位とせよと主張しているのである。

では、その理由は何か。それは「他国ノ金ヲ吸ヒ取ル」ことである。つまり、それぞれ「ウリカイ」している武家集団と非武士層をより強力な一個の経済単位に統合し、これが「自国」「他国」で交易して、貨幣収入を確保するというのである。頼りにならない年貢に代えて、青陵が見出した財政再建策は「産物マワシ」という地域間交易である。

5　徂徠学の末裔

感覚的に知覚可能な具体的事物だけに実在性を認めることが、徂徠学ないし古学派儒学の特徴の一つだとすれば、この思惟様式を青陵が共有していることは明らかである。

しかし、この思惟の所産たる具体的な財政再建策の中身は、荻生徂徠の孫弟子にふさわしいとは言いがたいものである。第5章で述べたように、徂徠の経済思想は「脱市場」の経世済民論の一つだとすれば、第6章で取り上げた徂徠の高弟太宰春台《だざいしゅんだい》（一六八〇—一七四七）のそれは、一方において師説の原則を継承しつつ、他方においては一八世紀中葉における市場経済の展開を認知し、その動向に追従したものと言えよう。これに対して、青陵は、市場経済の拡大という現実に即応して、「ウリカイガヨキ也」と言ってはばからないのである。この青陵の物言いは、実在する事物に即そうとする徂徠学の、経済思想史における一つの到達点かもしれない。

だが、青陵の「産物マワシ」を思想として理解しようとする場合、実態経済との関係を見るだけでは不十分である。第1章で述べた通り、思想というものは、思想外領域の外的諸事情にのみ依存するものではないからである。

そこで、第4章で見た熊沢蕃山《くまざわばんざん》（一六一九―一六九一）の時所位論を引き合いに出すならば、蕃山における「法」は「道」を実現するための手段であって、道徳規範としての「道」の実在を否定するものではなく、むしろ「道」の普遍性を前提とするものであった。これに対して、青陵の場合、その議論の根底にあるはずの「道」がいかなるものかは、必ずしも明瞭でないように思われる。しかし、このような疑問が生ずるのは、青陵だけに関することではなく、そもそもは「道」から規範性を排除した徂徠学の思想としてのあり方そのものに由来するものなのかもしれない。しかし、一般的に言って、経済活動・経済政策・経済利得といったものは、なんらかの基軸的価値に基礎づけられているはずだとすれば、青陵の「産物マワシ」が依って立つ基軸的価値はいかなるものかが、一つの思想上の課題であろう。

右のことと関連して、青陵が説いている「カシツケ」「ウリカイ」という人間関係理解が持つ思想史上の意味についても考えなければならない。すなわち、もし「君臣ハ市道」（【10-1】）だとすれば、君主も家臣も経済合理的な行動をとるべきであり、もし実際にこうしたことが起れば、それは二百年続いてきた江戸時代の君臣関係を根底から覆すことになりかねないであろう。また、年貢は武士が農民から取る「田」の貸し賃だとすれば、武士と農民の関係も根本的に見直されることになるかもしれない。青陵は、果たしてこうした徳川体制の根幹を揺るがしかねない事態を当然視していたのであろうか。確かに「カシツケ」「ウリカイ」は、単なる修辞ではないであろう。しかし、そうだとしても、それが彼の思想の基軸的価値であるかどうかは、また別の問題である。言い換えれば、もしかりに「カシツケ」「ウリカイ」が、青陵において基軸的意味を持つ人間観・社会観であるならば、そのことは江戸時代の経済思想史上に銘記されるべきである。だが、青陵における基軸的価値を不問に付したままで、そのいささか挑発的な表現だけから、その思想の歴史的性格を即断することにもまた慎重であるべきであろう。これは、日本経済思想史における近世と近代の連続・非連続を問う事例の一つである。

二　国　益

1　武家財政と国益

「現代日本で使われる「国益」概念は、national interest の訳語として、一九六〇年代に入ってから人口に膾炙するに至ったものであり、政治概念である」（安岡・瀬岡・藤田〔一九九五〕二六四頁）。けれども、日本国とその利益を標榜する思想が成立・展開してくるのは、江戸時代後半期であり、これについては第15章に後述する。

これに対して、同様の時期に、national interest とは異なる文脈での「国益」という言葉が、広い範囲で使われるようになった。この場合の「国」は、日本ではなく、大名領を指しており、「国益」とは、そういう「国」の利益のことである（藤田〔一九六六〕、藤田〔二〇一一〕）。海保青陵の「産物マワシ」（【10-3】）と同じである。

第9章で、田沼意次が徳川政権内の政争に敗れ、失脚したと述べた。しかし、農業貢租への依存の限界を認識し、市場経済との関わりの中に、武家財政の活路を見出そうとする政策的発想が消滅することはなかった。むしろ、それは諸大名家において常識化していき、一九世紀になると、日本各地の大名家で、うまくいく、いかないは別にして、大なり小なり、産業育成に関わる経済政策が実行され、産業資金としての地域紙幣――いわゆる藩札――の発行も増えていった。したがって、海保青陵の主張は、彼の独創と言うよりは、当時の諸大名家財政担当者の常識を代弁したものであったと見なした方がよいであろう。一八世紀後半から一九世紀初期における近世後期経世論と実務派経済官僚の経済政策観は、ほぼ同様の認識に到達していたものと思われる。

2　三浦梅園の国益

「国益」を武家財政との関連だけで捉えることは一面的である。武家の経済政策は、農業その他の経済活動を対象とするものであるが、その直接の担い手は、武士ではなく、百姓・町人である。つまり、非武士層が「国益」の実質的担い手であり、したがって、非武士層も「国益」の享受者の一部となる可能性があるからである。

しかし、そうだとすると、「国益」は本当に武士と非武士層の両者によって享受されるのか、あるいは、享受される場合、その比重はどのようなものかといったことが、現実的にも、思想的にも、問題となるであろう。なぜなら、「国益」が誰によって、どのように享受されるかという問題は、そもそもなぜ「国益」を追求しなければならないのか、その最終的な目的は何か、あるいは、その拠り所は何かという価値観・価値判断に関わっているからである。

さて、この「国益」享受のあり方を具体的に見ると、青陵の場合は、議論の中心は財政収入の確保にあるので武家の側に大きな比重があると推測して大過ないであろう。武家財政の健全化が、彼の判断の基準だということである。

だが、「国益」が広く使われた言葉であるとすれば、それを語る人も一様ではなく、また「国益」の享受についての考え方も多様でありうるかもしれない。前章でも簡単に触れた豊後国《ぶんごのくに》の村医者三浦梅園《みうらばいえん》（一七二三―一七八九）を、その一例として取り上げてみたい。彼は、在住村（現・大分県国東市）の領主松平親賢《まつだいらちかかた》（一七五三―一八〇二）に奉呈した意見書「丙午《へいご》封事《ふうじ》」に次のように書いている。

【10-4】何とぞ在中木綿出精《しゅっせい》作り立《たて》、国中の用、大概地綿《ぢわた》にて相すみ申候はば、過分の義に御座候。一面に出来不申《もうさず》候とも、土地にあひ候処、出精仕《つかまつり》候て、金銀外《そと》に出不申《いでもうさず》候はば、一廉の国益にて御座候。左様なる働御座候はば、一廉御賞玩〈翫〉被下候者《くだされそうらわば》、追追《おいおい》きそひ興る者、出来可申《しゅったいもうすべく》候。（梅園会編〔一九七九〕九〇二頁）

ここで、梅園は、自領内での木綿生産によって、領外への貨幣流出が食いとめられるので、領内での木綿生産を勧奨して欲しいと領主に要請しているのである。また、彼は、領内への貨幣流入を促し、領外への貨幣流出を抑止することを、「【10-5】我領地を中くぼにし、外のうるほひは流れ込み、こなたの潤は出ざる様専要に候」（「丙午封事」、梅園会編〔一九七九〕八三〇頁）とも表現している。この限りにおいて、【10-3】と大同小異であろう。

しかし、梅園は、左のように、経済的利益の享受において「上」はむしろ抑制的であるべきだと主張している。

【10-6】上を損し候得ば下を益し、……聚斂《しゅうれん》〈厳しい取り立て〉は下民凋弊《ちょうへい》〈衰え〉のもとひたる事、御存知被遊候御事《あそばされそうろうおんこと》にて御座候。御領内五万石にちかく、猶市《なおし》鄽《てん》〈町の商店〉山林船七島いろいろの御入も多く御座候。何卒是にて国用〈大名家の費用〉被弁候《べんぜられそうら》へかしと奉存《ぞんじたてまつり》候。……左候《さそうら》はば、其外の働は農商の存分に御任せ、教諭の道、御施被遊《おんしきあそばされ》候はば自然と国富み可申候。（「丙午封事」、梅園会編〔一九七九〕八九二頁）

領主は、従来からの歳入に今後も依存し続け、「聚斂」を自制し、「下」への介入を控え目にすることが、結局は「国」に「富み」をもたらすというのである。梅園は、「国益」享受のあり方に関しては、海保青陵とは異なった視点から発言していると言えよう。

では、なぜ梅園は右のような「国益」の配分を求めるのであろうか。この問いに対する一つの答えは、彼は村の住人だからというものである。これは、恐らく、正しい解答であろう。しかし、前述のように、発言者の社会的立場とともに、経済政策を立案する際に、どのような価値観が働き、どのような価値判断が行われたのか、あるいは、そもそも経済活動の本質をいかなるものと理解しているかという、思想の内実にも目を向けなければならないであろう。言い換えれば、海保青陵も三浦梅園も、「国益」の確保については同じようなことを言っているが、そのような面を含めて、思想間の異同を考える必要があるということである。

さてそこで、青陵を念頭に置きつつ、梅園について見れば、彼が書いている「教諭の道」という言葉は、彼の最終的な目標が経済上の「国益」とは別の地平にあることを示唆しているように思われる。すなわち、梅園は、経済的安定の確保を目指しつつも、実はその先に、「教」に基づく人と社会を想い描いていたのではないかということである。そして、「国益」獲得による経済的安定は、その「教諭」の前提であるがゆえに、「下」に厚い利益の配分が求められるのである。「教諭」が中心的な価値であり、「国益」はその手段だということである。これに対して、青陵は「カシツケ」「ウリカイ」によってどのような人や社会のあるべき姿を構想していたのであろうか。これは、人間観・社会観の異同という思想の核心に関わる問題であり、道徳を説くものは近世的で、市場対応を言うものは近代的だというような単純な二項対立では片づけられないであろう。

【10-1】【10-2】【10-3】塚谷晃弘・蔵並省自校注〔一九七〇〕『日本思想大系44　本多利明　海保青陵』（岩波書店）
【10-4】【10-5】【10-6】梅園会編〔一九七九〕『梅園全集』上巻（名著刊行会）

第11章　日本と国学

一　中華から支那へ

人物・事物・組織・地域など、ほとんどのものに名前がある。そして、名前にはなんらかの意味が込められている。一九六七年から六八年にイギリスで制作された“the Prisoner”いうテレビドラマがある。このドラマの筋書きは、不可解な「村」に連れてこられ、そこで“No. 6”という呼称を与えられた主人公が、番号で呼ばれることを拒否し、村からの脱出を試みるというものである。村の支配者にとっての彼は“You are No. 6.”であるのに対して、それを拒絶する彼にとっての彼自身は“I am not a number! I am a free man.”であり、同じ人物の意味が、村の支配者と本人との間で異なっているのである。このように、名称にはなんらかの意味が込められており、それゆえに、あるものを何と呼ぶかは、単なる記号の選択ではなく、自己認識・他者認識という思想上の問題なのである。

現在、英語では“Japan”と呼ばれている地域は、歴史的には、倭・和・大和・本朝・日本などと呼ばれてきた。地域名にも歴史性があり、その変化はその地域に対する人々の認識が歴史的に変化してきたことと対応しているであろう。同様に、英語では“China”と呼ばれている地域の日本での呼称には、唐《とう・から》・唐土《もろこし》・中華・異朝・支那・中国などがある。このうち「支那」は知らないという人が多いのではないだろうか。しかし、たとえば「東シナ海」は誰でも聞いたことがあるであろう。英語では“East China Sea”、つまり「支那」は“China”のことである。ここでは、“China”の呼称の、日本における変遷について考えてみたい。

現在の“China”の中華人民共和国という国名の成り立ちを歴史的に見ると、「中華」の「中」は世界の中心、「華」は文明、つまり「中華」は文明を築いた世界の中心という意味であり、「中国」は「中華の国」、漢民族が自らを誇って使用した語であり、漢民族以外から見れば、“China”に対する尊称と言えよう。これに対して、「支那」は秦 qin に由来し、秦王朝の名がそのまま固定したものらしい。つまり、支那はそもそもは“China”の外から“China”を見た場合の地名であったと思われる。

江戸時代、“China”の呼称として、恐らく「唐」や「唐土」が一般的であったろう。他方、儒学者や漢詩・漢文などに親しんだ知識人は、多少なりとも尊称的な意味あいで「中国」「中華」を使った可能性はあるであろう。これに対して、「支那」は比較的新しい語であった。すなわち、「「支那」という言葉は、のちには中国に対する侮蔑的な意味合いで用いられるようになるのだが、当初は、翻訳語としての機能をもち」「オランダ語に由来し、近世後期から幕末にかけて「蘭学者」や「洋学者」によって用いられ（もっとも早い例は新井《あらい》白石《はくせき》『西洋紀聞』）、のちには「国学者」にも用いられるようになったとされる」（澤井〔二〇〇〇〕二四・四四―四五頁）。「中国」「中華」に比べて、尊称的なニュアンスのない「支那」は使いやすい語であったろう。

しかし、「支那」の使用が徐々に広がっていくことの歴史的意味を、単に使い勝手のよさだけに帰すことはできない。「支那」は儒学者の間にも広がり、しかも、そこに批判的、ないし「侮蔑的な意味合い」が含まれるようになっていき、それが明治維新後に引き継がれていくからである。たとえば、福沢諭吉《ふくざわゆきち》（一八三五―一九〇一）は『学問のすゝめ』で次のように述べている。

【11―1】日本とても西洋諸国とても同じ天地の間にありて、……情合相同じき人民なれば、こゝに余るものは彼に渡し、彼に余るものは我に取り、互に相教へ互に相学び、恥ることもなく誇ることもなく、互に便利を達し互に其幸を祈り、天理人道に従て互の交を結び、理のためには「アフリカ」の黒奴にも恐入り、道のためには英吉利《いぎりす》・亜《あ》米利加《めりか》の軍艦をも恐れず、国の恥辱とありては日本国中の人民一人も残らず命を棄てゝ国の威光を落さゞるこそ、一国の自由独立と申すべきなり。然るを支那人などの如く、我国より外に国なき如く、外国の人を見ればひとくちに夷狄《いてき》々々と唱へ……これを賤しめこれを嫌《き》らひ、自国の力をも計らずして妄《みだり》に外国人を追払はんとし、却《かえっ》て其夷狄に窘《くるし》めらるゝなどの始末は、実に国の分限を知らず、一人の身の上にて云へば天然の自由に達せずして我儘放蕩《わがままほうとう》に陥る者と云ふべし。（慶応義塾編纂〔一九六九〕三一―三二頁）

ここでは、「西洋諸国」を基準にして、前半では「日本」がいかにその基準に適合しているか、あるいは適合すべきかが強調されているのに対して、「然るを」を境にして、後半では「支那人」がいかにその基準から逸脱しているかが語られている。「西洋」→「日本」→「支那」という序列が鮮明である。

「支那」は、もともとは“China”を表す地名であり、恐らく一八世紀の初め頃に使われ始めたらしいが、次第にそこに負のイメージが込められていったようである。尊称としての「中国」「中華」との相違は言うまでもないが、「唐」「唐土」と比べても、「支那」に与えられたニュアンスは独特であるように思われる。そして、「中国」「中華」から「支那」への下降と対照的に、その意味を上昇させていくのが「日本」である。

二　日本の上昇

古代以来、日本にとって、世界の中心は“China”であった。このような世界像に変化が生じ、ヨーロッパが世界の中心に登場し始めるのは、第14章で詳述する通り、おおよそ一八世紀の後半のことである。世界における“China”の比重が低下し、ヨーロッパのそれが上昇するということである。しかし、この世界像の転換は、単に日本の外についての認識が変わったということだけを意味するものではない。外への評価は、内への関心と表裏の関係にあるはずだからである。内についての自覚と外についての評価、および、内外関係についての認識は、相互に連動しているということである。

一八世紀から一九世紀にかけて、世界像の変化とともに、少しずつ日本への関心が強まり、しかも日本を「優れた国」と見なすような自国観が浸透していったように思われる。たとえば、第8章で取り上げた西川如見《にしかわじょけん》（一六四八―一七二四）は、次のように「日本」について述べている。

【11–2】日本は武勇を本とし文筆を末として、百世不易の要害の国、世界第一なり。人情気風文筆器財に至る迄、万国に類ひなく別に一風の姿ありて、芸能細工のたぐひもみな其好む處清潔に淡薄をよしとす。……是此水土の神

風なり。……唐土の帝統は世移り姓改りて朝廷の故実風俗を失ひ、日本の皇統は開闢《かいびゃく》より変改なく天子一姓にてまします故、禁裏《きんり》〈宮中〉上代の故実今なを朝廷に在て不レ失《うしなわず》。……況や本朝の礼、神社を崇敬する事尤厚し。（『町人嚢底払』、飯島・西川〔一九四二〕一四一・一四八頁）

ここでは、“China”は地球上の一地域として相対化され、「唐土」と表現されている。他方、「日本」についての認識は、相対化とは逆方向に進み、「世界第一」「水土の神風」など、特別な存在であることが強調され、その根拠は「皇統」の一系性に求められている。内と外、普遍と個別の比重・バランスが、「中国」「中華」の下降＝「日本」の上昇という方向に、なにがしか変容していると言えよう。そして、この日本・中国観は、明治維新以降の日本の歴史にも深く関わっていくことになる（松本〔二〇一一〕）。

三　本居宣長

1　国学

国学という場合の「国」は日本であり、国学とは、言わば「日本」の原型を、日本の古典の研究を通して、見出そうとする学問あるいはその思想である。国学思想は、一七世紀から幕末期に至るまでの間に、いろいろな内容を含みつつも、「日本」の独自性・優位性を強調し、また神道と結びつきながら宗教性を強めていく傾向にあった。こうした「原日本」へのこだわりが、「国」学という発想であろう。

契沖《けいちゅう》（一六四〇―一七〇一）、荷田春満《かだのあずままろ》（一六六九―一七三六）、賀茂真淵《かものまぶち》（一六九七―一七六九）、平田篤胤《ひらたあつたね》（一七七六

一八四三）などがよく知られた国学者であるが、ここでは、一般に国学の大成者とされる本居宣長《もとおりのりなが》（一七三〇―一八〇一）の経済思想史上の位置を考えてみたい。

宣長は、伊勢国《いせのくに》松坂（現・三重県松坂市）の商家に生まれ、京都で医学や儒学を学び、帰郷して医者を生業《なりわい》としつつ、国学の研究・教育に従事した。また、現実政治を論じたものとして、松坂領主の「紀伊藩主徳川治貞《とくがわはるさだ》（一七二八―一七八九）の要請に答えて書いた『玉匣《たまくしげ》』および『秘本玉くしげ』」（松本〔一九八一〕八八頁）がある。一七九二（寛政四）年には、紀州徳川家に召し抱えられている。

2　人と神

本居宣長の中には、人知は有限であるという人間についての理解があるように思われる。

【11-3】大かた目にも見えぬ事を。これはかく有べき理《ことわり》。それはさはあるまじきことはりなどと思ひいふは。もと みな唐文《からぶみ》の心ばへ也。……天地のあいだにある事の理は。たゞ人の浅き心にてことぐ〵く考へつくすべきにあらず。……人の心はをよぶかぎりのある物なれば。思ひの外なる事もおほかるわざなるをや。かの神代に有けんさまぐ〵の霊異《あやしき》事共などをも。……あるまじき事と疑ひつゝ。己がをしはかりにさまぐ〵のことはりを附て。つきぐ〵しく ときなすは。いとも恐《かし》こくおほけなき事にて。神の道には大きにそむける事也。（『石上私淑言《いそのかみのささめごと》』、大久保〔一九六八〕一七四―一七五頁）

「唐文」つまり儒教の経典などの及びもつかない事象がこの世にはあるのだと宣長は言い、人間の認識能力の有限性を主張している。すべての事象が人知によって理解されうるのだといった思考態度は、彼によって「さかしらなる漢意《からごころ》」であると排斥されるのである（前田〔二〇〇二〕三四四頁）。こうした「唐」批判は、恐らく、「支那」に対する「日本」の優位性という意識とつながっているであろう。

では、何が「日本」の優位性を保証するのか。このことを考える前提として、人知の有限性と対応した【11-4】そも〳〵此天地《あめつち》のあひだに、有リとある事は、悉皆《ことごと》に神の御心なる中に、……禍津日神《まがつびのかみ》の御心のあらびはしも、せむすべなく、いとも悲しきわざにぞありける」（『直毘霊《なおびのみたま》』、大野〔一九六八〕五三・五五頁）という、「すべての「事」は神のしわざであり、よくもあしくも〈傍点原文〉これにしたがわなければならないという神観念」（相良〔一九七八〕一〇四頁）が宣長にはある。たとえば【11-4】に書かれている「禍津日神」というのは、災厄をもたらす神であるが、どのような悪いことが起っても、人には為す術はなく、仕方のないことなのである。具体的に言えば、凶事の最大のものは人の死であるとしても、それに対して人はただただ嘆き悲しむしかないのである。

【11-5】世の人は、貴きも賤きも善も悪きも、みな悉く、死すれば、必かの予《よ》美国《みのくに》〈死者の世界〉にゆかざることを得ず、いと悲しき事にてぞ侍《はべ》る、……なまじひの凡智を以て、とやかくやと思議すべき事にあらず、……すべて喜ぶべき事をも、さのみ喜ばず、哀《かなし》むべきことをも、さのみ哀まず、驚くべき事にも驚かず、とかく物に動ぜぬを、よき事にして尚《たっと》ぶは、みな異国風の虚偽《いつわりかざり》にして、人の実情にはあらず、いとうるさきことなり、（『玉くしげ』、大久保〔一九七二〕三一五―三一六頁）

しかし、善事も起こるのであり、それも「神の御心」の結果である。そして、その好事の最大のものは、左のように、「天照大御神」の子孫が日本を統治し続けているという「事実」である。

【11−6】天照大御神《あまてらすおおみかみ》〈皇祖神〉と申し奉るは、ありがたくも即チ今ノ世を照しまします、天津日《あまつひ》の御事ぞかし、さて此ノ天照大御神の、皇孫尊《すめみまのみこと》に葦原中国《あしはらのなかつくに》〈日本〉を所知看《しろしめ》せとありて、天上より此土《このど》に降《くだ》し奉りたまふ、其時に、大御神の勅命《ちよくめい》に、宝祚之隆当与天壌無窮者矣《あまつひつぎはあめつちのむたときはかきはにさかえまさむ》とありし、此ノ勅命はこれ、道の根源大本なり、かくて大かた世ノ中のよろづの道理、人の道は、神代の段々のおもむきに、こと〴〵く備はりて、これにもれたる事なし、（『玉くしげ』、大久保〔一九七二〕三一〇頁）

このいわゆる天壌無窮の神勅に示されている皇統の一系性・永遠性が「道の根源大本」であり、「異国」に対する日本の優位性の根拠なのである。

3　大政委任

宣長は、右の【11−5】に続く文章で、「【11−7】抑《そもそも》これらは、国政などには要なき申し事なれども、皇神《すめかみ》の道と異国の道との、真偽の心得にはなり侍るべき事なり」（『玉くしげ』、大久保〔一九七二〕三一六頁）とやや遠回しではあるが、すべては「神の御心」である以上、「国政」も例外ではないと言っている。彼にとっての徳川体制とは、次のようなものである。

【11−8】今の御代と申すは、まづ天照大御神の御はからひ、朝廷の御任《みよさし》によりて、東照神御祖命《あずまてるかみみおやのみこと》〈徳川家康〉よ

り御つぎ〳〵、大将軍家の、天下の御政《みまつりごと》をば、敷行《しきおこな》はせ給ふ御世にして、その御政を、又一国一郡と分て、御大名たち各これを預かり行ひたまふ御事なれば、其御領内御領内の民も、全く私の民にはあらず、天下の民は、みな当時これを、東照神御祖命御代々の大将軍家へ、天照大御神の預けさせ給へる御民なり、国も又天照大御神の預けさせたまへる御国なり、（『玉くしげ』、大久保〔一九七二〕三一九頁）

これは大政委任論と呼ばれる、徳川体制の正統性についての一つの考え方である。すなわち、すべてのことは「神の御心」次第ということを前提にして、まず「天下の御政」の根源に「天照大御神」が措定され、その意思はその「皇孫尊」たる「朝廷」つまり天皇に体現され、その「朝廷」は徳川家康に始まる「大将軍家」に「御政」を「御任」つまり委任し、さらに「大将軍家」は「御大名たち」に「一国一郡」を「預」け、さらに最後には、末端の「民」も「天照大御神」との関係の中に位置づけられているのである。つまり、「朝廷」—「将軍」—「大名」—「民」という秩序が、もっぱら「天照大御神」の意思によって成り立ち、それによって正統化されているのである。

しかし、ここで次の点に留意しておきたい。すなわち、この大政委任という考え方には、徳川体制の現状を是認すると同時に、その徳川体制の正統性の根拠を、徳川家自体の属性にではなく、「天照大御神」に求めることによって、「大将軍家」の位置を相対化してしまうことである。また、やや先走りになるが、「民」が「天照大御神」—「朝廷」のもとに位置づけられたことにも、一九世紀以降の日本の歴史を考える際には注意が必要である。かりに「大将軍家」—「御大名」はなくなっても、「天照大御神」—「朝廷」—「民」の関係は消えないからである。

4 現実政治

宣長によれば、現実に起こっていることは、すべて「神の御心」の結果である。したがって、個々の事象は常にそれ自体の根拠を持たないという意味で相対的であり、かつ、人間はそれを受け入れるしかないものなのである。徳川治貞に献上された『玉くしげ』では、抜本的な改革はむしろ避けるべきだと主張されている。

【11-9】世中のありさまのうつりゆくも、皆神の御所為《みしわざ》なるからは、人力の及ばざるところなれば、其中によろしからぬ事のあればとて、俄《にわか》に改め直すことのなりがたきすぢも多し、……されば今の世の国政は、又今の世の模様に従ひて、今の上の御掟《おきて》にそむかず、有来りたるまゝの形を頽《くず》さず、跡を守りて執行ひたまふが、即チまことの道の趣にして、とりも直さずこれ、かの上古の神随《かんながら》治め給ひし旨にあたるなり、（大久保〔一九七二〕三二二頁）

すなわち、現状をおおむね受け入れるべきだということであり、たとえば、宣長は、同じく徳川治貞への献言の書である『秘本玉くしげ』において、次のように、「ひたすらに利をむさぼる商人」のような「役人」を、現状においては致し方ないものとして是認しているのである。

【11-10】諸大名方、用脚〈貨幣〉不足なるが多きに付て、御勝手方と云役人多くある事也、是は……内外物入の筋に心をつけて、随分はぶかるゝたけははぶき、或は諸事に算用工夫をつけて、物入すくなく、費《ついえ》なきやうをはかるべき役にして、それは当時〈今〉随分尤なる事也、然るに……此役人は、……金銀の工面をするをつとめとせり、さてそれは、専ら金銀を得る工面の事なれば、……商人心の、金銀やりくりに功者なる人をえらむ事故、下をいた

はる憐愍《れんびん》の心などはなく、いかやうにしてなり共、当分金銀を多く得るを働きとして、後日の大害をもかへり見ず、君の御恥辱をも思はず、ひたすらに利をむさぼる商人の如し、……然りといへ共、まことに御勝手大にさしつまりて、当分のまかなひも出来がたき時に於ては、まづ金銀を得るにあらざれば、さしあたりていかにとも作略すべきやうなければ、左様の時は、此働きを重く賞するも、理の当然也、（大久保〔一九七二〕三六二―三六三頁）

既述のように、状況に応じて政策を立案・実行すべきだという議論自体は、珍しいものではない。宣長の特徴は、現状は「神の御所為」に由来する人知の及ばないものであるということに、その根拠がある点である。

5　経済思想史における本居宣長

宣長を江戸時代の経済思想史の中で考えることは、案外難しいことである。彼は、経世済民論者ではないし、また、教訓的なものの流布を目指していたわけでもない。しかし、思想界の多様化が進行する一八世紀の後期、宣長はその中心的人物の一人であり、経済思想史の視点から宣長を考えてみることは意味のないことではない。

一つは、日本と世界との関係についてである。第14章で述べるように、一八世紀後期から一九世紀にかけて、東アジアの国際情勢は大きく変化し、その中で、日本のあり方をどうするかが喫緊の課題となっていく。そして、この課題にいかに対応するかは、そもそも日本をいかなるものと理解するかにかかっていると言えよう。宣長の日本＝世界像が、その根拠のあやうさにもかかわらず、人々の間で徐々に説得力を持っていった事実を忘れてはならない。たとえば、重要な課題となっていく貿易について言えば、それは日本の national interest に関わる問題であり、この場合の国益は、単に経済上の損得だけではなく、そもそもは価値としての「日本」の利益であるはずである。

もう一つ、すべては「神の御所為」だとする宣長の論理が、人々に現状をそのまま受け入れさせる方向へ作用しやすいことは確かであろう（松本〔一九七二〕）。しかし、このことは、現状の固定化と必ずしも同義ではない。世の移ろいもまた、「神の御所為」だからである。徳川家を中心とする政治体制も、そのもとでの経済活動も、すべてが相対的であるとすれば、かりに大きな変動がやってきたとしても、それを拒む理由はなく、むしろその変化が「神の御所為」だと理解される可能性さえあるであろう。思想をその社会的機能という面から見れば、宣長の思想は、彼自身の意思や意図と関わりながら、あるいは、関わりのない形で、結果的にではあるが、一九世紀日本の政治や経済の変動にとって適合的であったかもしれない。ただし、その時々の「神の御所為」の思想的意味を不問に付したままでの変化への対応が、どのような思想史上の問題を孕むかは、また別の次元の課題である。

【11-1】慶応義塾編纂〔一九六九〕『福沢諭吉全集』第三巻（再版、岩波書店）
【11-2】飯島忠夫・西川忠幸校訂〔一九四二〕『町人嚢・百姓嚢・長崎夜話草』（岩波文庫）
【11-3】大久保正編〔一九六八〕『本居宣長全集』第二巻（筑摩書房）
【11-4】大野晋編〔一九六八〕『本居宣長全集』第九巻（筑摩書房）
【11-5】【11-6】【11-7】【11-8】【11-9】【11-10】大久保正編〔一九七二〕『本居宣長全集』第八巻（筑摩書房）

第12章　職分と遊民

江戸時代の長さは二百数十年、明治維新から現在までの二倍近くある。また、人々は身分に編成され、この身分は職業や居住地と関連していた。したがって、江戸時代人の経済思想は、どの時期か、またどの身分かによって、ある種の特性を帯びることが多かった。しかし、二百数十年を通じて、また身分差を越えて、江戸時代人が経済について考える際に、その底辺に流れ続けている発想や価値観があるのではないだろうか。本章と次章において、第2〜11章を鳥瞰し、一七世紀から一九世紀に至る時期の経済思想に通底する特徴を考えてみたい。

一　職　分

人々の経済思想の基軸になっている考え方の一つは、一七世紀には成立していたように思われる。それは、士農工商はそれぞれ社会にとって有用、かつ、相互依存的であり、各人がその社会的立場に応じた社会的役割を果たさねばならないという倫理性・規範性を伴った「職分」論である。この職分という言葉は、【3―2】【3―3】（一七世紀の武士）、【8―12】【8―18】（一八世紀の町人）に見ることができるが、ここでは、筑後国《ちくごのくに》柳川（現・福岡県柳川市）の立花家家臣三善庸礼《みよしつねのり》（?―?）が天保期（一八三〇―一八四四）に著した『御国家損益本論』を示しておこう。

【12―1】此工匠《たくみ》ノ面々己カ職分ニ精力ヲ励シ、其業ヲ修行鍛煉シテ細工ハ精密ヲ尽シ、都《すべ》テ国用ヲ専《もっぱら》トシ、余分ヲ以テ他邦へ出シ交易ヲナシ、或ハ売代替テ他邦ノ金銀ヲ取集メ、大工・番匠・諸職人ハ自国ノ用向ナキ時ハ他邦へ至テ細工ノ稼ヲナシ、金銀ヲ取集テ国益ヲナシ、又日用ノ品ヲ作リテ他邦へ遣《つかわ》シテ金銀ヲ集メ、国用足リ満《みち》ルヤウニ精ヲ出スヘキナリ、（宮本〔一九七三〕一七頁）

この職分と対になっているのが「遊民」（【3―2】【8―7】）である。「遊民とは、遊んで四民の業を為さず、物財を費す者であ」（守本〔一九八五〕三三頁）り、総じて非難の対象である。士農工商のそれぞれが自己の「職分」を全うしなければならないとすれば、それを怠る者がマイナスの評価しか与えられないのは当然であろう。

二　宵越しの銭

一七世紀の後期、井原西鶴《いはらさいかく》（一六四二―一六九三）は『日本永代蔵《にほんえいたいぐら》』で商人の生き様を次のように描いた。

【12−2】天道言《ものい》はずして国土に恵みふかし。人は実あつて偽りおほし。……一生一大事身を過ぐるの業、……始末大明神《しまつだいみょうじん》の御託宣にまかせ、金銀を溜《た》むべし。これ、二親《ふたおや》の外に命の親なり。……手遠きねがひを捨てて、近道にそれぞれの家職《かしょく》をはげむべし。福徳はその身の堅固にあり。朝夕油断《ちょうせき》する事なかれ。殊更、世の仁義を本として、神仏をまつるべし。これ和国の風俗なり。（谷脇・神保・暉峻〔一九七二〕九一―九二頁）

「金銀」は「命の親」であり、これを蓄積することが、商人の人生だというのである。商人の人生観の率直な表明に違いない。

しかし、西鶴から一世紀ほど経った頃であろうか、「江戸っ子は宵越しの銭を持たない」（田中〔二〇一〇〕）という言葉が生まれた。これは見栄であり、実際には、持たないのではなく、持てないのだという実態はあるであろう。けれども、金はウデの中にある、つまり優れた技量さえあれば、仕事にあぶれることはなく、銭勘定を気にする必要はないという職人の心意気を表現している面もあるかもしれない。もちろん人々が自分の稼ぎに無関心であったはずはないが、しかし「江戸っ子の生まれぞこない金を貯め」という狂句を貧乏人のひがみとだけ解してよいであろうか。

職分を全うすることが一つの当為だとすれば、それは、人々が職業に精を出すことを促し、その結果として得られる利得や財産の正当性を保証するであろう。しかし、職業を営むことの根本的な意義は、日銭を稼いだり財産を溜めることだけにあるだろうか。武士には、この目標は当てはまらないであろうし、百姓・町人に関しても、事はさほど単純ではないかもしれない。西鶴も町人の本音を活写しつつ、「世の仁義を本として、神仏をまつるべし。これ和国の風俗なり」と言っている。自分の家の富貴とその相続が第一であり、それ以外のことは二の次三の次だとしても、このことは経済活動の目標が「金銀」に限定されることを意味しないかもしれない。次章において、このことを考えてみたい。

【12―1】宮本又次編著・原田敏丸校訂（一九七三）『御国家損益本論』（清文堂史料叢書第７刊）
【12―2】谷脇理史・神保五彌・暉峻康隆校注・訳（一九七二）『日本古典文学全集40　井原西鶴集　三』（小学館）

第13章　生活の持続

一　江戸時代の経済成長率

江戸時代には今日のような統計はないが、実収石高などの推計値（速水・宮本〔一九八八〕四四頁）を利用して試算すると、一六〇〇年から一八七二年に至る二七二年間における実収石高の一年当たりの変化率は〇・三二パーセント、また、人口を加味した一人当たりの実収石高のそれは、〇・〇七パーセントとなる（斎藤〔二〇一八〕）。

右の数値はあくまでも試算の結果に過ぎない。だが、江戸時代が、近代では常識化した富強・進歩・発展・成長といった概念が通用しない、定常的な世界であることは、おおよそ推測可能であろう。ただし、定常的であることと停滞的であることとは、必ずしも同義ではない。しかし、江戸時代の経済思想について考える場合には、「成長」を無意識に前提にしてしまうような感覚は、相対化されねばならないであろう。右肩上がりを想定しない江戸時代において、経済活動とはそもそも何であったか、人々はそれに何を託したか。そこに通底する考え方を探ってみたい。

二　ほどほどの倹約

江戸時代、倹約は美徳と考えられる場合が多かったが、そこにはいろいろなニュアンスがあったであろう。たとえば、尾張徳川家第七代当主徳川宗春《とくがわむねはる》（一六九六—一七六四）は、一七三一（享保一六）年に著した『温知政要』で次のように述べている。

【13—1】勘略《かんりやく》〈簡略〉倹約の義は家を治る事の根本なれば、相勤べき也、……乍レ去《さりながら》正理にしたがひ、めったに〈むやみに〉勘略する斗《ばかり》にては、慈悲の心薄くなりて、覚えず知らず、むごく不仁成《なる》仕方出来《いできたり》て、諸人共くるしみ痛み、勘略却《かえつ》て無益の費《ついえ》と成事とあり、……限りなき万物其程々の価有《あたいあり》、……唯過不足なき様に心を用ひ、人の益にもならぬ奢《おごり》をはぶき、一つ二つにて済候物を数多く拵へ、いまだ用ひらるゝ物をむざと改申付る類、常住平生の申事に勘弁工夫有たき事なり。（滝本〔一九六六〕四一四頁）

ここで、宗春は「勘略倹約」を「根本」としつつ、その行き過ぎに注意を促しているのである。すなわち、「万物」には「程々の価」があり、したがって、必要以上の需要抑制によって、「程々の価」以下に価格が下がると、供給不足や品質低下を招き、かえって社会的な損失が発生するというのである。しかし、宗春が求めているのは、需給の「過不足なき」状態であり、生産の漸増ではないことに注意しておきたい。

三　利用厚生正徳

定常的な社会における、百姓・町人の職分である生産・流通とは、どのような性質のものであろうか。ところで、江戸時代人の文章に、「たから」という表現を見かけることが時々ある。たとえば、第7章で取り上げた御領の代官蓑正高《みのまさたか》（一六八七―一七七一）は、『農家貫行』に次のように書いている。

【13-2】国家のたからといふは、食すべき五穀を第一とし、第二は身に衣《きる》べき布帛をいふなり、たからとは田から出る物なるを以て、五穀をさして宝とはいへり、夫《それ》金銀は飢たる時喰ふべからず、寒して衣べすらず、まことに五穀と布帛の二ツは、人の生を養ふ本たるを以て、宝の一とする事むべなり、……富とは財宝に非ず、穀の多く豊なるをいへり、百姓の豊かなるといふは……年中の夫食身代《しんだい》〈家産〉の不足なきをいふ、……人々油断なく耕作し、親々よりも豊に暮し、子孫繁昌の基を勤べし、（滝本〔一九六七b〕六二五―六二六頁）

正高の言う「たから」とは、「人の生」を全うせしめる最も基本的な財貨のことである。すなわち、正高にとっての経済行為とは、そうした意味での生活の糧を産出する活動であり、正高が経済行為に期待したものは、生活必需物資の長期的・安定的供給である。だから、「百姓」の「耕作」は有用な職分なのである。

第9・10章で見た三浦梅園《みうらばいえん》（一七二三―一七八九）も、『価原』において、同じようなことを言っている。

【13―3】水火木金土穀〈元素〉コレヲ六府ト云、正徳利用厚生コレヲ三事ト云。後世之治……此六府三事ニ出ズ。……是天下ノ至宝ニシテ……得難キ者ニアラズ。……得難キ宝ハ得ズシテモスム者ナリ、得ヤスキノ宝ハ民生須臾《しゅゆ》〈少しの間〉モ離ルベカラザル者也。……王者ノ宝ハ有用ノ者也。（梅園会編〔一九七九〕九〇五―九〇六頁）

「正徳利用厚生」については後に触れるので、ここでは「六府」を「天下ノ至宝」と言っている点に着目したい。すなわち、なぜ「六府」が「至宝」かと言えば、それは「六府」から成る万物が「民生」つまり人々の暮らしにとって不可欠だからである。

しかし、こうした「有用」な「至宝」は、自然に生ずるものではない。すなわち、「至宝」を得るためには、「【13―4】人ノ農ニ就キ、工ニ務メ」（梅園会編〔一九七九〕九二〇頁）、つまり百姓・町人による生産という行為が必要であり、そうした営為は「【13―5】天ニ事《つか》フル務」（梅園会編〔一九七九〕九二〇頁）なのである。

しかし、梅園は、「至宝」の生産だけではなく、それに従事する人のあり方にも目を向けている。彼は、「【13―6】士上ニ廉恥礼譲《れんちれいじょう》ノ風ヲ誘《いざな》ヒ、民下ニ華靡淫奔《かびいんぽん》ノ俗ヲ改メバ、遊手ハイツシカ少クナルベシ」（梅園会編〔一九七九〕九二〇―九二一頁）と、人や社会に徳性を涵養することの必要性を説いているのである。それはなぜであろうか。

【13―7】是ヲ「之ヲ生ズル者衆《おおく》、之ヲ食ラウ者寡《すくなく》、之ヲ為《つく》ル者疾《と》ク、之ヲ用ウル者舒《ゆるやか》」〈『大学』〉ト云、乃《すなわち》利用ノコトナリ、用ヲ利スル者ハ、其生ヲ厚フセンガ為也、（梅園会編〔一九七九〕九二一頁）

『大学』からの引用の文意は、「生産に従事する者が多くて遊んで食べる者は少なく、物を作ることが能率的で消費する方は緩慢」（金谷〔二〇〇三〕七九頁）ということである。すなわち、梅園は、生産への従事・徒食の排除・消費の抑制を求めているのであり、恐らく、こうした人と社会の制御は社会を定常的に維持していくための必須の条件であり、そして、その制御を実現するためには、一人一人の徳性や社会の善良な風俗が必要なのであろう。こうしてはじめて「至宝」が獲得されるのであり、これが「利用」すなわち人や社会の利益になるように物を用いるということである。

けれども、「利用」の実現と言っても、それはせいぜい「【13-8】饑渇《きかつ》ヲ愈《い》ヤシ、寒暑ヲ禦《ふせ》グ」（梅園会編〔一九七九〕九二〇頁）程度のものであり、しかもこの「利用」はそれ自体が目的でないことに注意が必要である。すなわち、「利用」を通して、「其生ヲ厚フセン」こと、つまり人々の生活を安定させ、人生を全うさせることが目標なのであり、かつ、この場合のあるべき人生とは、根本的には、「正徳」に裏打ちされたものであることが求められている。

【13-9】人貴賤ノ隔《へだて》アレドモ斉《ひと》シク天地ノ子ナレバ、大人《たいじん》モ小人《しょうじん》モ天ニ敬《つつ》シミ事《つかえ》ルニハ隔ナシ。天地ノ大徳ヲ害スルハ最恐ルベキ事ナリ。然レバ各其分ニ応ジ残《ざん》〈むごいこと〉ヲフセギ、賊ヲイマムベキコトナリ。其事乃《すなわち》経済也。廼《すなわち》利用厚生正徳ナリ。サレバ利用厚生ニ何程ヨキ道ヲ得テモ、己《おのれ》徳ヲ正サザレバ、令スル所好ム所ニ反スレバ、民従ハザル習ニテ、礼譲廉耻ノ風ヲコラス。……此故三事、利用ヲ初トシ、厚生ヲ本トシ、正徳ヲ主トス。徳正シキ時ハ人感化ス、（梅園会編〔一九七九〕九三七―九三八頁）

この文章は統治のあり方について語っており、したがって「己徳ヲ正サザレバ」の「己」は為政者である。しかし、「礼譲廉耻ノ風」は為政者にのみ関わることではない。つまり、「大人モ小人モ」その人生の意味は、「利用厚生」に裏打ちされた「正徳」において完全なものとなるのであろう。

三浦梅園は知識人なので、「利用厚生」だけでなく「正徳」を語るが、武士・百姓・町人を問わず、普通の江戸時代人が「正徳」といったことを突きつめて考えていたとは思いにくい。彼らが求めていたものは、「利用厚生」、すなわち「饑渇ヲ愈ヤシ、寒暑ヲ禦」ぎ、「年中の夫食身代の不足」のない状態であろう。こうした控え目で慎ましやかな目標は、しかし、全体としては定常的であり、大きな災害でもあれば餓死者も出かねない社会にあっては、切実なものであったに違いない。そして、もしそこに「正徳」というものが、多少なりとも意識されるとすれば、それは、要するに、「職分」を全うするということではないだろうか。人々が「職分」の遂行という価値観をそれなりに受け入れているとすれば、それは、江戸時代の人々が著しく規範主義的だったからではなく、また致富・蓄財のためでもなく、結局のところは、それが、経済的にも、社会的にも、飢寒のない生活の維持に適合的で有効だったからではないだろうか。江戸時代、経済活動に託された意味は、「まづしくはあれども乏しき事はな」（【4-21】）い生活の持続であったように思われる。

日本の経済思想の中で、富強・進歩・発展・成長といった観念が大きな比重を占め始めるのは、いつ頃のことであろうか。恐らく、そこでの経済活動は、饑饉の回避といったものとは違った意味を帯びることになるであろう。こうした問題は、第14章以降の課題である。

【13-1】滝本誠一編（一九六六）『日本経済大典』第三巻（明治文献）
【13-2】滝本誠一編（一九六七b）『日本経済大典』第一一巻（明治文献）
【13-3】【13-4】【13-5】【13-6】【13-7】【13-8】【13-9】梅園会編（一九七九）『梅園全集』上巻（名著刊行会）

第14章　一九世紀における世界像の転換

一　国内の経済構造と地域表象

第10・11章の通り、一八世紀後半には海保青陵《かいほせいりよう》（一七五五—一八一七）や本居宣長《もとおりのりなが》（一七三〇—一八〇一）などから、従来とは異なる視角の経世済民論や世界像が提示された。そして次章で述べるように、一九世紀になると、今度は西洋世界との対比で日本の現状を把握しようとする新たな試みが始まっていく。こうした動きの背景には、国内経済の構造転換と国際環境の変化があると考えられる。

国内経済の構造転換とは、日本経済の基盤が農業部門から非農業部門へ移行し始めることである（太田・川口・藤井〔二〇〇六〕一五〇—一六二頁）。一九世紀初頭から半ばにかけておきたこの現象は、「非農化」と呼ばれる。商品農作物・農産加工品生産自体は一八世紀を通じてすでに進展していたが、一九世紀に入って一層成長を遂げつつあった。

そしてその生産地は、従来の日本経済の中心であった畿内から他の地方へ移行していく。すなわち、農村経済の振興に伴う地方経済の興隆である。併せて農村では、塩・紙・木綿などの非農業生産も拡大した。たとえば、一八四〇年代の長州藩において、農業部門と非農業部門の年生産額は、同藩銀札で「半々と見てよい」(西川〔一九七九〕二七頁) 状況であった。この非農業部門の生産物の一部は、領外に移出されていく。領外への移出とこれに対応する領外からの移入、つまり地方間の商品移出入が増えていったことは、地方間流通が活発化したことを意味する。

一方、地方間流通の展開によって沈下したのが大坂の地位である。大坂への商品廻着量は一九世紀初頭まで大きく伸びているが、一八二〇年代〜四〇年代には二〜六割減少する。これは、「非農化」を通して経済力をつけた各地の生産者・流通業者、そして「理財通」と呼ばれる経済官僚などを登用するようになった藩庁が、大坂への依存度を低下させ、商品を出荷しなくなったことによる。つまり、大坂を結節点とする江戸時代の経済は一九世紀初頭に変質し、地方・江戸あるいは地域相互間の経済関係が伸張したのである。これは、商品流通を介して、日本列島が一つの大きなネットワークとして統合されていく過程でもあったといえる。

しかし、この統合の過程で広がっていく経済的関係性そのものが、日本という国家の存在を広く人々に意識させたわけではないだろう。青陵が一九世紀初頭に記した『稽古談《けいこだん》』には、「一国一ト味方《ひ》ニナリテ、他国ノ金ヲ吸ヒ取ル」(【10-3】)とある。この場合の「国」は、いわゆる「藩」を意味しており、武蔵国・相模国など、律令制下の行政単位として古代から存在していた「令制国」や、国家としての日本を指しているのではない。

中世の戦国大名は、必ずしも「律令国」を単位としない「領知」を自己の支配地域＝「国」として認識し、経営を行っていた。しかし江戸時代になると、大名とその家臣団は、「公儀」たる徳川政権から支配行政地として「領知」をあてがわれることになる。さらに、改易《かいえき》・移封《いほう》・転封《てんぽう》などによって配置換えされる可能性もあった。ところが一八世紀半ば以降、改易などが激減することで、大名・家臣団は与えられた「領知」に根づくようになり、一定の土地・人民を事実上世襲的に支配することになった（藤田〔二〇一二〕八一—八二頁）。

こうして「国」は、百姓のいる「領知」に、大名・家臣団から構成される大名家（「家」）が根づいたものとして認識されるようになる。この新たな「国」の概念・地域表象が「藩」である。それゆえ、一八世紀後半以降に各地で始まる「領知」経営は、大名・家臣団からなる「家」を対象とした「家政改革」ではなく、大名・家臣団と百姓・町人を包含した「藩政改革」として実施され、地方経済の大坂からの自立化、そして商品流通を介した日本列島の統合を促進させる一つの要素となった。

二　日本における西洋像の展開

しかしこの「国」は、西洋像が変移するにつれ、そして国際環境の変化に伴い世界像が転換するにしたがって、「藩」を超えた一つの大きなまとまり、すなわち国家としての日本という意味を持ち始めるようになる。

一七世紀の日本における西洋像は、オランダを除き、邪宗・キリスト教をもたらす国としてマイナス・イメージで捉えられていた（平石〔二〇〇二〕一二三—一二六頁）。このイメージは、西洋の情勢に関する認識が進むにつれて、一八世紀前半には変容していく。たとえば、イタリア人のカトリック司祭シドッチ（G. B. Sidotti、一六六八—一七一四）への尋問を通して西洋に対する理解を深めたとされる新井《あらい》白石《はくせき》（一六五七—一七二五）は、一七一五（正徳五）年頃の著書『西洋紀聞』に、次のように記している。

【14―1】凡《およ》そ、其《その》人博聞強記《はくぶんきょうき》にして、彼方《かなた》多学の人と聞えて、天文地理の事に至ては、企《くわだて》及ぶべしとも覚えず。……其教法を説くに至ては、一言の道にちかき所もあらず。智愚たちまちに地を易《か》へて、二人の言を聞くに似たり。こゝに知りぬ。彼方の学のごときは、たゞ其形と器とに精《くわ》しき事を。所謂形而下《いわゆるけいじか》なるものゝみを知りて、形而上《けいじじょう》なるものは、いまだあづかり聞かず。（市島〔一九〇六〕七四八―七四九頁）

ここで白石は西洋の教学を二種に分類しており、「形而上」の思想、たとえばキリスト教は「【14―2】荒誕《こうたん》〈でたらめ〉浅陋《せんろう》〈浅はか〉、弁ずるにもたらず」（市島〔一九〇六〕七八八頁）として評価せず、「形而下」の自然学、たとえば天文学・地理学などは「企及ぶべしとも覚えず」と高く評価している。

その一方で、ほぼ同時期に西川如見《にしかわじょけん》（一六四八―一七二四）が「【14―3】紅毛国《おらんだ》は外夷《がいい》といやしむといへども忠孝の二つは篤《あつ》しと見えたり。殊《こと》に孝は自然の天性成《なる》ゆへに、世界万国人間の常なるにや」（『百姓嚢』、飯島・西川〔一九四二〕二〇二頁）と述べているように、道徳は普遍的に西洋にも存在するとの見方もあった。しかし、どう評価するかは別にして、白石のように、西洋の教学を二分的に捉えるというスタンスは、この後も日本人が西洋を理解する際の一つの基本的な手法になった。

こうした流れの中、如見の三男である西川正休《にしかわまさよし》（一六九三―一七五六）は、西洋の精緻な天文学を学ぶべきとした上で、一七二九（享保一四）年に次のように述べている。

【14―4】紅毛ハ、上《か》ミ国王ヲ初メ、下《し》モ士《し》庶《しょ》ニ至ルマデ、交易ヲ以《もっ》テ功業トシ……百倍ノ高利ヲ得。……其舟ノ堅固ナルコト、城郭ノ如《ごと》ク、舟ノ左右ニ数挺ノ大銃《イシビヤ》ヲ並ベ、万事船具ノ巧妙ナルコト、言語ニ及ビ難《がた》ク、其人甚ダ武

ニ強ク、其国小国ナリト雖《いえ》ドモ、弱キ国ヲバ襲ヒ奪テ、属国多シト云。此《かく》ノ如ク国土ヲ奪ヒ、財宝ヲ得ルコト、天学ヲ窮《きわ》メ、行舟ニ達シテ、万国ニ往来スルガ故《ゆえ》ナリト云テ天学ヲ以テ天下第一ノ至宝トシテ、コレヲ窮ル者多シト云ヘリ。君子ハ天学ヲ以テ、道徳性命ノ理ヲ窮メ、紅毛ハ天学ヲ以テ、不仁貪欲《どんよく》ノ理ヲ窮ル乎。咨嗟《しさ》惜ヒ哉《かな》。紅毛ハ形気ノ天学ニ達シテ、何《なん》ゾ命理ノ天学ヲ知ザルヤ。……紅毛ガ天学ハ取ベシ。紅毛ガ貪欲ハ取コト勿《なか》レ。(『天学初学問答』、西川〔一八九八〕四丁裏—五丁裏)

西洋では、天文学が航海術と結びつくことで、富の獲得と他国への武力侵攻が可能となっている。それゆえ天文学は「天下第一ノ至宝」とされている。しかしその天文学は、「道徳性命ノ理ヲ窮メ」るための「命理ノ天学」ではなく、「不仁貪欲ノ理ヲ窮ル」ための「形気ノ天学」であり、あくまでも「紅毛ガ天学ハ取ベシ。紅毛ガ貪欲ハ取コト勿レ」と強調されている。すなわち正休は、西洋の自然学が高い質を持っていることは評価しながらも、それが「貪欲」を満たすための富国強兵に用いられている点に関しては否定的であった。

ここで重要なのは、西洋における自然学の発達と富強化が関連づけて捉えられている点である。彼は西洋を基準として日本国内の経済社会の状況を把握することを目的としているわけでもなく、この時点では西洋が理想化されているわけでもない。むしろ儒学的な観点から、手段としての西洋学術とその社会的機能に対する評価は低い。しかしここには、西洋における経済力・軍事力の礎は、深化する自然学という学術にあるとの認識が表れており、こうした思考は一八世紀後半以降にも引き継がれていくことになる。

三　一九世紀における国際環境の変化と世界像の転換

周知の通り、一八世紀中頃から一九世初頭にかけて、欧米ではイギリスを先駆けとして産業革命が陸続して起きた。一九世紀に入る前、西洋諸国は主にアジアの産物を購入するだけの片貿易を行うにとどまっていた。しかし産業革命が始まると、強大な経済力と軍事力を背景に、本国の製品販売市場・原料供給地として、アジア諸地域に政治的・経済的な従属を求めた。西洋の列強化である。列強のアジア進出において最も優位であったのはイギリスで、インドを中心に広大な地域を支配下に置き、清国進出の中心勢力ともなった。清国は、アヘン戦争（一八四〇―四二）・アロー号事件（一八五六）の敗北を契機に、イギリスだけでなくアメリカ・フランスからも不平等条約の締結や領土の一部割譲などを迫られ、半植民地化への道を進むこととなる。

こうした国際環境の変化に伴い、日本では徐々に世界像を転換させていく。日本は古代から中国の社会制度・文化などを取り入れていた。また中世以来、日本には「三国」（唐・天竺・日本）という世界像があった（渡辺〔二〇一〇〕三〇一頁）。そして日本は、中国を中華つまり世界の中心とする冊封《さくほう》・朝貢の形をとる緩やかな上下関係＝華夷秩序の中に組み込まれることもあった。しかし徳川政権はこれに対抗し、日本を中心に朝鮮・琉球・蝦夷からなる「日本型華夷秩序」意識を抱き、華夷秩序からの自立と外交権の確立を図り、アジア諸国に対して政権の正統性を主張する（杉山〔二〇一二〕一七頁）。だが、全体としては東アジア世界における明・清の優位性自体に変化はなかった。一方、江戸時代の思想家の中国に対する関心は、主に古代、もしくは清の前代であり滅亡に至った明末期であった。

しかし、アヘン戦争を契機とした西洋諸国に対する清国の軍事的な敗北は、東アジアの国際秩序を崩壊させるだけでなく、日本における中国への関心のあり方、そして世界像を、決定的に転換させていった。まず、人々の関心が、古典に記された過去の中国から、同時代の清国の現状に向けられるようになった。また、それまで手本と位置づける傾向の強かった中国を、日本は反面教師として認識し始める（佐藤〔二〇〇二〕二〇六頁）。

そして、中国とは異なる意味で強く意識されるようになったのが、西洋である。つまり、伝統的世界像に代わり、西洋中心的な世界像が登場してくるのである。この時点での西洋は、単に自然学分野が進歩している国として意識されたわけではない。それは、西洋を表す言葉が、南方の帰順しない異民族に対して中国の王朝が用いた蔑称である「南蛮」から、経済・軍事・外交・文化において世界的規模で力を持つという意味合いを込めた「強国」などへ変化していったことと、それとともに中国が「支那」（非中華）と表現されるようになったことにも表れているだろう。儒学者が用いる「中国」「中華」という語には、その先進性・優位性が含意されているのに対し、第11章でも触れた「支那」は、オランダ語の呼称 China からきているといわれる。

すでに一七七一（明和八）年頃には、蘭学者前野良沢《まえのりょうたく》（一七二三―一八〇三）が、「【14-5】支那ハ聖人教化ノ国ト称」しているものの、「其制作技術、実ニ西土ヨリ来ルモノ」があると述べている（『和蘭訳文略』、沼田・松村・佐藤〔一九七二〕七四頁）。蘭学者は、経験と実証を重視する古学派儒学から学問的方法において大きな示唆を得ていた。しかし、西洋医学に関する具体的な知識を蓄えていくにしたがい、聖賢の国であった「支那」に代わり、西洋を「窮理」の国として重視する考えに移っていった（平石〔二〇〇一〕一二八―一二九頁）。

一七七七（安永六）年に書かれた良沢の著作【14-6】を例にとれば、西洋では「窮理」が宗教・政治・道徳・技術・産業を支えている点も評価されている。

【14-6】その〈窮理《きゅうり》学校の〉教を立つるや、三才〈天地人〉万物に即《つ》いてその本原固有の理を窮《きわ》む。名づけて本然学と曰《い》ふなり。是《これ》を以て天を敬ひ神を尊び、政を秉《と》り行を修め、事理に明らかに術芸に精《くわ》しく、物品を正し器用を利す。而して帝王徳教を布《し》き、公侯社稷《しゃしょく》〈国〉を保ち、四民業を安んじ、百工巧を尽す。けだしその教化の至る所、実《まこと》に遠大となすなり。(『管蠡秘言《かんれいひげん》』、沼田・松村・佐藤〔一九七二〕一二九頁)

ここでは、西洋がより発展した社会であり、高次の文明を持つと考えられているわけでない。そうした進歩史観はまだこの時期にはない。しかし、西洋には宗教・政治・道徳・技術・産業を支える「三才万物に即いてその本原固有の理を窮」める営為があり、良沢はそれを「理」の探求、「窮理」だと認識した。つまり、儒学的な理解に立ちつつも、学ぶべきと考える相手を中国から西洋に切り替えたのである。このことから、一八世紀末の日本には、清国を世界の中心とはせず、西洋を理想化する見方が芽生えていたのは確かだといえる。

そして、その西洋による植民地化という危機は、日本にも差し迫った現実的な問題として受け止められることになる。一七九〇年代にロシア船が通商を求めて蝦夷地に来て以降、西洋列強が頻々と日本に接近してきていたが、一八四〇年代にはアメリカ船が江戸に近い浦賀にまで来航するようになったのである。

第一節で述べた通り、一九世紀初頭に日本列島は商品流通を媒介として一つの大きなネットワークとして統合されつつあった。しかし、この時点では自らが属する「藩」以外を他者として認識し、まずは「藩」の利益の確保を最優先することが大前提にあったと考えられる。だが、一九世紀半ば、西洋列強の圧力が日本に押し寄せてきた時、列強に対する劣者という感情がある種の一体感を生み、列強を絶対的な他者として、「藩」を超えた一つのまとまり、すなわち国家としての日本への帰属と利害が人々に意識されたのではないだろうか。

同時に、一九世紀の経世済民論にも、西洋の状況に鑑みて国内の現状を把握し対応策を提起しようとする、現実即応的な内容を持つものが現れるようになる。そしてその時、議論の中核をなしたのは、国家としての日本のあり方であった。

【14-1】【14-2】市島謙吉編輯・校訂〔一九〇六〕『新井白石全集』第四巻（国書刊行会）
【14-3】飯島忠夫・西川忠幸校訂〔一九四二〕『町人嚢・百姓嚢・長崎夜話草』（岩波書店）
【14-4】西川忠亮編〔一八九八〕『西川如見遺書』第一一編
【14-5】【14-6】沼田次郎・松村明・佐藤昌介校注〔一九七六〕『日本思想大系64　洋学　上』（岩波書店）

第15章　「鎖国」論と「開国」論

一　「鎖国」論

一九世紀に国際環境が変化するにしたがい、日本という国家を維持すべき方法について議論が活発化する。その一つが「鎖国」論と「開国」論である。「鎖国」は、長崎オランダ通詞《つうじ》・蘭学者の志筑忠雄《しづきただお》（一七六〇―一八〇六）が『鎖国論』（一八〇一）で用いた造語だが、一八五〇年代初頭には為政者も使い始める（大島〔二〇一〇〕二二頁）。『鎖国論』は、『日本誌』と呼ばれる著書のオランダ語版の一部を訳出して作られた。原著者は一六九〇（元禄三）年に長崎に来着したオランダ商館勤務のドイツ人医師ケンペル（E. Kaempfer、一六五一―一七一六）で、ドイツ語の遺稿が一七二七年に英語（*The History of Japan*）で出版された（第26章）。日本の動植物・生活・政治・歴史などを包括的に紹介したこの本は、さまざまな言語に翻訳され、西洋の知識層に日本の紹介書として広く読まれた。

『鎖国論』で日本の対外政策が「鎖国」と表現されたことは、自らは「閉ざされた存在」であるという意識を日本人にもたらした。「鎖国」が、「鎖国」体制の揺動期になって認識されたのである。そして、この著書を海外情勢などを知るための資料とみなす者もいたが、日本人以上に外国人が日本の情報を得ている事態に危機感を抱き、西洋への警戒心を強める者も出た（大島〔二〇〇六〕五—二四頁）。

一方、「鎖国」の対義語は「通商」「交易」「開港」などで、「開国」は一八六〇年代になってから使われ始めた。だが、広く普及するのは明治時代に入った一八八〇年代以降である。文明の発展段階の一区切りと見なす歴史的概念として、「開国」という言葉が用いられたのである（大島〔二〇一〇〕二六頁）。たとえば歴史学者竹越与三郎《たけこしよさぶろう》（一八六五—一九五〇）は、「開国」以降を「【15-1】新日本の曙光《しょこう》」としている（『新日本史　上』、竹越〔二〇〇五〕八八頁）。

もともとケンペルの『日本誌』では、日本は自給が可能なため海外貿易は不要であり、国内治安・対外防衛の点でも「鎖国」は統治の方法として最適と擁護されていた。だが一九世紀の国内的・国際的状況は、『日本誌』が書かれた一七世紀末のそれから大きく変化していた。すなわち、日本の地理的・経済的特性は産業革命と交通革命で失われ、この視点で「鎖国」を正当化する根拠はなくなっていたのである（渡辺〔二〇一〇〕三一五—三一六頁）。

一九世紀には列強の優位性は自明のものとなりつつあった。この中で対応策を提起する際に強く意識されたのは、軍事的な強弱や経済的な損得を念頭に置きつつも、その策が「道理」に適っているかという思想的問題であった。

二　本多利明の「開国」論

すでに一八世紀後半、西洋中心的な世界像の誕生とともに、西洋をモデルとする富国策を唱えた経世家が登場していた。その一人が本多利明《ほんだとしあき》（一七四三―一八二一）である。後述するように、確かに利明の経世論は「開国」を前提としているが、幕末に攘夷・開国の紛擾が起こる半世紀ほど前に唱えられたものである。したがって彼の提唱は、田《た》沼意次《ぬまおきつぐ》（一七一九―一七八八）の貿易政策の延長線上に登場したものと捉えた方がいいだろう（第9章）。利明は越後国《えちごのくに》（現・新潟県）に生まれ、江戸で和算・天文暦学を習い、蘭学（天文学・測量学・地理学）の知識も深めた人物である。一八〇九（文化六）年から一年半ほど加賀藩に出仕した時期を除けば、市井の学者として一生を過ごした。

左記の【15‐3】の通り、利明は日本という「国家」を重視しており、第10章の海保青陵《かいほせいりょう》（一七五五―一八一七）とは異なる、national interestとしての国益を追求した。しかし【15‐4】のように、国内そして蝦夷地・伊豆諸島など日本付近の「【15‐2】属島」（『西域物語』、塚谷・蔵並〔一九七〇〕一四八頁）の生産力は有限であるため、今のままでは対処不全に陥ることは不可避だと考えていた（宮田〔二〇一二〕）。

【15‐3】日本に生を稟《うけ》たる者、誰か国家の為《ため》を思ひ計らざらん。国家の為に悪きを悦《よろこ》び、善きを憎んや。……固《もと》より日本に生を稟たる身の持前也《もちまえなり》。（『経世秘策』、塚谷・蔵並〔一九七〇〕一二頁）

【15‐4】難《ありがたく》レ有も当時の如《ごと》く天下静謐《せいひつ》なるは、日本開闢《かいびゃく》以来始《はじめ》てなれば、万民其《その》所を得て其楽を楽むなり。……因《よっ》て万民追レ日《ひをおい》追レ月、増殖の勢ひを為《な》すは、至極《しごく》其筈《はず》のこと也。是《これ》に従ひ国産も亦《また》追レ日追レ月増殖せざれば、天下の国用不足する故《ゆえ》……土地の限りは皆開発し……百穀百菓出産せざればならず。若《もし》是が不足せば、万民の国用不足となりて、凶歳飢饉に当りて……世の中静謐ならず。……四大《しだい》急務を以《もって》、国政の最第一として治るに於《おい》ては……国家豊饒《ほうじょう》となる。（『経世秘策』、塚谷・蔵並〔一九七〇〕一二―一三頁）

そこで、生産力の有限性を解消し、「国家豊穣」をもたらす施策として挙げたのが「四大急務」である。これは、［1］火薬の利用による武備の強化・河道運輸の円滑化・新田開発、［2］交易による金銀銅などの獲得、［3］官営交易、［4］「属島」の拡張、を指す。つまり「国家豊穣」の要点は、国内と「属島」の開発・流通の円滑化を前提とした、官営による対外貿易にあった。そしてこのモデルは、すでにそれを成し遂げた西洋である。

【15-5】当時に至りてはフランス、ヒスバニヤ、エギリス、ヲランタ等の都を繁栄とせり。……長器の創制、皆欧羅巴《よーろっぱ》を最初とせり。天文・暦数・算法を国王の所業となし、天地の義理に透脱して庶人に教導せり。依《よっ》て庶人に又《また》豪傑出来、各所業丹誠《たんせい》の大功《たいこう》にて、天下万国未発の興業数々あるなり。故に天下万国の国産・宝貨、皆欧羅巴に群集せりと云り。……万国へ船舶を出し、我国の珍産・良器、種々機巧《きこう》の物を持渡《もちわた》り、其国々の金銀銅、其外《ほか》長器・良産と交易して我国へ入るゝゆへに、次第に豊饒をなせり。豊饒なるが故に剛強《ごうきょう》なり。……天下に無敵の国は欧羅巴なり。（『経世秘策』、塚谷・蔵並〔一九七〇〕三〇―三一頁）

【15-6】日本は海国なれば、渡海・運送・交易は、固《もと》より国君の天職第一の国務なれば、万国へ船舶を遣《や》りて、国用の要用たる産物、及び金銀銅を抜き取て日本へ入れ、国力を厚くすべきは海国具足《ぐそく》の仕方なり。（『経世秘策』、塚谷・蔵並〔一九七〇〕三二頁）

ここで西洋は、「豊穣」「剛強」すなわち経済力・軍事力を有する「無敵の」列強とイメージされている。そして国家の富強という目的を達成するための手段は「交易」であり、これを「【15-7】治国第一の国務」（『西域物語』、塚谷・蔵並〔一九七〇〕一〇三頁）と位置づけている。また、「万国未発の興業」の発展を支えていたのも、「国王の所業」としての科学技術・教育だと認識していた。

国のありようを為政者の責任と見る考え方からは、利明が儒学的な政治論によって西洋を捉えているように感じられる。また、西洋の富国と強兵の基礎は学術にあると理解している点は、前章の西川正休《にしかわまさよし》（一六九三―一七五六）のそれと類似していよう。しかし正休と異なり、利明が西洋を理想化していることは明らかである。そして彼が提示したのは、「開国」を前提とし、西洋を模範とする、交易を基礎に置いた経世論であった。

しかし利明は、「【15-8】異国交易は相互に国力を抜取《ぬきとら》んとする交易なれば、戦争も同様なりき」（『経世秘策』、塚谷・蔵並〔一九七〇〕六一頁）と述べている。つまり交易相手としての西洋は、日本の脅威になると認識しているのである。利明は西洋を理想化しながらも、他者として対置したからこそ日本を重視したのであり、これはすなわち「国家」の存在を基軸的価値としていたということであろう。

官営交易という四大急務の提唱も、これと無関係ではない。官が交易を行えば物価は安定し農民の生活も落ち着くが、暴利に走りがちな商人だけに交易を任せると、物価が乱高下して農民は困窮し、生産が減少して「【15-9】国家の衰微」（『経世秘策』、塚谷・蔵並〔一九七〇〕一八頁）に至るからである。したがって為政者の行為は「【15-10】国家に豊穣を副《そう》」（『経世秘策』、塚谷・蔵並〔一九七〇〕一九頁）ことが求められた。

その一方で、「【15-11】交易に商賈《しょうこ》の家業と、国君の天職との差別ある」（『経世秘策』、塚谷・蔵並〔一九七〇〕一九頁）とする言葉からは、商人を交易という「家業」を営む社会的存在としては認めていることが分かる。

さらに【15-12】には、身分を問わず、人は「独立」し社会を離れて生きることはできず、職業を通じて扶助し合う社会的存在であるとの理解が表れている。この考え方は、第12章の通り利明に特有のものではない。士農工商の四民は、各々が社会的に有用な職分を果たす相互補完関係にあり、社会的存在意義を有するのである。

【15-12】世に独立といふことのならぬ事あり。……衣服を蚕と綿麻の最初より、我が手にて製作して衣服となさん歟、食粮《しよくりよう》も粟籾《あわもみ》より我が手にて耕耘《こううん》して食用となさん歟、住家も材木より我が手にて造作して家宅となさん歟、其外万事万端人涯に預ることは悉皆《しつかい》衆人より扶助するを以、上天子《かみは》・下庶人《しもは》までもその一人を立る者なれば、世に独立といふことは決てならざるなり。是を名《なづけ》て国恩といへり。悉皆衆人相互に相助相救《あいたすけ》て、今日の身を立《たて》、家を保《たもち》、世を送るなり。(『経世秘策』、塚谷・蔵並〔一九七〇〕七六頁)

しかし商人が暴利をむさぼる傾向は、「【15-13】国家の益を取る」(『経世秘策』、塚谷・蔵並〔一九七〇〕一八頁)という基準に照らせば容認できなかった。したがって交易は「国君の天職第一の国務」とすべきと考えたのである。

三　横井小楠の「開国」論

朱子学者横井小楠《よこいしようなん》(一八〇九―一八六九)は、「【15-14】総《すべ》て天は往古来今《おうこらいこん》不易《ふえき》の一天なり。人は天中の一小天にて……人と生れては人々天に事《つか》ふる職分なり」(『沼山閑話』、山崎〔一九七七b〕九二四頁)と朱子学的普遍主義の考えに立ちつつ、西洋社会をモデルとする経世論を説いた。

彼は肥後国《ひごのくに》(現・熊本県)の武家に生まれ、藩校時習館《じしゆうかん》で学ぶ。一八三九(天保一〇)年に藩命で江戸へ遊学し、翌年に帰藩。この頃、小楠を中心とする藩政改革派・実学党が興っている。その後、福井藩主松平慶永《まつだいらよしなが》（春嶽《しゅんがく》、一八二八―一八九〇）に召聘されて藩政に参画するが、一八六二（文久二）年、慶永の幕府政事総裁職就任に伴って江戸に赴き幕政に参与した。一八六八（明治元）年には明治維新政府の召命で出仕したが、京都で暗殺される。

【15−15】 其《その》〈西洋〉士大夫《したいふ》たるものは強《あなが》ちに耶蘇《やそ》を信仰するにては無レ之《これなく》、別に一種経綸窮理《けいりんきゅうり》の学を発明致候《いたしそうろう》て、是《これ》を耶蘇の教に附益《ふえき》致し候。其経綸窮理の学、民生日用を利すること甚だ広大にて、先は聖人の作用を得候。全躰《ぜんたい》聖人の作用、利世安民の事業……聖人、上に在《あっ》て民生日用の世話をいたされ……六府を乂《おさ》めて其用を尽し、物産を仕立て器用を造作し、許大《きょだい》の生道を建立せられたり。……禹《う》〈古代中国の皇帝〉の水利を順導いたされ候功業、西洋人も是を見て甚だ其作用の広大なるを嘆感すと云《いう》。……舟楫《しゅうしゅう》交易の道理、易《えき》にも見えたれば、乃《すなわち》聖人の始められしことに候。大凡《おおよそ》民は農を以て本とすと雖《いえど》も、農業一端のみにて、民用百物を仕立つる者なき時は、生活の道不足致候。……室中《しっちゅう》皆他人の作る処にて皆交易を以て我用をなしえたり。されば民用は交易ならざれば不レ立《たたず》と可《しる》レ知《べし》。……其交易融通の道、日本全国に取り法制を得ざる故に、今日本如レ此《かくのごとき》の貧国となりたり。……是畢竟《ひっきょう》鎖国の見にて一郡一国各自己の便利のみを計り、正大《せいだい》の融通行はれざれば、財貨のさばき口自由ならず、さばき自由ならざる故に、国々もろもろの物産皆滞りて坐《い》ながら陳腐するに至る、物産滞りて售《う》らざれば、游民《ゆうみん》、工職につくこと不レ叶《かなわず》、なすべき手業もなく無二余義一《よぎなく》手を空して日を送ること憐むべき次第なり。……是畢竟地々の物産諸物を仕立べし、物産を仕立つるには物のさばき口を流通させて、余計の物産湧出る様に出来すとも、少も滞ることなき様にすべし。……交易の道開けなば、何一つ余るものなく、自由に捌《さば》け可レ申《もうすべく》候。今洋人の所為をみるに、火輪船・蒸気車・伝信器・水車木綿等を始《はじめ》として、民生日用に便利のこと皆講究造作して其至極を究め、近来又紅海の

海峡を掘りぬぎ海路〈スエズ運河〉とする等のこと、誠に莫大の利なり。其上に万国に交通して交易の利を広くする故に、渠《かれら》等国富兵強、民用の利厚くして租税等も至て寛なることを得たり。之其経綸の功業、聖人の作用を得たるものと可ㇾ申候。(『沼山対話』、山崎〔一九七七b〕九〇三—九〇五頁)

小楠は「【15-16】無道」(『夷虜応接大意』、山崎〔一九七七a〕一二頁)の国とは外交関係を断つべきとし、当初「鎖国」擁護的であったが、開港後の一八六〇年代に入ると「開国」を肯定していく。【15-15】では、西洋はインフラを整備して万国と「交易」することで「国富兵強」を達成しており、その「経綸窮理の学」は「民生日用を利する」ものであると高い評価を与えている。ただし高評価なのは、西洋の政治は「利世安民」という「聖人の作用を得たるもの」であり、理想的な社会作りが行われた古代中国「【15-17】三代の治教に符合する」からであった(『国是三論』、山崎〔一九七七a〕四〇頁)。つまり小楠は、実効性のある具体的な施策を実行する為政者を理想としており、こうした為政者による儒学的統治と実質的には同じ治国が、西洋で実現していると認識していたのである。

これに対置されるのが日本であった。特に、西洋で実施され、聖人が始めたという点でも意義のある国内外の「交易」が未発達で、販路・市場が狭隘《きょうあい》なため、日本は「貧国」の状況にあると理解した。そこで、この「交易」を盛んにすることで、国内の「物産諸物」を「用」立てる、つまり役立たせるために、農業部門・非農業部門の増産を求めた。さらに「交易」の活性化は「游民」が「工職につく」、すなわち就業にもつながるとしている。

小楠は、農業・手工業・国内外の交易の重要性を理解し、その拡大にも積極的で、利益追求も当然視していた。こうした現状認識には、地方の経済発展・非農化・開放体系への移行という実態がほぼ反映されており、現実経済の動向を把握しえていたといえる（川口〔二〇一〇ａ〕九一―九五頁）。

一方で、「交易」停滞の理由は、為政者が「交易の道理」をわきまえず、「民」のためではなく自己利益を優先しているからだとした。しかし「交易」は「官」主導であるべきと小楠は考えており、次のように構想している。

【15-18】惣《すべ》て民間に生産する処、旧来悉《ことごと》く商賈《しょうこ》〈商人〉の手に売渡す故に其価尤《もっとも》賤《いやし》く、就中《なかんずく》姦商《かんしょう》に逢へば種々の欺詐を受て其半価を得て止む者も亦多し。□是を官府に収むべし、其価は民に益ありて官に損なきを限《かぎり》とし、官に於て別に利を見る事なければ、民自ら其恵を蒙《こうむ》るべし。……諸物品を作り出し、或《あるい》は作り増んと欲すれ共《ども》、力足らずして意の如くなる事を得ざる者多し。官又是に銭穀を貸して其の意を遂《とげ》しめ、其物品を官に収め、其値によつて其債を償《つぐなわ》しめ又利息を見る事なければ、民大に便を得て且恵を蒙るべし。……諸物件其他民間所産の生育・製法等に付《つき》、簡便の方法器械等あるは、先《ま》づ官に試み其実験を経て、是を民に施し教へ導くに惻怛《そくだつ》〈親身になって悼み悲しむ〉の良心を以てすべし。（『国是三論』、山崎〔一九七七ａ〕三三―三四頁）

ここでは「官」による生産物の一括販売・流通介入・資金供給・技術開発、すなわち殖産興業政策が推奨されており、為政者の経済への介入が当然視されている。ここには西洋の状況もイメージされていたであろうが、一九世紀初頭から日本各地で殖産興業政策・藩専売制・藩札発行が実施されており、当時の一般的動向にも沿うものであった。彼が「官」主導の「交易」を唱えた理由は、朱子学者として社会構築のあり方を模索していたからである。

【15-19】此の三件〈銅鉱を開く、鉄山を開く、船材を貯ふ〉の事は……俄《にわか》に是を起さんとせば忽《たちまち》に奸民《かんみん》の奇貨《きか》となり、

大破に及ぶは分明なれば、先づ一大経綸局《けいりんきょく》を設け、広く天下の人才を挙用《あげ》ひ、或は西洋攻礦《こうこう》の術を研究し其道明白なるときは、奸民山師の者共《ども》、自然に畏服して其奸術《かんじゅつ》を施すことを得ず……事業の大に行るゝのみならず、又天下幾十万の奸民を変化して良民と為す、治道の一術に非《あら》ざらんや。（『海軍問答書』、山崎〔一九七七a〕二七頁）

【15‒20】凡《およそ》国を治むるは則《すなわち》民を治るにて、士は民を治るの具なり。勿論《もちろん》士民共に孝悌信忠を教るは治道の本源なれ共、教は富を待て施すべきも聖人の遺意なれば、澆季《ぎょうき》〈道徳が衰え乱れた世〉の今日に当つては猶更《なおさらとま》富すを以て先務とすべし。（『国是三論』、山崎〔一九七七a〕三六頁）

【15‒19】に示された「奸民山師」対「経綸局」の構図は、「民」は「官」の統御対象だという理解の表れである。「官」による経済活動への介入の当然視も、このような「民」観と一致する。

この「民」観を前提に、「官」の「治道」はまず「民」を「富」ませることにあると考えた。「奸民」になりかねない「民」を「良民」化するには、「教」よりも経済的安定を与えることが先決と判断したのである。ここで小楠が注目しているのは「富」の社会的機能である。つまり、経済実態は人間性・人間行動・社会秩序を規定する一つの要因だと理解していた。ただし「本源」は「教」の側にあり、「富」はあくまで「治道」の手段であった。すなわち「富」自体に価値があるのではなく、最終的には「教」が施されなければ無意味と考えていたのである。

小楠が理想とする為政者は、「民」のために実効性のある政策を実施する者であったが、それは「教」に基づいてなされるべきものであった。つまり、経済は重要かつ不可欠な要素として彼の構想の中に位置づけられてはいるものの、「官」による政治的統御と、その根源としての「孝悌信忠」といった道徳規範を拠り所とする社会構築が最重要

視されていたのである。（川口〔二〇一〇a〕九七—一〇一頁）

【15-1】竹越与三郎〔二〇〇五〕『新日本史　上』（岩波書店）

【15-2】【15-3】【15-4】【15-5】【15-6】【15-7】【15-8】【15-9】【15-10】【15-11】【15-12】【15-13】塚谷晃弘・蔵並省自校注〔一九七〇〕『日本思想大系44　本多利明　海保青陵』（岩波書店）

【15-14】【15-15】山崎正董編〔一九七七b〕『横井小楠関係史料2』（東京大学出版会）

【15-16】【15-17】【15-18】【15-19】【15-20】山崎正董編〔一九七七a〕『横井小楠関係史料1』（東京大学出版会）

第16章　東アジアと西洋の人間観・社会観

一　近世日本と近代日本の連続・非連続

第1章でも述べたように、近世日本（江戸時代）と近代日本（明治時代以降）には、連続面と断絶面がある。近代日本は、政治・経済・文化など多くの面で西洋にならうことで成立していく。たとえば、近世では獣肉食は一般的でなく、「牛鍋《うしなべ》」屋は「【16-1】最下等の店だから、凡《およ》そ人間らしい人で出入する者は決してない。……何処《どこ》から取寄せた肉だか、殺した牛やら病死した牛やらそんな事には頓着なし……牛は随分硬くて臭かった」という（福沢諭吉『福翁自伝』、慶応義塾編纂〔一九七〇c〕五一頁）。しかし一八七一（明治四）年には、「【16-2】士農工商老若男女、賢愚貧福おしなべて、牛鍋食はねば開化不進奴《ひらけぬ》」（仮名垣魯文『安愚楽鍋』、仮名垣・小林〔一九六七〕二七頁）と、文明開化の新風俗として描かれるようになる。こうした描写からも、近代日本は近世日本とは断絶した社会であったことが窺えるだろう。

では、近代日本は西洋社会と等質になったのだろうか。近代の日本人は西洋人になってしまったのだろうか。これが否であることは明らかであろう。多くの面で在来の文物を西洋由来のものに置き換えたことは確かだが、外来のものに置き換わらない場合もあり、在来と外来の折衷という方法も試みられた。

たとえば折衷によって誕生したものに、あんパンが挙げられよう。これはパンに馴染みのなかった日本人に向けて、小豆餡をパン生地でくるんで作られた和洋折衷の賜物である（木村屋総本店〔一九八九〕四・一九頁）。また、明治時代に普及した生糸器械製糸も、日本と西洋の技術の折衷であった。二〇一四（平成二四）年六月に世界遺産に登録された群馬県の富岡製糸場は、フランス式製糸技術を基礎に、日本の風土・繭質・在来技術などを考慮して、設備や工程で改良が施された。民間へ導入される際にはさらに手が加わり、レンガ造りの工場は木造建築に、器械の鉄製部分は木製に、銅製の煮繭《しゃけん》鍋は陶器に代えられ、蒸気力ではなく水力を利用するなど、資力の小さな製糸家によって製造費を低価に押さえるための方法が用いられた（宮本・阿部・宇田川・沢井・橘川〔一九九八〕一一二―一一三頁）。

近代日本の経済思想も、その特徴の一つは西洋の思想・経済学を受容したことにある。すでに一八六二（文久二）年には西周《にしあまね》（一八二九―一八九七）がオランダ・ライデン大学で古典派経済学を学んでおり、**表16−1**などの経済書の翻訳・出版も活発に行われた（三島〔二〇〇三〕八四―八八頁）。

こうした西洋学術を摂取しえた要因は第四節で述べるが、近世の経済思想がそれを受容する基盤となった面は否定できないだろう。しかし当然ながら、近世の経済思想は西洋の学問を受容すべく展開したわけではなく、両者には大きな異質性があった。たとえば、近世経済思想には成長や発展といった概念は恐らく存在しなかった。したがって、少なくとも近代初期の経済思想は、近世経済思想（在来思想）と西洋思想（外来思想）との二重構造という特質を持

表 16-1　明治初期における主な翻訳書

翻訳者	翻訳書名	翻訳書出版年	原著者	原著名	原著出版年
神田孝平《かんだたかひら》	『経済小学』	1867	W. Ellis	*Outlines of Social Economy*	1850
小幡篤次郎《おばたとくじろう》	『英氏経済論』	1871–1877	F. Wayland	*The Elements of Political Economy*	1837
林董《はやしただす》・鈴木重孝《すずきしげたか》	『弥児《みる》経済論』	1875–1886	J. S. Mill	*Principles of Political Economy*	1848
大島貞益《おおしまさだます》	『馬爾去斯《まるさす》人口論要略』	1877	T. R. Malthus	*An Essay on the Principle of Population*	1798
石川暎作《いしかわえいさく》・嵯峨正作《さがしょうさく》	『国富論』	1884–1888	A. Smith	*An Inquiry into the Nature and Causes of the Wealth of Nations*	1776

っていると考えられるのである。この二重構造、すなわち近世と近代の連続・非連続に関して、朱子学に代表される東アジアの思想と、古典派経済学に代表される西洋思想との間の、人間観・社会観の違いに注目して見ていきたい。

二　東アジアの人間観・社会観

【16-3】子《し》の曰《のたま》わく、学びて時にこれを習う、亦《ま》た説《よろこ》ばしからずや。朋《とも》あり、遠方より来たる、亦た楽しからずや。人知らずして慍《うら》みず、亦た君子ならずや。
（金谷〔一九九九〕一九頁）

右の史料は有名な『論語』の冒頭で、「道」を学ぶ者のあり方について孔子《こうし》（紀元前五五二―四七九）が述べたものである。ここでは、「道」を学びあう同志や世間といった人間関係を自明のものとして話が展開している。つまり「君子」たる内面性は、自己研鑽だけでなく人間関係（社会）の中で磨かれていくものであることが示唆されている。

この『論語』の内容を含め、朱子学に代表される東アジアの人間観・社会観の一般的な特徴を挙げれば、おおむね次のように言えるだろう。［1］人間関係の自明性、［2］人間と社会との一体性・同心円的構造、［3］課題としての人間関係（社会）の規律、［4］規律としての道徳（島田〔一九七八〕一〇三―一〇六頁）。

これまで述べてきたように、「朱子学は「理」という宇宙の形而上学的原理の実在を説くが、古学派はそうした朱子学的「理」に懐疑的」（第3章）であった。ただ、人と社会の自明性については、さほど違和感はなかったのではないだろうか。たとえば荻生徂徠《おぎゅうそらい》（一六六六―一七二八）は、「人は「孤立」ではなく「群」を成す生質を備えていることを認め」（第5章）、本多利明《ほんだとしあき》（一七四三―一八二一）も「人間は社会を離れて生きることはできず、職業を通じて扶助し合う社会的存在」（第15章）と捉えている。

人間関係（社会）の規律に関しては、太宰春台《だざいしゅんだい》（一六八〇―一七四七）のように必ずしも人間の内面性に社会秩序構築の根拠を見出していない場合もあるが（第6章）、横井小楠《よこいしょうなん》（一八〇九―一八六九）は「道徳規範を拠り所とする社会の構築」（第15章）を重視しており、規律のあり方を模索する姿勢自体は、近世経世論に一貫して見られる。つまり近世の日本人は、朱子学のいう「理」の存在は疑いつつも、その人間観・社会観には親和的であったと考えられるのである。

三　西洋の人間観・社会観

では、西洋思想の人間観・社会観はいかなる特徴を持つのだろうか。一九世紀の日本人が接した西洋は、産業革命を経た後の近代西洋であった。機械制工場生産が確立していく産業革命は、一八世紀後半のイギリスにおける木綿工業に端を発する。アダム・スミス（A. Smith、一七二三―一七九〇）によって、個人が自己の労働や資本を用いて自由に競争できる状態を理想とする経済学が提唱されたのも、この時期である。

この西洋における近代の指標を、人間観・社会観から特徴づけるとすれば、基本的にはおおよそ次のようになるだろう。〔1〕孤立的個人の成立――〔a〕朱子学的な人間観・社会観とは異なり、社会とは切り離された人間を意味する。〔b〕自由な意思決定の主体であり、社会的には権利の要求の根拠となる。〔c〕自由に欲望を追求する主体であり、経済的な利得の獲得の根拠となる。〔2〕政治的・社会的権利の要求――〔1〕〔b〕を前提とした〔a〕王権の制限、〔b〕議会の制度化、〔c〕参政権の拡大。〔3〕経済的欲求の開放――〔1〕〔c〕を前提とした〔a〕私的所有権の確立、〔b〕私的利益の追求の肯定、〔c〕国内外市場の成立。

しかし、社会とは切り離された孤立的個人が成立したことを近代の指標とするならば、近代西洋における孤立的個人はなぜ、どのように社会を形成したのであろうか。

これに一つの答えを与えてくれるのが、イギリスの政治哲学者ホッブズ（T. Hobbes、一五八八―一六七九）が『リヴァイアサン』（*Leviathan*, 1651）などで説いた社会契約説である。共通の権力が存在せず、各人がいかなる手段の行使も許される自然状態において、人間は利己心・平等性・自己保存という欲求を持つ。元来人間は自己愛を最大限に実現させようとする利己的な存在であるため、その利己心に基づいて平等性をも求めることになる。だが、複数の人間が同じものを欲した際、同時にそれを享受できない場合には、争いが生じて死の危険も招くであろうと人間は予期し、相互不信に陥る。

しかし自己保存という欲求は、他のすべてに先行する人間の自然権であるため、各人の利己心・平等性を維持しながら万人にも受容される自然法を人間は見出す。とはいえこの自然法は、守ることで得られる利益よりも、破ったことで得られる利益の方が大きいと捉えられ、遵守される保証がない。そこで人間は自ら、懲罰などに対して恐怖を抱かせるほどの公的権力としてコモンウェルス（国家）を生み出すことになる（北西〔二〇〇九〕二一一―二一四頁）。

【16−4】）「国家」とは一個の人格であり、その意志は複数の人々の約定によって彼ら全員の意志とみなされなければならず、その結果国家は、個々人の実力と能力を共同の平和と防衛のために用いることができるのである。（『市民論』、本田〔二〇〇八〕一二四頁）

つまり、西洋における国家は、人間が意図的・作為的に作り出した人工物であり、個人の利己心・平等性・自己保存を保証するための手段と見なされていることが分かる。こうした見方は、社会を自明と捉え、その規律に道徳を据える、朱子学に代表されるような東アジアの人間観・社会観とは大きく異なると言えよう。

四　古典派経済学

ホッブズに見られる人間観・社会観は、先に触れたイギリスの経済学者アダム・スミスの『国富論』などにも表れている。一連の議論で彼が最も重視したのは、利己心と同感を持った個人の存在である。

彼は、人間を利己心と同感を持ち合わせた存在と捉えた。人間は自分の生存・生活をより確かで安楽なものにしようという利己的動機に基づき、自己が必要とする物と他者が必要とする物を相互に提案し、互いに同感を得て交換する。ここに、安定した社会（人間関係）、そして見知らぬ者同士が交換する場としての市場が形成される。さらに他者から同感を得たいという動機が、財産を形成する野心を抱かせる。この野心は、「正義」「慈恵」「慎慮」といった感覚により制御される。つまり、利己心とそれをコントロールする感覚が、社会の秩序と繁栄の基となっているのである。

この野心と正義感覚などのバランスを持った個人が市場に参入すれば、利己心に基づき自己の労働や資本を最も有利な方法で利用する一方で、他者を侵害する行為は控えることになる。ここに価格調整メカニズムが作用して、資源は最も効率的に利用され、「自由で公正な市場」が形成される。さらに分業によって生産性が向上し、その向上は資本蓄積と相俟って「経済成長」を促進させる。そして「経済成長」は、税収の増大を通して、防衛・司法・教育を含む公共サービスの提供といった「公平で効率的な政府」の活動を実現する。これは「自由で公正な市場」の発展に向けた最低限のインフラ整備を意味する。

このスミスをはじめ、ベンサム（J. Bentham、一七四八―一八三二）、ジェームズ・ミル（J. Mill、一七七三―一八三六）、リカード（D. Ricardo、一七七二―一八二三）、J・S・ミル（J. S. Mill、一八〇六―一八七三）などの一群の学説は、古典派経済学と呼ばれる（堂目〔二〇一二〕一三―三五頁）。

古典派経済学の思想的基盤と政策的基調の特徴を概説的に示せば、次のようになるだろう。［1］自己の経済行為による経済的利益の追求を是とする個人主義、［2］自己責任のもとで行われる個人の経済行為は干渉を受けないものとする自由放任主義、［3］予定調和を前提とし干渉を排除する市場主義、［4］国内における自由競争・自由放任・小さな政府の維持、［5］対外的な自由貿易の実行。こうした古典経済学の理論は、先進工業国イギリスには適合的な内容であった。

五　日本における西洋経済学の受容

幕末から明治一〇年代にかけて、日本では主にこの古典派経済学の導入が図られた。受容の背景には、当時世界随一の先進国イギリスを中心に展開した学問であった、という国際的な要因が一つ考えられる。そして国内的な要因としては、次のようなことが挙げられるだろう。

第一に、文明受容に対する日本社会の柔軟性である。日本は古代から、仏教・儒教など外来の思想体系を受け入れ続けてきた。ただしその受容にあたっては、理解という名の「誤解」を含んだ日本流の翻案がなされてきた。一つ屋根の下に神棚と仏壇を違和感なく祀り、クリスマスも盛大に迎える現在の生活はその表れかもしれない。したがって近代日本が西洋思想を受容する際にも、「誤解」や翻案が生じた可能性は高いように思われる。

第二は、一八世紀後半に、西洋を世界の中心と見る世界像が成立したことが挙げられる（第14章）。第三に、一九世紀半ばからおきた洋学の中心化がある。特に開港以降、幕府学校・藩校とも洋学を積極的に導入した。これは、「役に立つ学問」が、「総合的な統治能力」を授ける朱子学から、現実の政治・外交・軍事に対処できる実務的・実技的能力を養う洋学に変化したためである。この結果、洋学を身に付けた人物が就くべき職場・地位が設けられ、人材登用は家格原則を基礎としつつ能力主義も採用されていく（川口〔二〇〇〇〕九二—九九頁）。

第四は、江戸時代に「経済社会化」が進んだことである。経済社会とは、「そこに住む人々が、基本的に経済的行動をする社会」であり、経済的行動とは、「経済的価値観に基づき、効用の獲得に際し、最小の費用で最大の効用を得ようとする性向を持った行動」を指す（速水・宮本〔一九八八〕一五頁）。つまり、古典派経済学を受容できるだけの経済実態と経済的行動が、近世日本にあったと考えられるのである。確かに、これまで取り上げてきた近世の経世家は、市場経済の展開という状況を認識していた。また第14章の通り、実態としても全国規模での商品流通が活発化した。

しかし第13章で指摘したように、江戸時代は長期的に見れば定常的な社会だったこともまた事実である。そして、社会的に有用な「職分」を全うすることが人の当為と捉える職分論的規範意識が存在していたことも確かであろう。ここには経済的行動を選好する人間という以上に、自己と社会との一体性を重視し、社会の規律のあり方を問う人間観・社会観が垣間見えているように思われる。

　近代日本では、西洋にならって資本主義社会が形成され、市場経済化も進んでいく。しかしそれを支えたのは、近世に培われた職分論的規範意識であったように思われる。この規範意識は、「「国家」が人々の思考の中で徐々に一定の位置を占めるようになってくると、人々に「国家」と自己の社会的責務との関係を意識させ、それを「国事」と認識する意識」（川口（二〇〇四a）一八頁）に引き継がれていったのである。なぜなら、第14章で触れたように、西洋にならうという形で西洋が他者として意識されればされるほど、日本という「国家」への帰属と利害が人々に強く意識されていったと考えられるからである。

　つまり近代日本における在来思想と外来思想との二重構造は、職分論的規範意識、そして人間と社会を一体と見る在来思想が基軸となり、西洋経済学を、個人の効用の最大化ではなく、国家の繁栄のための手段として利用するという仕組みを成していたことが、一つの仮説として考えられるのである。

　後に取り上げる福沢諭吉《ふくざわゆきち》（一八三五―一九〇一）や田口卯吉《たぐちうきち》（一八五五―一九〇五）が用いる「改良」「進歩」といった言葉には、古代中国を理想化するような衰退史観や反復史観、あるいは定常的社会の構築を目指すという要素は見られず、無限の右肩上がりを想定した発展史観・進歩史観ともいうべき歴史観が表れている。これは西洋経済学の導入によってもたらされた発想だといえよう。

　しかし、福沢をはじめ西周・中村正直《なかむらまさなお》（一八三二―一八九一）・加藤弘之《かとうひろゆき》（一八三六―一九一六）など、特に近代日本の初期に西洋思想を積極的に紹介し定着を試みた者たちは、その受容者であると同時に、人生の約半分を近世に過ごし、儒学を素養にした人物でもある。こうした近代日本の思想家そして政策者・企業者が、在来思想と外来思想との二重構造をいかに自己の内に取り込んでいたのかを明らかにしていくことが、次章以降の課題となる。

【16―1】慶応義塾編纂〔一九七〇c〕『福沢諭吉全集　再版』第七巻（岩波書店）
【16―2】仮名垣魯文著・小林智賀平校注〔一九六七〕『安愚楽鍋』（岩波書店）
【16―3】金谷治訳注〔一九九九〕『論語』（岩波書店）
【16―4】トマス・ホッブズ著、本田裕志訳〔二〇〇八〕『市民論』（京都大学学術出版会）

第17章 「明治啓蒙」の知識人

一八六七年一一月九日（慶応三年一〇月一四日）、第一五代将軍徳川慶喜《とくがわよしのぶ》（一八三七―一九一三）が朝廷に政権を返上し、翌日朝廷がこれを許可した。このいわゆる大政奉還は、第11章で見た大政委任論を思想的前提とするものである。そして一八六八年一月三日（慶応三年一二月九日）、王政復古の大号令が発せられ、天皇の朝廷が日本の中央政府であることが宣言された。また、同月二七日（慶応四年一月三日）、いわゆる戊辰戦争《ぼしんせんそう》が京都南郊で始まり、翌年六月末に新政府軍の勝利で終わり、明治維新政府の覇権が確立した。この間、一八六八年九月三日（慶応四年七月一四日）、江戸が東京と改称され、一八六九年四月五日（明治二年二月二四日）、京都から東京への事実上の遷都が行われ、政府所在地が確定した。

こうして始まった明治時代に入ってから社会で本格的に活動を始めた者たち、たとえば渋沢栄一《しぶさわえいいち》（一八四〇―一九三一）・大隈重信《おおくましげのぶ》（一八三八―一九二二）・加藤弘之《かとうひろゆき》（一八三六―一九一六）などの企業家・政策者・知識人は、新しい国家を構築していく上で必要な文物を、西洋から積極的に学び取った。しかし、彼らの生年を見れば、思想形成期に儒学を中心とする近世的教養を身に付けた世代であることが分かる。したがって彼らの経済思想には、在来思想に連続している部分と、そうでない部分があるだろう。つまり、第16章で述べたような、在来思想と西洋思想の二重構造が内在していると考えられるのである。

本章では、その事例として、一般的に「明治啓蒙」の知識人とされ、西洋思想の積極的受容者といわれる福沢諭吉《ふくざわゆきち》（一八三五―一九〇一）と、福沢よりも一世代後の教育者高田早苗《たかたさなえ》（一八六〇―一九三八）を扱っていく。

一　福沢諭吉

福沢は、豊前国中津藩《ぶぜんのくになかつはん》（現・大分県中津市）奥平家《おくだいらけ》の下級武士の次男として、大坂中津藩蔵屋敷勤番長屋に生まれた。幼少期に儒学者のもとで学び、「【17-1】漢学者の前座ぐらゐ」（『福翁自伝』、慶応義塾編纂〔一九七〇c〕一二頁）は務まるほどの儒学的素養を身に付ける。父の死により中津に戻るが、一八五五（安政二）年に大坂へ赴き、適塾に入門して蘭学に励み、五八年には江戸築地の中津藩邸内に蘭学塾を開く。これが後の慶応義塾の起源となる。ほどなく英学に転じ、蘭語・英語の知識が買われて幕府の遣外使節団に随行し、幕末に計三回の渡米・渡欧を経験。その体験をもとに、『西洋事情』（一八六六―一八七〇）をはじめ多くの著作を通して西洋の文物の紹介を始める。

明治以降も、『学問のすゝめ』（一八七二―一八七六）、『文明論之概略』（一八七五）、新聞『時事新報』（一八八二）などを刊行して言論人として活動した他、丸家《まるや》銀行・時事新報社・横浜正金銀行（現・三菱東京UFJ銀行）などの経営・出資を行って企業者活動にも従事し、商法講習所（現・一橋大学）や大阪商業講習所（現・大阪市立大学）など教育機関の創設にも協力した。

明治初年、福沢にとっての喫緊の課題は「【17-2】我本国の独立を保つこと」（『文明論之概略』、慶応義塾編纂〔一九七〇a〕二〇七頁）であった。こうした認識の根底には、欧米に対して経済力・軍事力の点で日本が絶対的劣位に置かれているという危機感がある。そこで福沢が問題にしたのは、「身」と「国」のあり方と両者の関係性だった。

彼は日本の「独立」という課題を解決するため、【17-3】のような方法を提唱する。それは、西洋が「貿易」「工業」を要に「富貴」を得ているという理解に基づき、「物産の改良」と「貿易」を軸とする商工立国、すなわち工製品の輸出拡大によって日本の富国化を図るというものであった（藤原〔一九九八〕一五六・一六五頁）。

【17-3】欧米人民が千万里の波濤《はとう》を陵《しのぎ》て世界の人民と貿易し……為《た》めに工業の発明を促し、為めに運漕《うんそう》の便利を加へ……貿易の広大なるがために其富貴の世界に比類なきは、著明の事実にして解説を要せず。……故《ゆえ》に今我日本人民をして大《おお》いに富貴文明に進ましめ……んとするには、其貿易を広大にして富を全世界の市場に求めしむるの外《ほか》に工夫なかるべし。……農工商業、共に大に改良進歩の事なかる可らずと雖《いえ》ども、目下の最捷径《さいしょうけい》〈近道〉は物産の改良を図るに在り。……故に我輩は断じて之《これ》を言ふ、我日本の富貴文明をして欧米諸国と比肩《ひけん》せしむること甚だ易《やす》し、唯《ただ》其貿易を広大にするのみと。（「日本亦富国たるを得べし」、慶応義塾編纂〔一九七〇d〕五六九頁）

福沢は、商工立国に向けた経済活動は日本の独立を左右する国事だと捉えたが、ここには本多《ほんだ》利明《としあき》（一七四三―一八二一）や横井小楠《よこいしょうなん》（一八〇九―一八六九）が想定したような「官」による統御は構想されていない（第15章）。彼は、「【17-4】文明世界の実業を進めんとならば、必ず〈近時の〉教育を経たる士流《しりゅう》学者に依頼せざる可らず」（『実業論』、慶応義塾編纂〔一九七〇b〕一五五頁）と主張し、日本経済を牽引するビジネス・エリートの育成の必要性を説いた。

ただし、彼が重視したのはビジネス・エリートだけではない。日本の「独立」に向けて、日本人一人一人が「独立」することを求めた。この「【17-5】独立とは自分にて自分の身を支配し他に依《よ》りすがる心なきを云ふ。自から物事の理非を弁別して処置を誤ることなき者は、他人の智恵に依らざる独立なり。自ら心身を労して私立の活計《かっけい》を為《な》す者は、他人の財に依らざる独立なり」（『学問のすゝめ』、慶応義塾編纂〔一九六九〕四三頁）、すなわち知的・経済的な「独立」である（小室〔二〇〇三〕二五〇―二五一頁）。「独立」については、【17-6】でも語られている。

【17-6】天は人の上に人を造《つく》らず人の下に人を造らずと云《い》へり。……されども今広く此《この》人間世界を見渡すに、かしこき人あり、おろかなる人あり、貧しきもあり、富めるもあり、貴人もあり、下人もありて、其有様《そのありさま》雲と泥との相違あるに似たるは何《なん》ぞや。……其本《もと》を尋れば唯《ただ》其人に学問の力あるとなきとに由《よっ》て其相違も出来たるのみにて、天より定たる約束にあらず。……人は生れながらにして貴賤貧富の別なし。唯《ただ》学問を勤《つとめ》て物事をよく知る者は貴人となり富人となり、無学なる者は貧人となり下人となるなり。……専ら勤むべきは人間普通日用に近き実学なり。譬《たと》へば、いろは四十七文字を習ひ、手紙の文言、帳合《ちょうあい》の仕方、算盤《そろばん》の稽古、天秤の取扱等を心得、尚又《なおまた》進で……地理学……究理学……歴史……経済学……修身学……右は人間普通の実学にて、人たる者は貴賤上下の区別なく皆悉《ことごと》くたしなむべき心得なれば、此心得ありて後に士農工商各《おのおの》其分《ぶん》を尽し銘々《めいめい》の家業を営み、身も独立し家も独立し天下国家も独立すべきなり。（慶応義塾編纂〔一九六九〕二九―三〇頁）

右の『学問のすゝめ』の冒頭は、恐らく誰でも一度くらいは接したことがあるのではないだろうか。ただしここでより注目したいのは、「されども」以降である。福沢は晩年、自らの経験を踏まえ「【17-7】門閥《もんばつ》制度は親の敵《かたき》」（『福翁自伝』、慶応義塾編纂〔一九七〇c〕一一頁）と述懐している。【17-6】でも、先天的に規定される身分制・家格を否定し、その枷《かせ》から解放された人間に理想の姿を求めている。

その上で、人間のありようを決定づける要素として、学問によって得られる後天的能力を挙げている。そして、学問で得た能力の違いによって生じる社会経済的格差は当然であるとする。だからこそ「学問のすすめ」、すなわち「実学」の習得が重要なのである。ここにいう「実学」は、近世的素養・西洋由来の学術を問わず、「人間普通日用に近き」もの、つまり実効性を持つ学問である。

実効性を重視する傾向は古学派儒学にも見られる。ただし福沢は、「【17-8】仮令《たと》ひ文を談ずるにも世事を語るにも西洋の実学《サイヤンス》を根拠とする」（「慶應義塾紀事」、慶応義塾編纂〔一九七一a〕四一五頁）とルビを振っているように、「【17-9】統計表《スタチスチック》即ち結果」（「文学会員に告ぐ」、慶応義塾編纂〔一九七一b〕二七一頁）という実証性にも重点を置いていた。

したがって彼は、実効性と実証性を兼ね備えた学問を身に付けることが肝要だと説いていたことになろう。これは、福沢が儒学の機能を否定的に捉えていたがゆえの提唱であった。福沢の理解では、儒学は「【17-10】惑溺《わくでき》」、すなわち「古《いにしえ》を信じ古を慕《しと》ふて毫《すこし》も自己の工夫を交へず、所謂《いわゆる》精神の奴隷（メンタルスレーヴ）」という姿勢を生じさせるものであった（『文明論之概略』、慶応義塾編纂〔一九七〇a〕三二・一六三頁）。それゆえ、この儒学とは異なる「実学」を身に付けることで、人間は知的「独立」を果たすことができると説いたのである。

また、この「実学」を身に付けた後、「士農工商各其分を尽し銘々の家業を営」むこと、すなわち職業の遂行という社会的責務を果たし、経済的「独立」をなすことも重要であると指摘している。つまり、「実学」は知的・経済的

「独立」をもたらす社会的機能を持っているということである。

さらに、こうした「身」の知的・経済的「独立」は「家も独立し天下国家も独立すべき」ことにつながると福沢は主張する。つまり、「独立」を果たした人間の営為は、社会的正当性を持つということである。【17-6】では「士農工商」と江戸時代的身分で表現されているが、それが消滅した明治において、四民の職分の遂行は、「日本国」の独立を達成するために求められる「国民」としての社会的責務へ転生したと考えられる(川口〔一九八九〕九九—一一一頁)。

これは、「【17-11】今の日本国人を文明に進るは此国の独立を保たんがためのみ。故に、国の独立は目的なり、国民の文明は此目的に達するの術《すべ》なり」(『文明論之概略』、慶応義塾編纂〔一九七〇a〕二〇七頁)という表現からも窺える。つまり、日本の「独立」は日本「国民」としての社会的責務であり、それは「身」の知的・経済的独立の延長線上にこそ成立すると考えていたのである。だから「身も独立し家も独立し天下国家も独立すべき」と表現されるのであろう。

ここには、福沢が「身」と「国」は連続的な一体性を持つものと捉えている様子を窺うことができる。ただし、「身」と「国」は無条件に連続していると考えているわけではないだろう。「国の独立」は最優先の「目的」だからこそ、その根幹にある「身」の「独立」が「目的」達成のための「手段」として絶対的に重要なのである。

とはいえ、この「身」には、西洋的な孤立的個人は想定されていないのではないだろうか。「独立」を果たした人間の営為は社会的正当性を持つという福沢の考え方はむしろ、自己の内面的陶冶が「斉家治国平天下」に繋がるとする儒教的論理の転化といえよう。儒学的論理の根幹が一人一人の人間のあり方にかかっていることに鑑みれば、これが転じて、一人一人の知的・経済的「独立」として強く意識されたと考えられるのである(石井〔二〇一〇〕六八頁)。

「恰《あたか》も一身にして二生《にしょう》を経るが如く、一人《いちにん》にして両身《りょうしん》あるが如し」（『文明論之概略』、慶応義塾編纂〔一九七〇a〕五頁）と述べているように、福沢は人生の半分を江戸時代、残り半分を明治時代に過ごした。彼は、「惑溺」をもたらす儒学ではなく実効性・実証性のある「実学」を推奨した点で、在来思想に対する意識された非連続面を有しているといえる。しかし、人と社会との関係性については儒学的論理を転化させており、これは在来思想に対する無意識のうちの連続面と考えることができる。【17-12】

二　高田早苗

福沢より一世代後の教育者に高田早苗がいる。政治学・経済学・文芸評論など幅広い分野の著作を発表し、欧米の学問の紹介に努めた点では、「啓蒙」的知識人の一人ともいえよう。高田は江戸の商家に生まれ、一八六六（慶応二）年頃から手習いを始めた後、七六（明治九）年に東京開成学校へ入学。翌年、東京大学に改組されると東京大学予備門に編入し、七八年には同大学文学部へ入学した。一八八一年頃には、小野梓《おのあずさ》（一八五二―一八八六）や大隈重信《おおくましげのぶ》らの知遇を得て立憲改進党に加わり、以後、一貫して大隈系の政党に所属する。一八九〇年に衆議院議員に当選して以降、貴族院議員、第二次大隈内閣の文部大臣も務めた。

政治に関与する傍ら、一八八二年に東京大学を卒業した後は、小野とともに東京専門学校（現・早稲田大学）の設立に参加し、講師となる。そして小野が早世すると、高田が草創期の学校運営の中核を担い、発展の礎を築いていく。彼は、一九〇〇年に早稲田大学学監、〇七年に初代学長、二三年には第三代総長の職に就き、昭和初期まで学校の発展に尽くした。

【17-13】余輩ハ頑として地獄極楽のある事を信ずるものなり。……蓋《けだ》し思ふに神の有無、仏様の有りや無し、是《これ》皆如何《いか》なる哲学者も断言し得べからざるの問題なりとす。これ皆な限りある人智を以て討究し能《あた》はざる、限り無き問題たるや明らけし。……地獄に墜ちんことを懼《おそ》るゝが故に地獄極楽を有りと信じ、信心堅固に一生を終らんと欲するなり。(「地獄極楽」、高田〔一八八七c〕)

【17-14】凡《およ》そ社会の改良を謀らんと欲せバ、先《ま》づ其根底《その》に着目す可《べ》し。……若《も》し改良の論者にして西洋の風俗を好しと為さバ、耶蘇教拡張が最上策なり。耶蘇教にして行はれんか、束髪《そくはつ》も行はる可し、西洋服も流行すべし、舞踏も必ずや盛んならん、音楽もまた盛んなるべし、肉食節酒ハ固《もと》より論を俟《ま》たざるなり。(「改良の改良」、高田〔一八八六a〕)

【17-13】によれば、高田は日常生活における規範・倫理というレベルでは宗教を信じていたが、神仏の存在の有無といった形而上的な問題は、議論の対象として相応しくないと考えている。しかし、【17-14】では、キリスト教が西洋の風俗・文化・生活などを「盛ん」にしたと見ている。つまり、宗教の社会的機能については重視しているのである。物事を社会的機能から評価するというこうした姿勢は、彼の学問観にも表れている。

【17-15】学問といふ学問に無駄なものハ無し。何《いづ》れ何日《いつ》か一度ハ御役に立つ可しと雖も、早く役に立つものと容易に役に立ぬものとの差別あるなり。今の学者ハ早く役に立つ者を学べ、国益になるものを稽古すべし。……今の学

者ハ鄙事《ひじ》に多能なるべし、何事にも手を出すが宜し。庶民済度を其大目的とせざる可からず。（「学者の心得方」、高田〔一八八七b〕）

【17-16】如何に漢学者が扼腕《やくわん》〈残念がる〉し、和学者が切歯《せっし》〈悔しく思う〉するとも、最早及ばぬこと。学問ハ西洋流にとゞめさすと相場ハ疾《とく》に定まりたり。（「飜訳の改良」、高田〔一八八七a〕）

【17-15】の通り、高田は「国益」を指向する上で「早く役に立つ」社会的機能と社会的実用性を持った学問を重視している。すでに触れたように、近世の儒学にも学問の実効性を重んじる姿勢はあった。したがって、その意味では高田の学問観に、在来思想に対する無意識の連続面を見ることができる（川口〔二〇〇二〕五四―五五頁）。しかし【17-16】から、高田は「漢学」「和学」に対する「西洋流」の学問の優位性に疑いを持っていない様子が窺える。また、福沢は、「惑溺」を引き起こす儒学の機能をある種の脅威と感じていたからこそ実効性・実証性を基礎とする「実学」を提唱したのに対し、高田の場合は、在来の学問に対する関心そのものが低いように思われる。これは在来思想との意識された非連続の表れといえるだろう。

高田は一八六〇（安政七）年の生まれである。幕末時には洋学の台頭とともに儒学の「漢学」化が起きており、少年期に達した時、自覚の上で儒学をはじめとする在来の学問を絶対的とする意識は希薄であった可能性がある。さらに彼は明治の近代的高等教育を享受しており、重きを置く学問として西洋由来のものを選択することに迷いはなかったのではないだろうか（川口浩〔二〇〇二〕四九―五二頁）。

その学問が果たすべきは、「国益」のための社会的機能である。そしてこの「国益」は、福沢が模索したような国の「独立」を前提とする明治体制の構築ではなく、明治体制の存在を前提とした「国家の繁栄」であったことが、次の【17-17】から窺える。この目標のもと、「政治経済理学等」の西洋由来の学問を修めた「書生」が、国事としての「実業」へ従事することを奨励している。高田が少年期を迎える頃、世は明治であった。福沢の世代とは異なり、明治体制は選択の対象ではなく所与であり、その発展を期することが命題となっていたがゆえであろう。

【17-17】古の攘夷の武器は弾丸鉄砲にして、今の攘夷の武器は智識経験と学問技術となり……伊仏独魯の人、固《もと》より懼《おそ》る可し、而して彼《か》の英米のアングロサクソン人種の如きハ、其工業と商業との力を以《もっ》て既に殆んと世界を征服し将《まさ》に我境に臨まんとす。豈《あに》危からずや。惟《おも》ふに此危急の時に際し、形容枯槁《ここう》したる商人、「ベランメー」の職工、「ナンダンベー」の百姓、依頼するに足らざるなり。此際に身を処して能《よ》く攘夷の先鋒たる任に当るものハ書生の外、他にある可からず。……殖産興業の事盛ならざれバ、国家の繁栄期す可らざるなり。……余ハ書生中の愛国者に向て告んと欲す、諸君ハ政治経済理学等の学を修め、其業を卒《おわ》りたる時に至らハ、須《すべか》らく身を挺《てい》して実業に従事し、諸君の気力と学術とを利用して攘夷の先鋒たる大任に当る可しと。(「攘夷の事を論じて書生諸氏に望む」、高田〔一八八六b〕一―二頁)

実効性を重んじるという点で、近世の学問観と近代における学問観とでは、それほど大きな隔たりはないのかもしれない。しかし、西洋列強との接触を経験した一九世紀の間に、実効性を重視するという学問観そのものではなく、学問が実効性を発揮すべき目標の中身と、その学問の具体的内容が変化していったことが、福沢・高田の事例を通して窺えよう。

【17-1】【17-7】慶応義塾編纂（一九七〇c）『福沢諭吉全集』第七巻（再版、岩波書店）
【17-2】【17-10】【17-11】【17-12】慶応義塾編纂（一九七〇a）『福沢諭吉全集』第四巻（再版、岩波書店）
【17-3】慶応義塾編纂（一九七〇d）『福沢諭吉全集』第八巻（再版、岩波書店）
【17-4】慶応義塾編纂（一九七〇b）『福沢諭吉全集』第六巻（再版、岩波書店）
【17-5】【17-6】慶応義塾編纂（一九六九）『福沢諭吉全集』第三巻（再版、岩波書店）
【17-8】慶応義塾編纂（一九七一a）『福沢諭吉全集』第一九巻（再版、岩波書店）
【17-9】慶応義塾編纂（一九七一b）『福沢諭吉全集』第二〇巻（再版、岩波書店）
【17-13】高田早苗（一八八七c）『読売新聞』一八八七年一〇月一六日付
【17-14】高田早苗（一八八六a）『読売新聞』一八八六年一一月一二日付
【17-15】高田早苗（一八八七b）『読売新聞』一八八七年七月一五日付
【17-16】高田早苗（一八八七a）『読売新聞』一八八七年三月二六日付
【17-17】高田早苗（一八八六b）『学芸雑誌』第三号（賛育社）

第18章　明治政府の殖産興業政策

本章では、明治初年から近代的工業化が始まる一八八〇年代半ばに至る期間を取り上げ、この間の明治政府の経済政策、特に一八七三年から八一年に展開された殖産興業政策とそれをめぐる貨幣観に焦点を当ててみたい。貨幣をいかなるものと考えるかは、徳川政権の貨幣政策およびその貨幣観を歴史的前提とし、しかも、これからの日本経済をどのように作り上げていくかという喫緊の課題と深く関わっているからである。

一　政府紙幣

一八六八年から翌年にかけて、越前国《えちぜんのくに》福井の松平家家臣由利公正《ゆりきみまさ》（一八二九―一九〇九）が新政府の財政運営に当たった。新政府は徳川領などを接収したが、そこから直ぐに貢租を徴収することは難しく、しかも、諸大名家の多くは存続し、貢租徴収権を保持していたので、新政府の財源は限られたものであった。由利は、会計基本金《かいけいもとだてきん》という借金三〇〇〇万両と太政官札という政府紙幣四八〇〇万両の発行によって、財政を遣り繰りしようとした。借金と紙幣発行は、中央政府としては実質的に初めてのものであった。

　由利がこの二つを思いついた直接の理由は、むろん財政難である。そして、その前提には、江戸時代後期の諸大名家における借金と紙幣――いわゆる藩札――発行という歴史的経験があったであろう。しかし、経済思想史の観点からすれば、現実的必要とは別次元の、太政官札に託された由利の意図についても考えてみる必要があるように思われる。すなわち、諸大名家の紙幣は、赤字埋めの他に、場合によっては「国益」のための資金として使われることもあり、太政官札には、興業資金としての一面もあったと考えられる。一八六八年六月の「金札発行に関する太政官布告」には、「【18-1】列藩拝借之金札ハ、富国之基礎被レ為レ建度《たてさせられたき》御趣意ヲ奉二体認一《たいにんたてまつり》、是ヲ以テ産物等精々取建、其国益ヲ引起候様可レ致《いたすべく》候」（中村・石井・春日〔一九八八〕五頁）と謳われているのである。

　第10章で見た海保青陵《かいほせいりょう》（一七五五―一八一七）の「産物マワシ」（【10-3】）に象徴される生産奨励・産業振興政策は、江戸時代後期の多くの大名家で実行されており、それを政府の仕事とする認識は、当初から新政府内に存在し、貨幣もそれとの関係において理解されていた側面があるように思われる。次章で論じられる明治期の保護主義は、経済学説史的には、ヨーロッパ経済学との関連が想定されようが、江戸時代以来の「国益」論や生産奨励・産業振興政策がその歴史的前提をなしていた点にも留意が必要である。

二　国際金本位制

新政府は、政権発足後間もなく、江戸時代貨幣のうちの秤量《しょうりょう》銀貨（匁銀）の通用を停止した。しかし、金貨と銭貨は残されており、江戸時代貨幣制度の抜本的改変が必要であった。そして、この当時、新しい貨幣制度を構想する際に考慮されるべき条件の一つは、欧米における国際金本位制の成立であった。

イギリスで始まった金本位制は、一八七〇年代以降、欧米諸国に広がり、金本位制の国際的枠組みができあがっていった。日本から見ると、一八七〇年代は明治維新直後の時期であり、新貨幣制度が模索されている最中であった。

三　新貨条例と国立銀行

新政府は、一八七一（明治四）年に「新貨条例」を公布し、金本位制に基づく新貨幣制度を定めた。具体的には、貨幣単位を「円」と称し、一円の価値を金一・五〇グラム＝一米ドル＝一両（＝万延二分判《にぶばん》二個＝金一・三三グラム）とした。つまり、円の価値を米ドルと等価とし、同時に過去との連続性を確保したのである。

ところで、本位制度のもとでの紙幣は、本位金属（正貨）との交換が保証された兌換紙幣でなければならない。しかし、財政難の新政府が兌換に備えて金貨を十分に保有しておくことは不可能であった。そこで、一八七二年に「国立銀行条例」を制定し、兌換準備正貨を保有し、兌換紙幣を発行する機関として、国立銀行を日本各地に設置することが目指された。この国立銀行は、その名称とは違い、民営の株式会社である。つまり、民間資金によって、新貨条例に謳われた金本位制を実現しようとしたのである。しかし、言わば虫のいいこの目論見にはそもそも無理があり、国立銀行は一八七三年創設の第一国立銀行（現・みずほ銀行）を含めて四行しか設立されなかった。

しかし、貨幣はいかにあるべきかという観点からこの新貨条例と国立銀行を見るならば、そこからは、あるべき貨幣は金貨であり、紙幣は兌換紙幣であるとする正貨主義とでも呼ばれるべき貨幣観の存在を推認することができるであろう。そして、この立場からすれば、不換紙幣やそれに依存する財政運営は好ましくないということになるであろう。つまり、明治初年の新貨幣制度構築の時点で主導権を握ったのは、こうした正貨主義と健全財政主義であったと言えよう。ただし、由利公正的な財政運営が、荻原重秀《おぎはらしげひで》（一六五八—一七一三）・大岡忠相《おおおかただすけ》（一六七七—一七五一）・田《た》沼意次《ぬまおきつぐ》（一七一九—一七八八）・江戸時代後期の経済官僚のそれと何らかの連関を有していたとすれば、同様に、「正しい」金貨と「倹約」に基づく財政という発想も、新井白石《あらいはくせき》（一六五七—一七二五）・徳川吉宗《とくがわよしむね》（一六八四—一七五一）・松平定信《まつだいらさだのぶ》（一七五八—一八二九）といった系譜を辿ることができるのであり、両者の補完と対抗の関係には、江戸時代以来の歴史的経緯と明治初期特有の現象の両側面があることを理解しておくことが必要である。

四　政府政官の誘導奨励

一八七三年秋、政府内で政争が起こり、これに敗れた西郷隆盛《さいごうたかもり》（一八二八—一八七七）・副島種臣《そえじまたねおみ》（一八二八—一九〇五）・後藤象二郎《ごとうしょうじろう》（一八三八—一八九七）・板垣退助《いたがきたいすけ》（一八三七—一九一九）・江藤新平《えとうしんぺい》（一八三四—一八七四）らが下野した。他方、権力を掌握した大久保利通《おおくぼとしみち》（一八三〇—一八七八）は内務卿、大隈重信《おおくましげのぶ》（一八三八—一九二二）が大蔵卿、伊藤博文《いとうひろぶみ》（一八四一—一九〇九）が工部卿にそれぞれ就任し、殖産興業政策を推し進めた。大久保は一八七四年の

「殖産興業に関する建議」に次のように記している。なお、本書では、一八七三年に始まり、七八年の大久保暗殺後に政権を引き継いだ大隈が失脚する八一年まで続いた一連の経済政策を殖産興業政策としておく。

【18-2】大凡《おおよそ》国ノ強弱ハ人民ノ貧富ニ由リ、人民ノ貧富ハ物産ノ多寡ニ係ル。而テ物産ノ多寡ハ人民ノ工業ヲ勉励スルト否《しから》ザルトニ胚胎スト雖モ、其源頭ヲ尋ルニ未ダ嘗テ政府政官ノ誘導奨励ノ力ニ依ラサル無シ。……勧業殖産ノ一事ニ至リテハ、未ダ全ク其効験アルヲ見ズシテ、民産国用日ニ減縮スルニ似タリ。是レ蓋シ人民智識未ダ開ケザルニ依リ、時勢ノ変ニ通ジテ有益ノ業ヲ営ムコト能ハザルニ出レドモ、亦タ政府政官ノ茲《ここ》ニ注意セズシテ提携誘導ノ力足ラザルノ致ス処ナリ。……抑《そもそ》モ国家人民ノ為メニ其責任アル者ハ、深ク省察念慮ヲ尽シ、……総ジテ人民保護ノ緊要ニ属スルモノハ、宜シク国ノ風土習俗ニ応ジ民ノ性情智識ニ従ツテ其方法ヲ制定シ、之ヲ以テ今日行政上ノ根軸ト為シ、其既ニ開成スルモノハ之ヲ保持シ、未ダ就緒ナラザルモノハ之ヲ誘導セザル可ラズ。……人民殷富充足スレバ国随ツテ富強ナルハ必然ノ勢ニシテ……果シテ如《かくのごとく》レ此ナレバ諸強国ト輿《こし》ヲ並ベテ馳《はす》ル、亦難キニアラズ。（中村・石井・春日〔一九八八〕一六―一七・一九頁）

ここで、大久保は「政府政官」を「国家人民」に対して「責任」を負うものと規定し、その中心的政策を「勧業殖産」のための「誘導奨励」としている。そして、その目的は「人民殷富充足」であるが、大久保がその先に見ていたものは、日本と「諸強国」との対等化であった。このような日本という国家を基軸に据えるような価値判断は、思想史的には、江戸時代後期に台頭してきた「皇国」意識の延長線上に位置するとともに、より現実的には、一九世紀における西洋列強との対峙、国家の独立に対する危機感の所産であろう。明治維新を遂行した人物の多くが、天保（一八三〇―一八四四）生まれであることは、恐らく、偶然ではない（川口編〔二〇〇四〕）。

五　国家による起業

殖産興業政策を推進するためには、国家財政から豊富な資金が投融資に回され、また、国立銀行が兌換紙幣を潤沢に供給することが必要であろう。だが、国家財政に余裕はなく、また、国立銀行はほとんど設立されなかった。こうした状況の一八七五年、大隈重信は「天下ノ経済ヲ謀リ国家ノ会計ヲ立ツルノ議」で次のような意見を開陳した。

【18―3】方今《ほうこん》ノ形勢ヲ察スルニ……物産増殖ノ源流枯レ、農商工業ノ効績起ラス、輸出入ノ平均其当ヲ失ヒ、現貨ノ濫出日ニ一日ヨリモ甚シク、随テ全国衰微税額亦寡少ナルヲ免レザル等ノ如キ、……其帰スル所ヲ要スルニ、運輸ノ便開ケス、金融ノ道蔽塞《へいそく》スルノ故ニ過キザルノミ。……夫レ方今ノ際、是等ノ挙、民力ノ能《よ》ク堪ユル所ニ非《あらざ》ルハ素《もと》ヨリ愚《ぐ》〈私〉ノ呶々《どうどう》〈多弁〉ヲ待タス。必スヤ国家歳入ノ内ヲ以テ之レニ供給スルノ外、想フニ応《ま》サニ他術無カルベシ。（早稲田大学社会科学研究所編〔一九六〇〕一二一―一二二頁）

すなわち、生産は停滞し、貿易収支赤字・正貨流出が続いており、その原因は「運輸」つまりインフラストラクチャーの未整備と「金融」の「蔽塞」による資金不足にある。しかし、こうした現況の打開を「民力」に待つことは無理であるということである。

大隈は、このような現状認識を前提として、財政の健全性よりも、興業資金を「国家歳入ノ内」から支弁することを優先させた。また同時に、「金融」の「蔽塞」を打開するため、一八七六年、国立銀行条例を改正し、金本位制を事実上放棄し、国立銀行券を不換紙幣化し、国立銀行による資金供給を容易なものとした。さらに、発券権を持たない「私立銀行」（普通銀行）の設置をも認め、社会的遊休資金の産業資本への転化の道を広げた。既述のように、新貨条例と国立銀行の組み合わせが、正貨主義・健全財政主義に基づくものであったとするならば、大久保政権は紙幣主義と積極財政主義をとったのである。大久保暗殺後も、大隈はこの政策を推進し続けた。

しかし、現実の問題としては、官営事業の経営状態は、初期のリスクが大きく、効率性も低いなどの理由から、総じて芳しくなく、それらは財政への負担となった。また、一般に政府支出増大と金融緩和は物価を押し上げる傾向を持つであろうが、一八七七年の西南戦争がそれに輪をかけた。すなわち、この内戦のための巨額の戦費は、結局、不換紙幣の増発によってまかなわれ、結果として、物価が騰貴し、正貨に対する紙幣の価値が著しく減価する事態となった。大隈が批判の矢面に立たされたことは、当然の成り行きであった。

しかも、経済政策とは別に、一八八一年に大隈が左大臣有栖川宮熾仁《ありすがわのみやたるひと》（一八三五—一八九五）に提出した国会開設意見書が、新政府の中核を占めていた薩長勢力の反感を買い、同年一〇月、彼は参議を罷免された。このいわゆる明治一四年の政変は、殖産興業政策の終焉と正貨主義・健全財政主義への再転換を意味した。内務卿松方正義《まつかたまさよし》（一八三五—一九二四）が、大隈失脚後に大蔵卿に就任し、財政金融のあり方にある種の決着を付ける役割を担った。

六　銀本位制と日本銀行

松方は大隈罷免前の「財政議」に次のように記している。

【18-4】紙幣今日ニ至リ終《つい》ニ下落ノ勢ニ傾キ、人皆困窮ヲ訴フルニ及ビタル以上ハ、政府ハ……之レガ償還ヲ謀ラザレバ、其国民ニ対スルノ義務ヲ失フハ勿論、国家前途ノ事復《ま》タ為ス可カラズ。而シテ紙幣ノ下落ハ其原由《げんゆう》スル所、独リ増発ノ故ノミニ非ズ、政府ノ准備空乏《じゅんびくうぼう》ヲ告グルコト年一年ヨリ多キニ因ル。……又遡《さかのぼ》テ正貨空乏ノ原由ヲ索《もと》ムルトキハ……専パラ貿易ノ出入相償ハズシテ濫出ノ多キニ帰セザルヲ得ズ。貿易ノ出入相償ハザルハ、物産ノ繁殖セザルニ原由ス。物産ノ繁殖セザルハ貨幣運用ノ機軸定マラズシテ貲本凝滞《しほんがいたい》〈資本投資の停滞〉ノ故タルヤ明ラカナリ。然ラバ則チ紙幣ノ下落ハ正貨ノ足ラザルニ原シ、正貨ノ足ラザルハ物産ノ繁殖セザルニ因ル。物産繁殖セザルハ貨幣運用ノ機軸定マラザルニ帰スルモノタリ。（中村・石井・春日〔一九八八〕一一五―一一六頁）

松方はもともと大蔵省の能吏であり、維新以来の貨幣政策を熟知し、紙幣発行自体は致し方ないものと認識している。しかし、松方は、現に「紙幣ノ下落」つまり正貨に対する紙幣の減価が起こっており、その原因は正貨準備の不足であり、この事態を打開するためには、「貨幣運用ノ機軸」すなわち兌換制度の確立が不可欠だと主張しているのである。ただし、松方も、正貨不足の原因は貿易赤字による正貨流出だと見なし、国内産業の振興による輸入超過の解消は必須と考えており、この点においては、大隈との間に認識の大きな差があるわけではない。

むしろ、松方にとって許容できなかったのは、大隈が、一八八〇年に、イギリスから借金によって「【18-5】五千万円ノ正貨ヲ得」、これによって不換紙幣を「正貨ニ交換消却」して、国内での「正金通用」（「通貨制度改正についての建議」、中村・石井・春日〔一九八八〕八五―八六頁）を実現すべしと提案したことであったように思われる。すなわち、外国からの多額の借金は、松方にとって、「【18-6】危嶮ノ策」（「財政管窺概略」、中村・石井・春日〔一九八八〕九七頁）であったのであり、これは、経済観というよりも、むしろ対外観の差異であったかもしれず、そうであれば、妥協の余地はなかったかもしれない。

しかし、外債に頼らないとすれば、言わば自力で「【18−7】貨幣運用ノ機軸ヲ定メ、正貨ヲ蓄積シテ紙幣償還ノ元《げん》貲《し》〈原資〉ヲ充実セシメ、物産ヲ振興シテ輸入ヲ制スル」（「財政議」、中村・石井・春日〔一九八八〕一〇九頁）しかなく、松方が実行した財政金融政策は、財政を緊縮させ、不換紙幣を縮減し、物価を引き下げ、輸出入を均衡させるとともに、「【18−8】外国為替金ヲ以テ年々準備ノ増殖ヲ謀ル」（「財政管窺概略」、中村・石井・春日〔一九八八〕九七頁）、つまり正貨準備を増やすことであった。そして、その正貨準備が必要とされる水準に達した時、本位制度を再確立することになるのである。

こうした松方の経済政策は、松方デフレと呼ばれる景気後退を招いたが、彼のとった正貨主義・健全財政主義が、明治初年以来の曲折に一応の終止符を打ったことは事実であろう。国立銀行は廃止され、発券は単一の中央銀行に限定されることになった。これが現在にまで続く日本銀行であり、その設立は一八八二年、最初の日本銀行兌換銀券が発行されたのは一八八五年であった。ただし、「銀券」という名称から分かるように、この時の本位金属は銀であり、金本位制の採用には至らなかった。一八七一年の新貨条例が目指した目標の半ばが、実現されたと言えようか。なお、日本の金本位制採用は一八九七年、一円＝金〇・七五グラム、つまり新貨条例の規定の二分の一であった。

【18−1】【18−2】【18−4】【18−5】【18−6】【18−7】【18−8】中村政則・石井寛治・春日豊校注〔一九八八〕『日本近代思想大系8　経済構想』（岩波書店）

【18−3】早稲田大学社会科学研究所編〔一九六〇〕『大隈文書』第三巻（早稲田大学社会科学研究所）

第19章　産業・貿易構想

第1章で述べた通り、近代の経済学は西洋生まれの西洋育ちである。このため一九世紀中葉に西洋経済学に接した日本人は、日本生まれ・日本育ちの経済思想によってそれを受け止めた。本章では、西洋経済学をもとに唱えられた田《た》口《ぐち》卯《う》吉《きち》（一八五五―一九〇五）の自由貿易論と犬《いぬ》養《かい》毅《つよし》（一八五五―一九三二）の保護貿易論を、近代日本の経済学史ではなく経済思想史、すなわち在来思想との連続性・非連続性という視点から見ていく。

日本では工業化に必要な機械設備や原燃料の輸入に向け、江戸時代から生産力のある在来産業などが外貨獲得産業として機能することが必須であった（杉山〔二〇一二〕一五三頁）。貿易依存度が上昇する傾向の中で、産業・貿易のあり方を巡り論争したのが、田口と犬養である。

一　田口卯吉

1　人の「天性」と社会の「進歩」

田口は幕臣の子として江戸に生まれ、昌平坂学問所《しょうへいざかがくもんしょ》で学んだ。曽祖父は、渡辺崋山《わたなべかざん》（一七九三―一八四一）・横井小楠《よこいしょうなん》（一八〇九―一八六九）など幕末の経世家を育てた儒学者佐藤一斎《さとういっさい》（一七七二―一八五九）である。維新期に一家で逃れた横浜で宣教師に英語を学び、一八七二（明治五）年から大蔵省で経済学・開化史の研究を行う。その間、『日本開化小史』（一八七七―八二）、『自由交易日本経済論』（一八七八）を出版。退官した一八七九年には、英国の経済雑誌『エコノミスト』を手本に、『東京経済雑誌』を創刊する。また、『群書類従《ぐんしょるいじゅう》』（一八九三―九四）や『国史大系』（一八九七―一九〇一）も刊行し、日本史研究の水準向上にも取り組んだ。さらに、東京株式取引所（現・東京証券取引所）肝煎《きもいり》・両毛鉄道社長、衆議院議員なども務めている。

田口の自由貿易論の基礎には、彼の人間観・社会観がある。彼は人の天性を次のように捉えた。

【19―1】人ハ天性、私利を計るものなりとの謂《いい》なり、之《これ》を再言すれば生を保ち死を避くるは人の天性なりと言ふに過ぎず。（「唯有レ我」、大久保〔一九七七〕三五一頁）

【19―2】経済世界の諸現象は人性の発成する所にして、之を管守《かんしゅ》〈保管・守護〉するものは自然の法に非《あら》ず。……経済の法は人為現象を管理するものにして、社会を結成する人の天性より発する法なり。（『自由交易日本経済論』

〔以下『自由』〕、鼎軒田口卯吉全集刊行会〔一九九〇b〕以下鼎軒、五五頁）

人には、［1］私利心、［2］社会形成という二つの天性がある。前者には第16章で触れた西洋的な人間観が、後者には東アジア的な人間観が窺える。この天性は互いに無関係ではない。人は私利心から、より良質の「【19-3】貨財」を「畜殖」しようとする（『日本開化小史』〔以下『日本』〕、鼎軒〔一九九〇a〕八三頁）。こうした人心（私利心の総体）の「【19-4】進歩」は、「貨財」「智力」の「進歩」「発達」を促す（『日本』、鼎軒〔一九九〇a〕八三頁／河野〔二〇〇八〕一八三頁）。そして私利心に端を発するこのような「諸現象」は、社会形成という天性、すなわち人間関係が築かれているからこそ生じうる。これが「【19-5】国が本当に富み栄へる」という意味での「社会」の「進歩」であった（「経済学の性質に関して瀧本君に答ふ」、鼎軒〔一九九〇b〕四一四頁）。

ここには進歩や発展といった観念が読み取れる。これは田口が第16章で触れたアダム・スミス（A. Smith、一七二三―一七九〇）などの西洋経済学を学んだためかもしれない（熊谷〔二〇〇六〕五〇頁）。しかし彼は人間関係を自明の前提とし、経済活動の帰結に社会の進歩を据えている。

2　政府の「干渉保護」と社会の秩序

この社会の進歩には、【19-6】の通り、天性への依拠だけではなく、政府の「干渉保護」の排除も必要だとしている。

【19-6】徳川氏の燦爛《さんらん》たる開化を発せり、社会進歩の理亦明《またあきら》かならずや。蓋《けだ》し此等《これら》の進歩は嘗《かつ》て政府の保護に因《よ》ら

ず、又嘗《またかつ》て外国開化の助を藉《か》らず、全く日本社会の内に於て自ら進みしものなり……以《もっ》て干渉保護の迷を解かん歟。
（『日本』、鼎軒〔一九九〇ａ〕一〇三頁）。

その理由は次の通りである。人は天性に基づき、最も有利な職業に分業化する。この分業は「【19―7】交易の起源」となり、財貨が適度に分配される「人性自然の配分《ワリアテ》」が実現される（『自由』、鼎軒〔一九九〇ｂ〕五、七―八頁）。その時、人は結果的に分業を通して社会の進歩・秩序形成に向けた社会的責務を負っていると理解できよう。これと同様に、天性への依拠・政府の不干渉が守られれば、政府と人民、都会と村落、資本家と労働者といった社会の構成要素の間に自ずとバランスが生じるはずだとする。つまり、「干渉保護」の排除により、「進歩」だけでなく社会秩序も作られるのである。

さらに、「【19―8】仏国及び伊、西〈スペイン〉の一部は、経済世界の葡萄国なり。紅茶に就《つい》て論ぜば、支那及び日本の部分は経済世界の紅茶国なり。……吾人の最も制馭《せいぎょ》を受くるものは政府に非《あら》ずして経済世界の衆需に在《あ》る事を尋《じん》思《し》せよ」（『自由』、鼎軒〔一九九〇ｂ〕一一頁）と述べているように、同じことが世界経済にも当てはまる。政治による「制馭」がなければ、各国は競争の末、最も有利な「【19―9】天賦の利益」を活かす部門に特化し、分業化して生産を行う（『自由』、鼎軒〔一九九〇ｂ〕二二頁）。そして「衆需」に応じて各国が自由に交易を行えば、「【19―10】平均に各地に分配」される（『自由』、鼎軒〔一九九〇ｂ〕一四頁）。こうして世界全体に富と秩序がもたらされるのである（武藤〔二〇〇九〕四六頁）。

田口は、先進国であるイギリスの繁栄の要因を、こうした自由貿易と中継貿易に見出した。そこで、「日本を世界中の貿易商品の集散する巨大な中継貿易国家に発展させ」（小峯〔二〇〇六〕二一八頁）る構想を抱く。

3 「経済世界」における「大理」と「無為」の「治道」

その一方で田口は、「【19-11】経済世界自ら大理あり、豈《あ》に人作の干渉を以《もっ》て富強を致すを得んや」（『続経済策』、鼎軒〔一九九〇b〕一四三頁）とも綴っている。この「大理」は自由主義・自由貿易を指す。彼は昌平坂学問所で学んでおり、号の鼎軒《ていけん》も『易経』に由来していることから、近世思想に精通していた可能性は高い。したがって、「経済世界」に貫かれるべき原則を「大理」と表現したのもうなずける。

しかし、「人作の干渉」の排除とは、政府が何もしないことを意味するのだろうか。田口は、老子《ろうし》（生没年未詳）や荘子《そうし》（紀元前三六九―二八六頃）のいわゆる無為は至言であるとして、次のように述べている。

【19-12】古者《いにしえ》聖人無為《むい》を以て治道の大本となす。其語疎なるが如しと雖《いえど》も、其意実に能《よ》く経済の真理を得たり。

（『経済策』、鼎軒〔一九九〇b〕八三頁）

第6章の太宰春台《だざいしゅんだい》（一六六六―一七四七）は、老子の無為について、「現状を、その是非善悪にかかわらず、あるがままに追認し、それに順応していくこと」と解釈していた。しかし、田口はこれと多少異なる意味で用いたように思われる。彼は「人作の干渉」は否定しながらも、「【19-13】経済政策の根本目的は社会経済組織の調和を破らざるにあり」という面で政治の機能に期待し、人々が無理なくしたがえる「【19-14】制度」の構築を求めた（『財政と経済』、鼎軒〔一九九〇d〕七四頁／『時勢論』、鼎軒〔一九九〇c〕一五頁）。なぜなら、人心は「【19-15】風俗政制」（『日本』、鼎軒〔一九九〇a〕一五頁）にも左右されるため、自由主義という「経済の大理」の動揺を招きかねないからである

（河野〔二〇〇八〕一八二頁）。したがって、そのための「制度」の構築は、「人作の干渉」とは区別されるものだったのである。

二　犬養　毅

1　人の「稟性」と一国の「幸福」

この田口に反論した一人が犬養毅である。彼は備中国賀陽郡《びっちゅうのくにかやぐん》（現・岡山県岡山市）で大庄屋・郡奉行《こおりぶぎょう》を務める家の次男として生まれ、儒学を学ぶ。一八七五年に上京し、英語学校の共慣義塾《きょうかんぎじゅく》に入学。勉学の傍ら『郵便報知新聞』（現・報知新聞）の記者として働いた。翌年には慶応義塾に入学したが、八〇年に退学して新聞社も退職し、経済雑誌『東海経済新報』を創刊。一八八二年には大隈重信《おおくましげのぶ》（一八三八―一九二二）が結成した立憲改進党に入党する。一八九八年以降、大臣を歴任し、一九三一（昭和六）年には首相に就いた。

犬養は政治家としてよく知られ、「五・一五事件」での暗殺も思い浮かぶかもしれない。しかし一八九〇年に衆議院議員になるまではジャーナリストとして活動していた。その間、『圭氏経済学《けいし》』（一八八四）を出版。これは保護主義を唱えた米国の経済学者ケアリー（H. C. Carey、一七九三―一八七九）の著作『社会科学原理』（*The Principles of Social Science*, 1858–1859）の要約書を翻訳したものである（三島〔二〇〇八〕一一頁）。この保護主義の日本への導入は、古典派経済学に続いて行われた。

保護主義は、ケアリーやリスト（F. List、一七八九―一八四六）といったドイツ旧歴史学派などが一九世紀中頃に提唱した。自由主義は工業先進国には適合的だったが、後発国にとっては国内への先進国製品の流入と国内産業発展の阻害を意味する。そこで、各国は実情に即した輸入関税の設定・産業育成政策が必要だと唱えた。この議論の基盤には、「個人の利益と国民全体の福祉とは必ずしも一致せず……国民全体の福祉のために national power の干渉によって個人の努力・行動が制限されることは当然」という考えがあった（諸田〔二〇〇三〕二七〇—二七二頁）。

犬養はこの考えを受けてであろう、『東海経済新報』第一号の冒頭に、「【19-16】一国ノ経済《ナショナルエコノミー》ハ世界一般ノ経済《コスモポライトエコノミー》ト同シカラス、又一人一家ノ経済《またプライベートエコノミー》ト同シカラス」（「緒言」、犬養〔一九八三〕一頁）と記し、「一人一家」「国」「世界」は一体視できないとした。しかしこれ以降の社説では、人と社会の関係について別のニュアンスで語っている。

【19-17】各人相依《あいよつ》テ国ヲ成シ、而シテ之《これ》ヲ完全シ之ヲ改進スルハ、人類ノ稟性《ひんせい》〈生まれつきの性質〉ニシテ、禽獣《きんじゆう》ト分別スル所以《ゆえん》ナリ。……一国必需ノ事業ヲ各人ノ間ニ分附シ、以テ一国ノ幸福ヲ増進スルコト、猶《な》ホ機関ノ各部皆ナ司ル所アリテ……人間ノコレ有ル所以ハ即チ国ヲ結搆《けつこう》シ、之ヲ改良シ之ヲ完全スルノ義務アル所以ナラズヤ。
（「保護税論第一篇ノ一」、犬養〔一九八三〕二三四頁）

ここには近世経世論とは明らかに異なる、進歩・発展といった観念が読み取れる。しかし、国を形成し完璧なものに改良していくことは、人が生まれ持った性質であり、義務でもあると明記されている。また、一国に必要とされる事業を各人が担うことで、一国の「幸福」が増進するとの考えも示されており、各人が職業を通じて社会的責任を果たすことが当然視されている。

さらに、「【19-18】各人ノ利益ハ社会ノ結合運動ニ依テ生スルモノ、尤《もつと》モ偏《あまね》クシテ且《か》ツ大ナルカ故ニ、社会ヲ保護スル所以ハ、即チ各人真正ノ利益ヲ保護スル所以ナレハナリ」（「緒言」、犬養〔一九八三〕四頁）という言葉からは、社会の存在を自明とし、人と社会を一体視する思考が読み取れる。これらは【19-16】とは異なる人間観・社会観といえ、犬養の中では整理がついていないのかもしれない。

2 「文明劣等国」における「保護」政策

しかし明白なのは、次に見ていくように、犬養は国の維持を最重要目的としていることである。彼は、現状では幕末に結んだ通商条約、いわゆる安政の五ヶ国条約による制約があるとの留保をしている。しかしその上で、【19-19】の通り、製造・貿易・資本・技術が未発達な「文明劣等国」日本では二つの保護政策が必要だと主張する。一つは、「文明優等国」の製品流入を防ぐため、「保護税」（関税）を設けることである。もう一つは、国内の生産支援である。彼は時に、自由主義論者が理論的基盤とするJ・S・ミル（J. S. Mill、一八〇六―一八七三）が「発展途上国のいわゆる幼稚産業保護は適切」（馬場〔一九九七〕四〇二頁）と唱えた点も引き合いに出した。

【19-19】保護ハ防禦《ぼうぎょ》ナリ。国家ノ公益ヲ保護シ、外国ノ専売ヲ防禦スルナリ。文明劣等国《インヘリヲル》ノ作業ヲ保護シ、文明優等国《シウベリヲル》ノ産物濫入《らんにゅう》ヲ防禦スルナリ。是故《これゆえ》ニ保護税ナル者ハ、製造未タ起ラス、通商未タ振ハサル国ニ於《おい》テハ実ニ必須ノ政ナリ。……今ヤ我国製造未タ起ラサルナリ。通商未タ開ケサルナリ。資本彼《か》ニ如《し》カサルナリ。熟練彼ニ如カサルナリ。原物ヲ売リ製品ヲ買ヒ農産ヲ出シ商品ヲ入ル、ナリ。農耕一途我ニ在テ、工ト商ト皆彼ニ仰クナリ。……外国貿易ノ我作業ヲ窘縮《きんしゅく》〈苦しめる〉圧倒スルカ為《ため》ニ、我人民職業ヲ選択スル余地ヲ失ヘルニ由《よ》ルナリ。……誠ニコレヲ自由貿易ニ任シ之ヲ保護防禦セサルノ弊政ニ由レリ。（「緒言」、犬養〔一九八三〕一一―一二頁）

この保護政策は二つの点で推奨されている。一つは、一次産品輸出・製品輸入という後進国型の貿易・産業構造にある現状を打開するためである。ただし、「【19-20】我保護主義ハ、固《もと》ヨリ将来振起スヘキ期望《きぼう》ナキ産業ヲ保護スルモノニ非ルナリ。天然ノ有無ヲ交易スルヲ禁スル者ニ非《あら》ザルナリ」として、一次産品でも、「天恵」を有し将来的に他国に劣らない産業に成長しうる場合は保護すべきとしている（「保護税論第二編駁経済雑誌」、犬養〔一九八三〕三三九―三四〇頁）。したがって、現状打開だけでなく、もう一つ、将来的な産業構想のためにも推奨したことが分かる。ただし、「農耕一途我ニ在テ、工ト商ト皆彼ニ仰ク」、つまり農業への特化には警鐘を鳴らす。形量巨大な農産物の輸出には莫大な運賃を要すること、飢餓に陥りやすく職業の安全を確保できないことなどの不利益を生むからである。

3　政治の役割と価値

こうした経済への政府の「【19-21】干渉ハ世俗ノ所謂《いわゆる》干渉ニ非ス。政府真正ノ職務ニ外《ほか》ナラ」（「保護税論第一篇ノ一」、犬養〔一九八三〕二二五頁）ないと犬養は考えた。貿易は産業・財政と密接に関係しているため、それに政府が関与することは「【19-22】我国ノ独立ヲ永遠ニ維持スル」（「保護税論第一篇ノ一」、犬養〔一九八三〕二二五頁）ために必要だったからである。

また、【19-19】【19-23】の通り、「人民職業ヲ選択スル余地」も残す形で「職業安全」を確保するためにも重要とされた。なぜなら職業の遂行は、【19-17】にあるように人の「稟性」の一つであり、その意味で保護政策は人の存在価値にも関わる問題だったからである。

【19-23】政府ノ人民ニ対スル義務モ亦甚タ重シ。而シテ最モ重キ者何ゾ。外国ニ対シテ我人民ヲ保護スルノ義務、

是レナリ。而シテ最モ先キニ保護スヘキモノハ何ゾ。外国侵掠《しんりやく》ヲ防禦シ、以テ国内ノ産業ヲ保護シ、人民ノ由テ生活スル所ノ職業安全ヲ謀ルコト、是ナリ。（「保護税論第一編ノ二」、犬養〔一九八三〕二六二―二六三頁）

政治が人と社会に対して一定の責任を持つという発想は、犬養が保護主義に傾倒していたためかもしれない。しかし、近世後期には政治の経済への介入は自明となっており、そこに政治の存在価値があった。それゆえ犬養も、西洋の保護主義論に違和感がなかったのではないだろうか。

田口・犬養とも、日本を発展させ独立を守ることを自明の目的としていた。その手段として有用視した経済学は両者で大きく異なる。しかし、政府の役割をある種の「制度」を設けることに求めた点では一致していたのではないだろうか。また二人とも、国のあり方を考えることを、人と社会の関係性を考えること・人の存在価値を考えることと同義で捉えていたように思われる。彼らには、人と社会を一体視する思考が共通して見られるのである。そしてそこには、職業の遂行は社会的責務であるとする職分論的規範意識が通底していたように思われる。両者の議論からは、目的としての国の独立、手段としての西洋思想、そして在来思想の底流化という構図が見て取れるのである。

【19-1】大久保利謙編〔一九七七〕『明治文学全集14　田口鼎軒集』（筑摩書房）

【19-2】【19-5】【19-7】【19-8】【19-9】【19-10】【19-11】【19-12】鼎軒田口卯吉全集刊行会編輯〔一九九〇b〕『鼎軒田口卯吉全集』第三巻（吉川弘文館）

【19-3】【19-4】【19-6】【19-15】鼎軒田口卯吉全集刊行会編輯〔一九九〇a〕『鼎軒田口卯吉全集』第二巻（吉川弘文館）

【19-13】鼎軒田口卯吉全集刊行会編輯〔一九九〇d〕『鼎軒田口卯吉全集』第六巻（吉川弘文館）

【19-14】鼎軒田口卯吉全集刊行会編輯〔一九九〇c〕『鼎軒田口卯吉全集』第五巻（吉川弘文館）
【19-16】【19-17】【19-18】【19-19】【19-20】【19-21】【19-22】【19-23】犬養毅編輯〔一九八三〕『東海経済新報1』（日本経済評論社）

第20章　高等教育と企業家群

一　近代日本における企業の生成

明治維新政府の経済上の役割は、殖産興業政策を展開し、経済全体を近代経済成長に適合的なものへ変質させることにあった（太田・川口・藤井〔二〇〇六〕一七九頁）。かたや思想家は、実態経済の把握に努め、国家の方向性を構想して提言を行った。中には人材教育を図った者もいる。たとえば第17章の福沢諭吉《ふくざわゆきち》（一八三五—一九〇一）の他にも、中村正直《なかむらまさなお》（一八三二—一八九一、同人社）、尺振八《せきしんぱち》（一八三九—一八九六、共立学舎）などが挙げられる。さらに近代日本経済を考える際に重要なのは、一八八〇年代後半から始める「企業勃興期」において、大都市に大企業が設立されただけでなく、地方の広範囲に中小規模の企業が数多く作られ、多数の企業家が誕生したことである。

近代日本の経済発展は、江戸時代から地方に広く展開していた生糸製糸業・製茶業などの在来産業が、西洋由来の移植産業と同時並行的に成長を遂げたことに負うところが大きい。事実、二〇世紀に入るまで、製造業において生産額・就業者数の点で圧倒的に多かったのは在来産業で、その発展を支えたのは主に地方の中小企業だった（中村〔一九八五〕一七七―一八五頁）。一方、特に巨額の資金を要する移植産業部門では、株式会社制度が有用とされた。また、特定の一族が経営権を握る同族企業も誕生し、江戸時代からの旧家である三井・住友や、幕末以降に台頭した三菱・安田などは、一九世紀末頃から財閥を形成する。この財閥も大都市だけでなく全国に存在した。

そして、都市・地方ともに、地主や商人などの資産家がグループを結成し、共同出資して多数の企業を設立する事例も多く見られた。あるいは、資産家グループ同士が資金を出し合って複数の企業を立ち上げた例も多数ある。こうした、財閥とは異なる「企業家ネットワーク」は、地方の企業勃興に効果を発揮するとともに、日本全国を網の目のように覆い、日本の経済成長に大きく寄与した（鈴木・小早川・和田〔二〇〇九〕）。

二　高等教育と経営者

企業設立の草創期には、企業の規模を問わず、創業者や大株主が経営者を兼ねる場合が多かった。たとえば、三菱財閥の初代総帥岩崎《いわさき》弥太郎《やたろう》（一八三五―一八八五）や関西財界の重鎮藤田《ふじた》伝三郎《でんざぶろう》（一八四一―一九一二）などが挙げられる。その一方で、大株主の多くは複数の企業の重役を兼任し、役員手当や配当に関心を抱き、経営の知識は持たないケースも多々あった。

しかし二〇世紀初頭には、大企業で専門経営者、つまり雇用されて経営を行う人物が登用され始める。三菱・三井を例にとれば、**表20-1**の通りである。

表 20–1　三菱・三井における主な専門経営者

	氏名	生没年	主要学歴	主な役職など
三菱	荘田《しょうだ》平五郎《へいごろう》	一八四七―一九二二	慶応義塾	三菱合資会社支配人
三菱	吉川《よしかわ》泰二郎《たいじろう》	一八五二―一八九五	慶応義塾	日本郵船社長
三菱	豊川《とよかわ》良平《りょうへい》	一八五二―一九二〇	慶応義塾	三菱銀行部長
三菱	朝吹《あさぶき》英二《えいじ》	一八四九―一九一八	慶応義塾	王子製紙会長
三菱	山本《やまもと》達雄《たつお》	一八五六―一九四七	慶応義塾	日本銀行総裁
三菱	近藤《こんどう》廉平《れんぺい》	一八四八―一九二一	慶応義塾・大学南校	日本郵船社長
三菱	末延《すえのぶ》道成《みちなり》	一八五五―一九三二	東京帝国大学	東京海上火災保険会長
三菱	加藤《かとう》高明《たかあき》	一八六〇―一九二六	東京大学	三菱本社副支配人・総理大臣
三菱	磯野《いその》計《はかる》	一八五八―一八九七	東京大学	明治屋創業
三井	益田《ますだ》孝《たかし》	一八四八―一九三八	ヘボン塾	三井物産総轄
三井	小室《こむろ》三吉《さんきち》	一八六三―一九二〇	商法講習所	三井物産取締役
三井	福井《ふくい》菊三郎《きくさぶろう》	一八六六―一九四六	商法講習所	三井合名会社理事
三井	団《だん》琢磨《たくま》	一八五八―一九三二	マサチューセッツ工科大学	三井合名会社理事長
三井	早川《はやかわ》千吉郎《せんきちろう》	一八六三―一九二二	東京帝国大学	三井銀行常務取締役
三井	中上川《なかみがわ》彦次郎《ひこじろう》	一八五四―一九〇一	慶応義塾	三井大元方参事
三井	藤山《ふじやま》雷太《らいた》	一八六三―一九三八	慶応義塾	王子製紙専務・大日本製糖社長
三井	武藤《むとう》山治《さんじ》	一八六七―一九三四	慶応義塾	鐘淵紡績社長
三井	和田《わだ》豊治《とよじ》	一八六一―一九二四	慶応義塾	富士瓦斯紡績社長
三井	池田《いけだ》成彬《しげあき》	一八六七―一九五〇	慶応義塾	日本銀行総裁・大蔵大臣
三井	日比《ひび》翁助《おうすけ》	一八六〇―一九三一	慶応義塾	三越呉服店会長
三井	藤原《ふじわら》銀次郎《ぎんじろう》	一八六九―一九六〇	慶応義塾	王子製紙社長
三井	小林《こばやし》一三《いちぞう》	一八七三―一九五七	慶応義塾	阪急グループ創業

（宮本・阿部・宇田川・沢井・橘川〔1998〕109―110 頁）

ここから、専門経営者は学卒者である傾向が強いことが分かる。しかし企業の多く、特に地方の中小規模企業では、創業者や大株主が経営者を兼ねていた。ただし、地方企業の経営者に据えられるのは、必ずしも筆頭株主やその地域最大の地主ではなく、学卒者である事例も見受けられる（石井〔二〇〇四〕三二二頁）。つまり、大企業、地方の中小規模企業、どちらに関しても、高等教育機関を出た者の重要性が指摘できるのである。

三　高等教育機関の卒業生の進路

高等教育機関のうち、校数・在籍者数で多数を占めていたのは私立学校である。その在籍者は、二〇世紀に入っても約八〜九割が東京の学校に集中していた（天野〔一九八九〕一九一・二五三頁）。教育の特徴はおよそ三つに大別できる（天野〔一九八九〕、九四―一〇四頁）。慶応義塾や東京専門学校（現・早稲田大学）のように複数の学科を置いて総合的な教育を実施したもの、明治法律学校（現・明治大学）や和仏法律学校（現・法政大学）のように中・下級官僚を輩出したもの、ヘボン塾（現・明治学院大学）・立教学校（現・立教大学）のような宗教系である。宗教系を除けば、概して私立学校は官立学校に比べて入学要件が緩く、人材の大量育成に向けた速成教育を行った。

明治初期における私立学校への入学希望者は、士族の子弟であった。しかし一八七〇年代以降、「立身出世」の風潮で遊学熱が全国で高まると、地方の富裕な商工業者や地主の子弟が多数を占めるようになる。なお、一八九〇年代初頭の年間授業料は、慶応義塾が三〇円、早稲田大学が一九円、明治法律学校一〇円（天野〔一九九二〕八二頁）。各省の幹部の年俸は一八九一（明治二四）年において二五〇〇〜四〇〇〇円で、製造業男子の給与の約五〇倍であった。したがって、庶民にとって学費は決して安くはなかった（神田〔二〇一〇〕七一頁、水谷〔一九九九〕七三頁）。

表 20-2　主な私立学校・官立学校卒業者の職業分布（1902 年前後）（%）

	慶応義塾	東京専門	明治法律	和仏法律	東京帝国	東京高商
教育	7.9	7.7	—	0.6	24.2	12.1
政府	3.4	16.5	38.1	21.2	46.7	8.6
産業	35.3	11.5	9.2	6.5	16.9	73.0
専門	4.4	12.8	18.6	11.3	8.7	0.6
自営	26.0	—	4.3	—	2.8	5.7
政治	1.1	5.7	2.8	0.5	0.3	—
その他	—	3.6	—	—	0.4	—
不明	21.9	42.2	27.0	59.9	—	—
合計	100.0	100.0	100.0	100.0	100.0	100.0
実数（人）	1,630	2,581	2,673	665	3,485	521

（天野〔1989〕378—379 頁、「東京高商」は東京高等商業学校〔現・一橋大学〕）

年代が一律でなく「不明」の数も多いため整合性に欠けるが、一九〇二年前後における高等教育機関の卒業生の進路は、表20-2の通りである。

私立学校の中では、慶応義塾が際立って「産業」つまり企業へ卒業生を輩出している。ただし当時、官僚には帝国大学や私立法律学校出の者などが就く傾向にあり、慶応出身者の就職は難しかった。そのため慶応卒業生の多くが実業界へ進出したと考えられる。

しかし、一九二〇年代に重化学工業関連の企業設立が進むまでは、高等教育機関の就学率自体が一％未満で、その卒業生を雇える企業自体の数も少なく、たとえ高等教育機関を出たとしても企業に就職できる者は一握りであった（中央教育審議会大学分科会将来構想部会〔二〇〇二〕）。

したがって、「産業」には起業が入っている可能性もあり、また大多数の者は家業・起業を含む「自営」に従事したというのが実態であろう。むしろ表20-1のような人物たちは稀であったと言っていい。そしてこれは慶応だけに言えることではない。たとえば表20-2東京専門学校の「不明」四二・二パーセントは、別の史料によれば「多くは帰省して家業を継ぐもの」とされているのである（早稲田大学大学史編集所〔一九七八〕一〇二九頁)。

四　高等教育と地方企業家群

ただし、「産業」や「自営」に含まれているであろう起業の多くは、恐らく地方での起業と考えられる。なぜなら、私立学校への入学者の大半は、地方の富裕層の子弟だったからである。彼らには、家業を通した地位継承の世界が郷里に広がっていた。また彼らの親も、家業の継承を子供たちに望んだ。そのため遊学目的は、新しい教養としての洋学を身に付けることにあった（広田〔二〇〇四〕一四七・一五一頁)。ただし、地方の子弟が知識の研鑽を家業の継承とともに重要なものと考えていたことは、次の【20-1】から窺える。

【20-1】余《よ》、幸ニシテ中等ノ家ニ生レ、多少ノ財産ヲ保チ、又《また》、多少ノ智識ヲ得タリト雖《いえど》トモ、猶以《なおもつ》テ一トシテ満足安心スル能《あたわ》サルナリ。然《しか》ラハ如何《いかに》シテ可ナルヤ。曰《いわ》ク、第一身ヲ修メ、第二父祖ノ授与シタル家産ヲ増殖拡充セシメ、第三智識ヲ広大シ、論議ヲ深遠ニナシ、著作ヲ完瞭《かんりょう》ニナシ、弁別ヲ巧達シ、以テ之ヲ事業実行スルニ在リ。
（『経世書』、加藤〔一八八二頃〕）

これは加藤六蔵《かとうろくぞう》（一八五八―一九〇九）の日記である。彼は三河国《みかわのくに》宝飯《ほい》郡《ぐん》前芝村《まえしばむら》（現・愛知県豊橋市）で醤油醸造業・蚕種《さんしゅ》製造業なども手がける大地主の長男に生まれた。一八七五年から七九年に慶応義塾で学んで帰郷し、公立宝飯中学校、宝飯銀行・尾三《びさん》農工銀行、豊橋商業会議所（現・豊橋商工会議所）・米麦取引所の創設、東三河鉄道・三信鉄道の設立企画に携わる。また、地方議員・衆議院議員なども務めた（石井〔二〇〇四〕）。

一九世紀末に刊行された事業家の評伝『実業人傑伝』には、加藤を含め計四〇八名の記載がある（広田〔一八九五―一八九八〕）。明治維新期に生まれた八一名のうち、上京遊学後に帰郷した者は二一名いる。この二一名は、家業である地主経営・醸造業などの在来産業だけでなく、移植産業部門の銀行業・鉄道業といった言わば経済的インフラ事業の起業・経営に着手している。「企業勃興期」に全国各地で企業が創設された背景には、こうした上京遊学経験者による地方企業家としての活動があったことは確かであろう。その多くは「企業家ネットワーク」を形成し、多数の企業設立を牽引した。だからこそ、彼らは筆頭株主などでなくとも経営者に据えられたのであろう。

また、彼らは地域の学校建設費などを寄付し、地方議員なども務めている。早稲田大学が政界への輩出が多いというイメージは、地方政界での活躍が目立ったためかもしれない。彼らが経済・社会・政治活動の基盤を郷里に置いていたのは、社会的・政治的地位や中長期的な経済的利得を獲得するために、地域社会を重視していたからである（谷本〔二〇〇三〕二五九―二六〇頁）。それは、近世において村内の「分」に基づく行動規範の内面化が進み、資力に比例して「村」への経済的負担に応じるという協調的な行動がとられるようになっていたことの、近代的変容と言えるかもしれない（坂根〔二〇一一〕一三五―一三六頁）。

五　企業家の経済思想

しかし、工業化の初期局面には、外来の新しい知識・技術の導入の必要性や、成功の不確実性を伴うリスクがあった。したがって、従来通りに家業を行い、近世から続く市場経済化に適応するだけでも経営は維持されると判断した人物が地方にいても不思議ではない。だが実際には工業化への対応が行われた。非合理的となりかねないこうした活動がなされた要因は何であろうか。

その一つは、自己の活動を社会の発展に寄与するものと捉え、付加価値を見出したことにあるかもしれない。たとえば、群馬県伊香保《いかほ》で代々温泉宿を営む木暮武太夫《こぐれぶだゆう》（一八六〇―一九二六）は、鑑賞庭園の造営などを行い、伊香保を近世までの単なる湯治場ではなく、西洋にならった複合的温泉保養地に整備した。それが地域の経済的・文化的発展につながると考えたからである（石井〔二〇〇七〕）。

また新潟県中頸郡高士村《なかくびきぐんたかしむら》（現・上越市《じょうえつし》）の大地主川上善兵衛《かわかみぜんべえ》（一八六八―一九四四）は、豊凶に左右される水稲単作地であった一帯の農民救済のため、在来産業の近代的発展ともいえる葡萄酒醸造に着目し、岩の原葡萄園を設立する（木島〔一九九一〕）。そして【20―2】にも、こうした思考と行動が窺える。

【20―2】 我国蚕糸《さんし》ハ天然ノ美質ニ富ムコト各国比類ナク、以太利《いたりあ》、仏蘭西《ふらんす》ノ質ヨリ遥ニ勝《まさ》レトモ、欧米ノ市場ニ於《おい》テ声価ヲ得ル其ノ反対ナルハ何ソヤ。之レ製糸ノ業一般ニ進マス、学理ノ応用ナク粗製濫造《そせいらんぞう》ニシテ均一ナラサルニ因《よ》レリ。此《かく》ノ如キハ小ニシテ各自ノ不利、大ニシテハ一国ノ損害ナリ。……本郡〈小県郡《ちいさがたぐん》〉ノ如キ夙《つと》ニ養蚕ノ業ニ進ミ……独《ひと》リ製糸ノ業ニ至リテハ……改良スルノ気象ナク、粗製濫造不斉《ふせい》ノ品ノミナレハ、全国中産出ノ多額ナル当郡ハ、ペケノ一声横浜市場ニ充満シ、産額ノ大ハ不評判ノ大ナル所トナレリ。……依《よっ》テ余等《よら》茲《ここ》ニ蒸気製糸器械ヲ建テ製糸ノ改良ヲ計ラントス。（「製糸器械設立ノ趣意」、下村〔一八八九〕三三―三四頁）

これを記した下村亀三郎《しもむらかめさぶろう》（一八六七―一九一三）は、信濃国《しなののくに》小県郡上丸子村《かみまるこむら》（現・長野県上田市）の中程度の農家の長男に生まれ、一八八五年から一年ほど慶応義塾で学び、帰郷。一八八九年、当地で最初の器械製糸工場を設立し、翌年に製糸結社依田社《よだしゃ》（現・シナノケンシ）を興した。依田社は優良糸を生産し、出荷量は一九〇九年に全国で九位、一三（大正二）年には四位に成長する。また、丸子瓦斯《がす》・丸子軽便鉄道《けいべんてつどう》・専属依田病院・小県郡組合立丸子農商学校（現・丸子修学館高等学校）などの地域事業にも尽力し、地方議員や村長・町長を務めた（石井〔二〇〇三〕）。

生糸は綿糸と並ぶ主要輸出品であった。だからこそ下村は、粗悪な生糸が大量に製造され「一国ノ損害」が生じている事態、そして小県郡の生糸も「ペケ」すなわち不良品という評価であることを問題とした。つまり、国および郷里の利害と自己の起業行動を結び付け、意義を見出しているのである（上田市立丸子郷土博物館ウェブサイト）。

ただ、下村をはじめ各地に多数いたはずの地方企業家の思想を窺える史料が残っている事例は少ない。また、言葉を残していても、言行不一致という印象を与える場合が多いことも企業家の特徴であろう。しかし、第1章で述べた通り、本音でも建て前でも、それは必ずその人物が持つなんらかの観念に基づいて発せられているはずであり、思想を知る重要な手掛かりになりうるのである。

【20−1】加藤六蔵〔一八八二頃〕『経世書』第一巻（豊橋市美術博物館所蔵）
【20−2】下村亀三郎〔一八八九〕「製糸器械設立ノ趣意」遠藤鐵太郎編『上田郷友会月報』第三四号（上田郷友会事務所）

第21章　組織化された企業者活動

巨額の資金を単独で引き受けられるほどの資産家が少なかった近代日本において、共同出資で起業・経営を進める「企業家ネットワーク」・「組織化された企業者活動」は大きな役割を果たした（中川〔一九六七〕一三頁）。本章は、その先頭に立った人物として、渋沢栄一《しぶさわえいいち》（一八四〇―一九三一）と伊東要蔵《いとうようぞう》（一八六四―一九三四）を取り上げる。渋沢は都市部で移植産業部門の大企業経営に関与し、伊東は郷里で在来産業（地主経営）に軸足を置きながら、鉄道・銀行など移植産業部門の中小規模企業を興した人物である。

一　渋沢栄一

1　人と社会――企業家の「職分」と「国家」

渋沢は武蔵国榛沢郡血洗島村《むさしのくにはんざわぐんちあらいじまむら》（現・埼玉県深谷市）の富農の長男に生まれ、幼少期に儒学を学ぶ。幕末にはツテを頼って徳川慶喜《とくがわよしのぶ》（一八三七―一九一三）に仕え、パリ万博開催に際し二年間渡仏する。大政奉還により帰国し、商法会所という会社を創設。その後、大蔵官僚となって国立銀行条例を起草した他、株式会社制度の啓発書『立会略則《たちあいりゃくそく》』（一八七一）を官刊。一八七三（明治六）年に退官し、第一国立銀行（現・みずほ銀行）の頭取に就任する。以後、実業界に身を置き、王子製紙、大阪紡績（現・東洋紡）、帝国ホテルなど五〇〇社以上の設立・経営に関与し、日本女子大学校・早稲田大学の経営支援など四〇〇団体以上の社会・教育事業に携わり、芸術支援・民間外交も行った。

左記のように渋沢は、企業家には「公共的」な「職分」があり、「公益」につながる「私利」を得る活動をすべきと説いている。ここには、社会的役割としての職業を全うするという江戸時代以来の職分の意味が生き続けている。

【21―1】元来商業を営むといふことは、自己の為に起る行為に相違なからうが、商業といふ職分を自己一身の為のみと思ふと大なる間違である。……其《そ》の職分は全く公共的のものである。……公益と私利とは一つである。公益は即ち私利、私利能《よ》く公益を生ずる。公益となるべき程の私利でないと真の私利とは言へぬ。……商業に従事する人は、宜《よろ》しく此の意義を誤解せず、公益となるべき私利を営んで貰《もら》ひ度《た》い。これ軈《やが》て一身一家の繁栄を来すのみならず、同時に国家を富裕にし、社会を平和ならしむるに至る所以《ゆえん》であらう。（『青淵百話』、渋沢（一九一三）一七三・一

七六頁)

彼自ら幅広く活動したのは、自己の「職分」は「国家」に資する活動全般にあると考えていたためかもしれない。

「【21-2】官吏であらうと、軍人であらうと、弁護士であらうと、教育家であらうと、将《は》た又《また》商業者であらうと、国家を愛する心、君に忠なる点に至つては皆同一」(『青淵百話』、渋沢〔一九一三〕九三頁)なのである。もともと職分は身分を前提とした言葉だろうが、ここでは職業を前提として「国家」に貢献する責務という意味で理解されている。

さらに、「公益と私利とは一つ」であり、「一身一家の繁栄」と「国家の富裕」が同時に達成されるという考え方からは、「身」「家」「国」を連続的に見ていることが分かる。一身と社会を一体と捉え、自己の営為に社会的正当性を付与するこうした思索は、儒教的論理の転化といえよう(第17章)。

これらを踏まえれば、渋沢の思考・行動の基軸は「国家の富裕」にあったことが分かる。だからこそ彼は「公益」すなわち日本の経済発展を担う企業家の活動を特に重視した。ただし、日本には利殖行為を卑しむ賤商観《せんしょうかん》が近世から定着していると渋沢は考え、企業家に倫理性も求めた(見城〔二〇〇八〕一八七頁)。

2　手段としての「論語」、目的としての「富」

【21-3】第一自分の期念《きねん》が、真正の国家の隆盛を望むならば、国を富ますといふことを努めなければならぬ。国を富ますは科学を進めて商工業の活動に依《よ》らねばならぬ。商工業に依るには如何《いか》にしても合本《がっぽん》組織が必要である。而して合本組織を以《もっ》て会社を経営するには、完全にして鞏固《きょうこ》なる道理によらねばならぬ、既に道理に依るとすれば、その標準を何に帰するか。これは孔夫子《こうふし》の遺訓を奉じて論語に依るのほかはない。故に不肖《ふしょう》ながら私は論語を以て

事業を経営して見やう。従来論語を講ずる学者が仁義道徳と生産殖利とを別物にしたのは誤謬《ごびゅう》である。必ず一緒になし得られるものである。（「道徳経済合一説」、龍門社〔一九三七〕三〇八頁）

ここには、実業界引退後に渋沢が呼称した「道徳経済合一説《どうとくけいざいごういつせつ》」「論語算盤説《ろんごそろばんせつ》」の要素が表れている。彼は「合本組織の導入→商工業の新興→富国の達成→国の隆盛」という構想を抱いた。経済発展を当然視する姿勢には、西洋の発展史観を見ることができる。その一方で、この構想の根幹を支える「合本組織」すなわち株式会社の経営には、「標準」的な「道理」として「論語」が必要であると説く。

「論語」という言葉を用いた一つの理由は、『論語』の「【21−4】博《ひろ》く民に施し衆を済《すく》ふといふは、即ち善政」（『論語講義　乾』、渋沢・尾立〔一九二五〕巻之三・一〇七頁）という経世済民論を「誤解」したことにある。本来これは為政者の治世の論理であろう。しかし彼は、「【21−5】正道を踏んで得たる富貴は、決して賤《いや》しみ棄《す》つべきものではない」（『論語講義　乾』、渋沢・尾立〔一九二五〕巻之二・五七頁）ため「仁義道徳」と「生産殖利」は両立できるとし、「国家」のために両立させることは「日本臣民」の当為だとする論理に置き換えたのである（田中〔二〇一四〕四五—四七頁、坂本〔二〇〇二〕二二四頁）。そして、この「仁義道徳」は商業道徳と捉えるべきではなく、人として持つべき道徳規範の一部に過ぎないとも位置づけている。ただし、こうした道徳と利得の両立は、渋沢だけが提唱したわけではない。たとえば既述の通り、江戸時代にも石田《いしだ》梅岩《ばいがん》（一六八五—一七四四）などが唱えていることであった（【8−19】）。

渋沢が「論語」を引き合いに出したもう一つの理由は、株式会社が資本家の集合体であることへの配慮である。彼は『論語』の理念を実現しようとしたわけではない。「論語」は、江戸時代以来の資本家層も新しい資本家層も理解できる共通項だと判断したのである（島田〔二〇一四〕一二一―一三頁）。この背景には、社会的有用性・道徳的等質性・道徳的正当性という点から商人の活動を捉える風潮が近世から浸透していたことがあるだろう（第8章）。

渋沢にとって、「論語」すなわち道徳規範の構築は恐らく一つの目的ではあっただろう。しかし、日本の経済発展という大目的の前では、人々を動かすための手段の一つに位置づけたようである。この点、江戸時代において富は社会構築の一つの手段であり、道徳規範が最重視されたのとはやや異なるといえよう。

二　伊東要蔵

1　「家産」と「私有」

「地方版渋沢」ともいうべき人物の一人が、伊東要蔵である。彼は、遠江国《とおとうみのくに》敷知《ふち》郡《ぐん》都築村《つづきむら》（現・静岡県浜松市）の大地主の三男に生まれた。中学校を卒業後、一八七九年から八一年に慶応義塾で学び教鞭もとった後、大阪商業講習所（現・大阪市立大学）の教員・教頭となる。一八八三年に引佐《いなさ》郡《ぐん》中川村（現・浜松市）の大地主伊東磯平治《いとういそへいじ》（一八三二―一九〇二）の養子となり帰郷。一八八九年から家業の地主経営などを引き継ぐ。

その傍ら、組合立引佐農業学校（現・浜松湖北高等学校）、浜松鉄道、浜松瓦斯《がす》（現・中部瓦斯）、浜松商業銀行などの設立・経営を先導し、教育支援・土地整備も行う。こうした地域事業への進出は、地主経営の収入を元手に行われた（石井〔二〇一三〕二九四頁）。また、富士瓦斯紡績（現・富士紡ホールディングス）監査役、富士電力取締役などにも就任。この間、地方議員・衆議院議員も務めた。

要蔵は家業を継ぐ際、経営方法などを記した契約書を養父と交わしている。【21―6】は、その事前交渉として要蔵が記した意見書である。この内容はすべて契約書に反映されている。

【21-6】財産支配方法ノ大主義タル伊東家ノ財産トシテ支配シ、私有トスルヲ得ズノ一義ハ、小子《しょうし》ノ最モ感服シ、最モ賛成スル所ナリ。……会社役員ノ社務ヲ処スルノ心ヲ以テ事ニ従ヒ……損益ノ在ル処ヲ明瞭ニスベシ……而シテ……凡《およ》ソ人トシテ私有無クンバ、幾分《いくぶん》ノ権利ヲ欠キ、幾分ノ自由ヲ受《う》クル能《あた》ハザルモノナリ。之《こ》レ人情ノ忍ブ能《あた》ハザル処、人情ノ忍ブ能ハザル処ハ、事ノ全《まったき》ヲ得ル能ハザル所ナリ。故ニ、支配スル財産ヨリ生ズル純収益、百分ノ三ヲ以テ賞与トシテ私有スルヲ許サレンコトヲ敢《あえ》テ乞《こ》フ。……一方ニハ伊東家ノ財産トシテ精確《せいかく》ニ支配シ、一方ニハ自身ノ私有トシテ自由ニ愉快ニ所有シ、両々相待《あいまっ》テ家《か》憲《けん》タル厳君〈磯平治〉ノ示諭ニ違背《いはい》無キヲ得ンカ。（「財産支配権ヲ附与セラル、議ニ付意見書」、伊東（一八八九））

ここには、伊東家の財産はあくまでイエの家産であり、要蔵の「私有」財産、つまり家の構成員でない個人が持つ財産ではないことが明示されている。また、経営には「会社役員ノ社務ヲ処スルノ心」であたると述べており、イエを会社と捉え、自己の役割をその経営者と認識している。

その上で、要蔵が家産運用をして得た「純収益」の三パーセントを「賞与トシテ私有」できるよう願い出ている。「私有」分がなければ「権利」と「自由」を欠くため「人情」として耐えがたく、事の完遂の妨げとなるからである。そしてこの「私有」は、「財産支配方法ノ大主義」に背くものではないと主張している。

では、なぜ「私有」分がなければ心情的に耐えがたく、事の完遂の妨げとなるのか。また、なぜこの「私有」は「大主義」と矛盾しないのか。これは要蔵の人間観・社会観に即して考えると明らかになる。

2　「人」と「世界」

【21―7】心知アリテ形体始メテ用《よう》アリ。心智全美ナレバ形体ノ働《はたらき》、亦《また》全美ヲ呈《てい》ス。……人ニシテ幸福ヲ希《ねが》ハント欲セバ、心智発達ヲ務ムベシ。而シテ□心智発達ハ学校教育ニ過グルナシ。……凡ソ世界ハ理ト情トニヨリテ成ルモノナリ。教育ハ理ヲ知ラシメ、コノ情ヲ涵養《かんよう》スルニアリ。……理ト情ヲ細説《さいせつ》スレバ、有形理学（フィシカルサイアンス）、無形道理学（フィロソフィー）、道徳心ノ三者トナル。彼《かの》物理学、化学、動物学、生理学、植物学、天文学等ハ、有形理学ノ範囲ニアリ。心理学、経済学、政治法律等ハ、無形道理学ニ包含《ほうがん》ス。而孝悌忠信ノ善行ヨリ国家ヲ愛スルノ情、其《その》ノ利害ヲ感ズル情等、涵養セズシテ有スルモノニアラズ。有形理学、無形道理学ヲ以テ心ヲ開キ、之《これ》レニ道徳ノ情ヲ附《ふ》シ、始メテ完全ナル人ヲ成ス。（「父兄諸氏ニ告グ」、伊東（一八八五））

【21―7】によれば、「人」は「心智」という内面的要素と、「形体」という外形的要素で構成される。「心智」は「学校教育」によって「発達」する。「形体」は「人」の「用」と「働」、つまり人間の行動とその作用を指す。この「心智」が「全美」すなわち完全であれば、「形体」も「亦全美」となる。つまり、「心智」を兼ね備えた行動の重要性を説いている。裏を返せば、「心智」が不完全であれば「形体」も不完全になるということである。この考えが「意見書」に反映されたのだろう。つまり、「権利」と「自由」が与えられることで「人情」（心）として承服でき、そこではじめて経済活動（形体）が全うできるのである。

一方、「世界」（社会）は「理」と「情」で成り、「教育」によって養われる。「理」は「有形理学」「無形道理学」、つまり自然・社会・人文に関する学知を指しており、西洋的学問が重視されている。これに対し「情」とは「道徳心」「道徳の情」で、具体的には「孝悌忠信ノ善行ヨリ国家ヲ愛スルノ情、其ノ利害ヲ感ズル情」と説明している。そして、「理」と「情」を持つことで人は「完全ナル人」となるという言葉からは、「人」と「世界」は対応関係にあることが分かる。つまり、［1］心＝情＝道徳心、［2］智＝理＝有形理学・無形道理学であり、この両者が揃ってこそ「形体」は有意だという理解である。次の【21―8】は、こうした人と社会との相関を端的に示していよう。

3　人の「天性」と社会の「発達進歩」

【21―8】人間ノ万獣ニ抜キテ其霊《れい》ト称セラル、所以《ゆえん》ハ、孤独ナルコト能ハザルノ性、質《ただし》ク備フルニアルヤ明《あきらか》ナリ。相《あい》集団シテ、社会ヲ為《な》スニアルヤ明ナリ。実ニ社会ハ人生第一ノ天性ニ基キ、人間ヲシテ万物ノ霊タラシムル所ナリ。故ニ益《ますます》団結ノ性、質ク養ヒ、社会ヲ発達進歩セシムルハ、人生第一緊要ノ務メト云《い》フ可《べ》シ。（「無題原稿」、伊東（一八八五頃））

集団形成や団結は人の「第一ノ天性」、すなわち人間関係の構築・社会形成は「天性」であり、社会の構成員でない人間は存在しない。つまり人と社会は一体なのである。さらに人は「社会ヲ発達進歩セシムル」、すなわち社会を発展させるべく能動的に行動する必要がある。こうした認識によれば、要蔵と伊東家は一体であり、両者の利益は相反しないと理解されたはずである。だから「私有」分の存在は「大主義」と矛盾しないのである。実態としても、要蔵が利益をあげ家産を増やすほど、「私有」分も増加する経営構造になっていた（石井［二〇一三］三〇五頁）。

また、【21―7】の表現を用いれば、「人」は要蔵、「孝悌」は伊東家内の人間関係、「忠信」は地域、「国家」は日本が想定されたと考えられる。つまり、要蔵と家・地域・国家は不可分であり、自己の経済活動はそれらを「発達進歩」させる行為と位置づけたのである。これは、自らの経済活動は社会的責務を伴うという職分論的規範意識と言えよう。だからこそ、家業だけでなく鉄道・銀行・教育などの諸事業の立ち上げを先導したのである。

近世農村では、「分」に応じた行動規範の内面化が進み、地主も協調的な行動をとって窮民事業などを行った（坂根〔二〇一二〕一三五頁）。要蔵の行動・思考はその近代的変質であり、地主経営のみならず新事業を興すことを、新たな地主の「分」と理解したのかもしれない。

このような要蔵の人間観・社会観およびそれに基づく職分論的規範意識は、在来思想を基盤にしていると思われる。その一方で、西洋由来の知識を重視したのは、彼の生年からすれば儒学を絶対視する意識は希薄だったはずで、上京時に国家的方向性を体感したからであろう。しかし、西洋的学問を重視したのは、それが社会の発展に有用だからと職分論的規範意識に基づいて認識したためである。つまり要蔵の思想の枠組みは、在来思想に由来する「心（情）」を基盤として、そこに西洋由来の「智（理）」が接ぎ木されたものということができる。

要蔵も渋沢も利益追求を重視したことはいうまでもない。つまり、リスクを負ってでも工業化に即応し、利益を求めた者がいたのである。こうした企業家が日本各地にいたことが、近代日本の経済発展に大きな意義を持った。ただ、利益追求という企業者像だけでリスク負担の要因が説明しきれるだろうか。

そこで注目されるのが、職分論的規範意識や、自己と社会とを一体視する思考のあり方である。つまり、これを利益追求と結び付けることで、企業者活動に社会的関係性・社会的正当性を付与したのである。したがって、近世から存在していた経済活動の社会的有用性や道徳的正統性という考え方は、明治以降も人々の意識に底流していたと考えられる。

【21-1】【21-2】渋沢栄一（一九一三）『青淵百話』（同文館）
【21-3】龍門社編（一九三七）『竜門雑誌第五九〇号附録　青淵先生演説撰集』（竜門社）
【21-4】【21-5】渋沢栄一口述・尾立維孝筆述（一九二五）『論語講義　乾』（二松学舎出版部）
【21-6】伊東要蔵（一八八九）「財産支配権ヲ附与セラル、議ニ付意見書」（慶応義塾福沢研究センター架蔵）
【21-7】伊東要蔵（一八八五）「父兄諸氏ニ告グ」（慶応義塾福沢研究センター架蔵）
【21-8】伊東要蔵（一八八五頃）「（無題原稿）」（慶応義塾福沢研究センター架蔵）

第22章　近代工業と二〇世紀の新産業

一九一〇（明治四三）年、大隈重信《おおくましげのぶ》（一八三八―一九二二）は次のように述べている。「【22-1】今日、日本の商工業界は過渡の時代である。この時代には渋沢《しぶさわ》〈栄一《えいいち》〉のような〈いわゆる万屋《よろずや》的に何十という会社の、顧問とか重役とかをしている〉人も必要だ。しかし、これから後の者がそれをまねたら大変だ。これからは、専門の知識をもった人が、それぞれ専門の事業につく時代になる」（『渋沢栄一』、早稲田大学史編集所〔一九六九〕一九四頁）。本章では、この専門経営者の一人である武藤山治《むとうさんじ》（一八六七―一九三四）、そして二〇世紀の新産業を展開した堤康次郎《つつみやすじろう》（一八八九―一九六四）を取り上げる。

一　武藤山治

1　輸出産業＝綿糸紡績業の「日本的経営」者

武藤は、尾張国海西郡鍋田《おわりのくにかいさいぐんなべた》村《むら》（現・愛知県弥富市《やとみし》）で代々庄屋を務めた地方名望家の長男に生まれた。第20章の下《しも》村亀三郎《むらかめさぶろう》（一八六七―一九一三）や第21章の伊東要蔵《いとうようぞう》（一八六四―一九三四）らと同じく地方の裕福な家に生まれた同世代だが、上京遊学を契機に彼らとは違った人生を歩んでいく。

小学校を卒業後、一八八〇年から八四年に慶応義塾で学び、八五年に渡米。一八八七年に帰国し、新聞広告取扱業などを経て、福沢諭吉《ふくざわゆきち》（一八三五―一九〇一）の甥中上川彦次郎《なかみがわひこじろう》（一八五四―一九〇一）の招きで、九三年に三井銀行へ入行する。一八九四年には三井財閥内の人事異動で鐘淵紡績《かねがふちぼうせき》へ移り、一九〇八年に専務取締役、その後、取締役社長・相談役に就いた。移植産業部門の綿糸紡績業は、生糸製糸業と並ぶ輸出産業で、輸出量は一八九〇年からの約二〇年間で一三六〇〇倍にも増加している（三和・原〔二〇〇七〕七七頁）。なお武藤は鐘紡経営の他にも、国際労働会議（ＩＬＯ）に雇主側代表として出席し、時事新報社相談役・衆議院議員なども務めた。

彼は、鐘紡における経営手法から「日本的経営の祖」と呼ばれることがある。「日本的経営」は終身雇用・年功序列・内部昇進制などを指し、一九二〇年代に浸透、高度経済成長期に普及した（榎〔二〇〇九〕二三頁）。重化学工業が発展した一九二〇年代、新たな技術に適合的な労働者を育成する必要性や労働運動の高まりなどを背景に、西洋の経営学によって労務管理を始める企業が出てきた。武藤も「家族主義」「温情主義」に基づき、西洋の「科学的管理法」などを導入した労務管理を実施し、成果を得ていく（山本〔二〇一三〕）。

2　人間観・社会観

「【22-2】鐘紡の経営法を家族制度に基くものであるとして……どこまでも一家族としての親切を旨としてゐる」(「私の身の上話」、武藤〔一九六三〕一六二頁)、「【22-3】利益の増加するに伴ひ、従業員の待遇に就ては到《いた》れり尽くせりの域に進み、時としては余りに厚きに過ぎるといふ非難まで受けた」(『私の身の上話』、武藤〔一九六三〕一五一頁)という言葉には、武藤の「家族主義」「温情主義」が表れている。これは、次の【22-4】に見られる彼の人間観・社会観に基づいた発想である。

【22-4】協同一致は人類が先天的に享受せる所の稟質《ひんしつ》なり。……一家には厳然《げんぜん》たる首長あり、此《この》首長に対しては各自皆其《その》長所を以《もつ》て仕へ、相互に称美推譲し出来得る限りを尽して辞せざるにより、嫉妬怨恨等の其間に生ずることなく……是《これ》自然が人類に与へたる好標本にあらずや。故《ゆえ》に一家の場合を拡張して之《これ》を他に応用することを得ば、協同一致は必ずしも困難の業にあらず。……協同一致は一の私を挿《さしはさ》むを容《ゆる》さず。一家にありては人々皆其家と云《い》ふことを目的とし、其首長を補佐し、一国にありては人々皆其国と云ふことを目的として、其首長を補佐し、協力同心す。……大なる商事会社、又《また》は工場の如き其関係が多くの人に影響する所にありては、協同一致の必要なる素《もと》より論ずる迄もなし。……而して協同一致の下には改良生じ、進歩生ず。(「協同一致は自然の法則なり」、武藤〔一九六四〕一〇―一一頁)

「協同一致」、つまり社会の「目的」に向けた各構成員による意志的な役割分担とその遂行は、異質な者同士を相互補完的に結び付け、社会の結合を保証している（川口〔二〇〇四b〕）。この「協同一致」は「人類の先天的性質」であり、人と社会は一体なのである。また「協同一致」は、「改良」「進歩」をもたらす。そして人と社会は一体であるため、社会の全構成員が、各自の役割に応じてこの「改良」「進歩」を享受することになる。だから社会は、「嫉妬怨恨等」によって調整不可能な利害対立が生じない調和体なのである。

この社会の中でも、「好標本」つまり最適なモデルは「家」であり、これを「拡張」して、他の人間集団に「応用」することが必要だとしている。また、より外側にある社会を、より「私を挿む」ことない公的な存在として序列づけ、「家」→「商事会社」「工場」のような諸組織→「国」という同心円的構造で捉えていることが分かる。

ところで武藤は、社会において人が果たすべき意志的な役割分担とその遂行を、次の【22-5】のように「責任」という言葉でも表現している。

【22-5】凡《およ》そ人として世に立つ以上は必ず責任なるものなかるべからず。唯《ただ》大と小と貴と賤との区別あるに過ぎず。……一国の政治を司るものより門衛小使《もんえいこづかい》に至る迄、或《あるい》は会社銀行の首長より門内の掃除番に至る迄、農と言はず、工と言はず、個々皆其責任を有せざるものなし。此《この》責任を正当に尽すものは即ち始めて人の道を尽し得たるものなり。（「責任の尊重すべき事に就て」、武藤〔一九六四〕六頁）

この「責任」は、「政治を司る」「掃除番」といった社会的な職務として理解されている。つまり人は「個々皆」、社会的立場に応じた社会的役割という職務を負っているのである。しかもこれを「正当に尽す」ことではじめて「人の道」に叶うのであり、人としての価値を左右するものでもあった。

こうした職務意識は、鐘紡の経営に対する考え方にも表れている。

3　「番頭」の職分と「国家的」事業

彼は、「【22-6】当会社ハ……株式会社デアリマシテ、私共ハアナタ方〈株主〉ノ番頭ニ過ギマセヌ」（「鐘淵紡績株式会社第六十六回定時株主総会ニ於ル武藤専務取締役ノ演説」、武藤〔一九六四〕五七四頁）と述べ、専門経営者である自らの立場を「番頭」と表現している。この【22-6】と【22-3】では、「番頭」の関係者として「株主」と「従業員」が挙げられている。したがって鐘紡はこの三者で構成される擬制的な「一家族」であり、「番頭」武藤の職務は、三者の「協同一致」を実現することにあった。その職務の具体的な内容は、次の【22-7】に示されている。

【22-7】当会社ハ……社会ニ供給シテ居ル……製品ガ日本国中ニ於《お》テ最良ノモノデ……最モ安ク社会ニ供給シテ居リマス。……最モ高率ノ配当ヲ為シ、社会ニ最良ノ品物ヲ供給シ、従業員ニ最善ノ待遇ヲ与フルコトガ会社経営ノ標準デアルナラバ、鐘紡ハ即《すなわ》チ模範的会社デアルト云《い》ハネバナリマセヌ。（「鐘淵紡績株式会社第七十一回定時株主総会ニ於ル武藤社長ノ演説」、武藤〔一九六四〕六一〇—六一一頁）

一つは、「株主」への「最モ高率ノ配当」である。もう一つは、「従業員」に「最善ノ待遇」を与えることにある。これらは、「会社」の全構成員へ役割に応じた利益配分を行うことであり、「協同一致」の実現化といえよう。さらに「社会」に対し、「最良」で「最モ安」値、すなわち高品質低価格の製品を供給することも職務と見なしている。「株主」「従業員」への厚遇は高業績を必要とするのに対し、低価格での販売はこれと矛盾するようにも思える。しかし武藤にとっては矛盾するものではなかった。

彼は、「【22-8】我社は営利会社なれば……何事も営利的より打算して判断すべきは当然なり。……永遠に於て結局利益なるべしと判断せる程度迄手当を尽してやるべしとの意味なり」(「回第一〇六八号中の解釈に就て」、武藤〔一九六六〕四〇八頁)と述べている。つまり製品価格は、「会社」が「利益」を出し、「株主」「従業員」への待遇ができる範囲内で低廉に設定されるものだったのである。またその待遇も無闇なものではなく、長期的に「会社」に「利益」があると「判断」できる「程度迄」である。すなわち、経営責任・職務と区別された「温情主義」があったわけではないことが分かる。

また、「番頭」の職務は、【22-4】【22-7】の通り、より公的な社会としての「国」にも及ぶものであった。次の【22-9】には、その「国」に対する姿勢の一端を窺うことができる。

【22-9】此産業と云ふ事に就《つい》ては、必ず国家的でなければならぬと考へます。……若《も》し我国家と云ふ事を思ふなれば、国内に産業の発達と繁栄とを期《き》して、初めて意義あるものと考へます。(「支那関税引上げ反対関西聯合大会に於る演説」、武藤〔一九六三〕五七一頁)

「国家」は「産業の発展と繁栄」に支えられており、「産業」はその点で「意義あるもの」であった。したがって「産業」従事者も、「国家」を支える社会的役割を果たしているという意味で価値を持った。「国」との関係で職務を認識する思考は、第21章の渋沢栄一(一八四〇―一九三一)や伊東要蔵とも共通している。つまり、「国」に基軸的価値を置いて考え行動するというあり方は、少なくとも二〇世紀初頭に至るまで常識だったことが窺える。

また、「改良」「進歩」「発達と繁栄」という表現には、西洋的な発展史観が見られる。これも近代日本では当然の発想になっていたのではないだろうか。その一方で、人と社会を一体視し、社会を同心円的に捉える人間観・社会観は、武藤と同年代の伊東要蔵にも見られた。したがって、明治初頭に幼少期を過ごした世代にとって、近世の人間観・社会観は通念となっていたように思われる。

武藤が経営に用いた「技術」は、外来の紡績機械と西洋由来の労務管理システムであった。しかし、それを「株主」や「従業員」が受諾しなければ、成果を得ることは難しい。そこで、渋沢が「論語」を利用したように、武藤も人と社会の一体性・職務の遂行といった多くの者に馴染みのある考え方に置き換え、「家族主義」「温情主義」と称したのではないだろうか。つまり、人間観・社会観においては江戸時代的常識を、「国」に対する意識や発展史観においては近代日本の常識を、そして技術は西洋由来のものを併用し、利用したのである。

二　堤康次郎

1　「新中間層」に向けた二〇世紀の新事業

第一次世界大戦を経て日本が「一等国」となった頃、新しいビジネスに従事し、一代で西武グループを築いたのが堤康次郎である。堤は、滋賀県愛知《えち》郡《ぐん》下八木《しもやぎ》村《むら》（現・愛荘町《あいしょうちょう》）の平均的な農家の長男に生まれた。一八九四年に小学校に入学するが、家族の反対で中学校へは進学せず、家業の農業に従事した。しかし当時、企業に就職してビジネス・エリートになるには、高等教育機関への進学が必須であった（藤井〔二〇〇〇〕四四―四七頁）。そこで一九〇九年に早稲田大学高等予科、翌年には政治経済学科への入学を果たす。彼は一九二四年から衆議院議員を務め、第二次世界大戦後は衆議院議長に就任し、代議士としても活発に活動していく。

企業家として卒業後に取り組んだのは、土地開発事業である。現在の新宿区中落合《なかおちあい》一帯の土地買収を皮切りに、目白文化村《めじろぶんかむら》などの宅地開発を行い、台所・浴室・手洗いを屋内に収めた「文化住宅」（高級分譲住宅）を提供した。また、大泉学園《おおいずみがくえん》・小平学園《こだいらがくえん》・国立《くにたち》など、高等教育機関と住宅地を組み合わせた学園都市の建設も進める。その後、軽井沢・箱根開発にも着手して別荘地を整備し、一九二〇年には箱根土地株式会社を設立。現在でも、軽井沢駅前には西武グループのショッピングモールがあり、箱根には西武の路線バスが走るなど、往時の勢いの一端が感じられる。

こうした事業は、都市部に集中した重化学工業関連の企業に勤める比較的裕福なホワイトカラー層＝「新中間層」を顧客とするもので、ほとんどが二〇世紀前半に誕生した新産業だった（川口〔二〇〇六〕一四―二〇頁）。この頃、日本は「都市の時代」を迎え、洋装の男女が街中に出現し、トンカツ・コロッケ・カレーライスなどの洋食が大衆化し始める。また、当時人気だった東京六大学野球の早慶戦をネタにする「しゃべくり漫才」などの大衆文化も登場した。このような文化や情報は、一九二五年に放送が開始されたラジオを通して各家庭にも届けられた。

そして、「新中間層」が通勤に使用する郊外電車が敷設されると、始発駅などにはターミナル・デパートが設けられた。阪急百貨店がその先駆の一つである。当時は物販形態の転機でもあり、三越呉服店も百貨店へと変貌した。「新中間層」の間では、郊外の文化住宅に住んで鉄道で通勤し、専業主婦となった妻と子供を連れて百貨店の食堂へ行き、終点にある箱根・日光などの行楽地へ出掛けることがステータスとなった（鈴木〔一九九九〕二二九―二五六頁）。

一九二〇年代後半、堤はこうした変化に反応していく。多摩湖《たまこ》鉄道（現・西武多摩湖線）の建設、武蔵野鉄道（現・西武池袋線）・西武鉄道（現・西武新宿線）の買収、武蔵野デパート（現・西武百貨店）の開業などである。

2 「感謝」と「奉仕」

堤の企業家としての評価には、不毛だった土地を買収・開発して価値を創出する手腕が買われる場合と、手法の強引さやワンマン経営などから非難を浴びる場合とがあり、毀誉《きよ》褒貶《ほうへん》相半ばしていた（川口〔二〇〇六〕一四―一五頁）。堤自身は、事業における信念を次のように語っている。

【22-10】ここで、私は初めて考えた。……そして、ひとつの人生観にいき当った。人生観は即事業観でもある。……人のやれぬこと、やはりそれを自分自身の頭で考え出してやらねばウソだ。しかも……金もうけ一辺倒《いっぺんとう》から脱却して、世のため、人のための奉仕を第一にした事業でなければ、絶対に成功しない。……私は、二十代に別れを告げようとして、初めて「感謝と奉仕」の人生観と事業観を得た。……新しい人生観に立ってからの事業は、順調にのびていった。（『人を生かす事業』、堤〔一九五七〕一四―一五頁）

これは晩年近くの言葉で、自身の事績に意義づけを試みたものであることに留意は必要だろう。しかし、実際の行動はかけ離れていたとしても、言葉にはその人なりの意味が込められており、思考の一部であることには変わりない。ここで堤は、「感謝と奉仕」を第一にする事業を旨としており、それは「人生観」「事業観」でもあると述べている。この「感謝」と「奉仕」の具体的な内容を窺うことができるのが【22-11】である。

【22-11】何故《なにゆえ》にこれだけ事業が大きくなったかと云うと常に社会、国家に奉仕するという一念が他の人よりも強か

った為です。この奉仕の精神は、何によって培《つちか》われたかといゝますと、これは親孝行の精神から来るのです。……親の慈悲は絶対無比《むひ》なものです。私のこの親に奉仕すると云う考え方が事業を通じて世の中に奉仕するという考えに成長して来たのです。……自分がどうする事によって世の為に尽せるかと考えている人は、自分自身も幸福になる事が出来ます。（「国立学園における卒業式祝辞（二七、三、一八）」、堤（一九五二））

「感謝」とは、「絶対無比な」「慈悲」をかけてくれる「親」への報恩の意識である。この「感謝」と対をなす「奉仕」は、「親」への「感謝」の念を具体的な行動で示すこと、つまり「親」への「孝行」という行為を指している。その上で、対象を「親」から「世の中」に拡充して捉えていることが分かる。つまり、「世の中」への「感謝」の念を「世の中」への「奉仕」という行為として具体化したものが「事業」である。「世の中」とは、「人」あるいはそれが集まった「社会」、より具体的には「国」を指す。堤は、比較的早くに亡くなった父親に代わり愛情を注いでくれた祖父に対する深い想いを抱いており、まさに「人生観は即事業観」なのであろう（川口（二〇〇六）三二頁）。

しかし、この「奉仕」は片務的な行為ではない。それは結果的に「事業」の「順調」な発展と、「自分自身」の「幸福」につながるのである。ここからは、人（自分）を中心にして、会社（事業）、「国」という「社会」を同心円的に捉え、人と社会全体は調和的な一体性を持つものと考えていることが分かる。

「感謝と奉仕」「親孝行」には、これまで取り上げてきた近代日本の企業家・政策者・思想家と同様、江戸時代以来の人間観・社会観が見て取れる。堤の事例からは、それが明治・大正・昭和を通して通俗的な倫理観として根強く日本人の中に存在し続けたことを窺い知ることができる。

【22-1】早稲田大学史編集所編（一九六九）『大隈重信叢書　第一巻　大隈重信は語る——古今東西人物評論——』（早稲田大学出版部）
【22-2】【22-3】【22-9】武藤山治（一九六三）『武藤山治全集』第一巻（新樹社）
【22-4】【22-5】【22-6】【22-7】武藤山治（一九六四）『武藤山治全集』第二巻（新樹社）
【22-8】武藤山治（一九六六）『武藤山治全集』増補（新樹社）
【22-10】堤康次郎（一九五七）『人を生かす事業』（有紀書房）
【22-11】堤康次郎（一九五二）「国立学園における卒業式祝辞（二七、三、一八）」（早稲田大学大学史資料センター所蔵）

第23章　体制批判の視座

日本は幕末以降、国の独立を図るため、西洋にならった資本主義社会作りを目指し、それを支える学術も積極的に受容しようとした。しかし、自らの価値観に照らし、西洋に違和感を抱いた者もいた。その一人が中江兆民《なかえちょうみん》（一八四七—一九〇一）である。また、資本主義によって生じた社会問題を解決する新たな西洋学術として、社会主義思想に着目し始めた人物の一人に、安部磯雄《あべいそお》（一八六五—一九四九）がいる。

一　中江兆民

1　規範主義的人間観・社会観

兆民は土佐国《とさのくに》（現・高知県）山内家の足軽の家に生まれる。藩校文武館《ぶんぶかん》で儒学・洋学を学んだ後、一八六五（慶応元）年に長崎でフランス語などを学ぶ。明治の初めには司法省などへ出仕。その間、一八七一（明治四）年にフランスへ留学し、帰国後は東京麴町《こうじまち》に仏蘭西学舎《ふらんすがくしゃ》を開く。また、東京外国語学校（現・東京外国語大学）校長にも就任したが、間もなく辞職。一八八一年には『東洋自由新聞』を創刊し、自由民権運動の理論的指導者となる。その後、衆議院議員を一年務め、札幌で材木業などの事業に着手した。また、フランスの思想家ルソー（J. J. Rousseau、一七一二―一七七八）の著作『社会契約論』（*Du Contrat Social ou Principes du droit politique*, 1762）を部分漢文訳し、『民約約解』（一八八二）として刊行したことでも知られる。

兆民は、古代中国の道徳的な人と社会の方が、近代西洋の孤立的個人・社会よりも価値的優位性を持つと捉えた。

【23―1】政の帰趣《きしゅ》を為《な》す所、果して安《いず》くに在《あ》りや、民をして政を用ふること無からしむに在り、……此《こ》れ固《もと》より聖人の期する所なり、曰《いわ》く、民をして善に移さしむるはこれ如何《いかん》と、曰く、之《これ》を教ふるに道義を以《もっ》てすと、之を教ふるに道義を以てするは、三代〈夏殷周《かいんしゅう》〉の法なり、之を誘ふに工芸を以てするは西土《せいど》〈西洋〉の術なり、西人の意に以為《おもえ》らく、人生まれて欲無きこと能《あた》はず、……欲して得ざれば、則ち争ふ、争ふて止まざれば、則ち乱る、然り而して百物の地に生ずるや、自から定数有り、暴《にわ》かに殖す可《べ》からず、……則ち天下の乱るること無きことを望むも、其れ得可けんや、夫の三代の法の若《ごと》きは、則ち然らず、学校の設《もうけ》は、国都より以て閭閻《ろえん》〈村里〉に達し、而して其の以て教えと為す所は、曰く、君臣の義なり、父子の親なり、夫婦の別なり、長幼の序なり、朋友の信なり、是れ皆以て身を修め人を治むる所の者に非《あら》ざるは莫《な》し、故を以て、民、徳義に嚮往《きょうおう》〈向かって行く〉して、利欲のために侵乱せられず、夫れ民、徳義に嚮往すれば、則ち浸漬《しんし》〈心にしみる〉積累《せきるい》〈積み重なる〉の効、以て至善《しぜん》の地に達す可し、以て自治の域に造る可し、余《よ》聞く、仏人蘆騒《ルーソー》、書を著はし、頗《すこぶ》る西土の政術を譏《そし》ると、其の意蓋《けだ》し教化を

昌《さか》んにして芸術を抑えんと欲す、此れ亦政治に見ること有る者か。(「原政」、松永〔一九七四〕一七九—一八〇頁)

近代西洋では、人は生来有している「欲」に基づき、「工芸」「芸術」すなわち技術を利用して「利」を追求しているると指摘する。ここには第16章で述べたような孤立的個人が想定されていよう。そして西洋の「政術」は、この技術の発展を通して人民を制御しようと試みている。しかしモノの増産には限界があるため、紛争が必然的に起こる。これに対し、古代中国の「聖人」「三代」は、人民を「道義」で教え導く教化政治を行っていた。したがって人民は「徳義」を身に付け、「利欲」に振り回されず、やがて「自治の域」に至ると述べている。ここには、儒学の世界で受け継がれてきた規範主義的人間観・社会観が窺えよう。

こうした理解のもと、兆民はルソーに共感を抱く。ルソーは道徳の退廃や社会的不平等に満ちた当時の文明の状況を「自然状態」と呼んで社会契約説を唱え、より理想的な国家体制を構想した。そして、孤立的個人は生来不平等でありうるが、合意・権利によって平等になると考え、道徳(理性)・法を基軸とした国家作りが必要だとする。まず、道徳に基づき社会契約を結んだ孤立的個人は、自らのすべての権利(特殊意志)を共同体へ全面的に譲渡する。それにより単一な人格と意志を持つ国家が形成される。国家の意志(一般意志)は共同体の構成員の合意であると同時に、構成員は公的利益を志向する一般意志に絶対的に服従する。こうした国家では、各個人の行動を規制するため、一般意志に基づいた法が制定される。したがってこの法は、構成員全員の合意の産物であるとともに、各個人の道徳の産物でもある(中村〔二〇〇九〕一九〇—一九三頁)。

2　近代の陰への眼差し

兆民は当時の多くの日本人と同様、【23-2】のように日本の独立に深い関心を寄せていた。

【23-2】顧《おも》フニ、小国ノ自ラ恃《たの》ミテ其独立ヲ保ツ所以《ゆえん》ノ者ハ他策ナシ。信義ヲ堅守シテ動カズ、道義ノ在ル所ハ大国ト雖《いえど》モ之ヲ畏《おそ》レズ、小国ト雖モ之ヲ侮《あなど》ラズ。彼《か》レ若《も》シ不義ノ師〈軍事力〉ヲ以テ我レニ加フル有ル乎、挙国焦土ト為ルモ戦フ可クシテ降ル可ラズ。隣国内訌《ないこう》有ルモ、妄《みだ》リニ兵ヲ挙ゲテ之ヲ伐《う》タズ。（「論外交」、中江〔一九八五〕一三六頁）

彼は、国際関係において普遍的に貫かれるべき「道義」を守ることが独立の要点だと考えていた。こうした考え方は第15章の横井小楠《よこいしょうなん》（一八〇九―一八六九）にも見受けられる。人間観・社会観のみならず、ここにも兆民の儒学的な規範主義的思考が窺える。だからこそ、道徳と法を基軸とする共同体の構築を唱えたルソーに共感したのであろう。そしてその共感の基盤にあったのは、儒学的素養だったことが分かる。ここには在来思想に対する意識された連続性を見ることができよう（松本〔一九九六〕一四四―一四五・一六〇―一六二頁、松永〔一九九三〕一二五―一三四頁）

その一方で、日本社会のあるべき方向性について、次の【23-3】のように述べている。

【23-3】民主平等の制を建立し……一国を挙げて道徳の園と為し、学術の圃《はたけ》と為し、単一個の議院を置き国の脳髄をして岐裂《きれつ》せざらしめ、凡《およ》そ丁年《ていねん》〈成人〉に満ちて……貧富を論ぜず、男女を別《わか》たず、皆選挙権有り、皆被選挙権有りて、皆一個の人と為らしめ、……大に学校を起し謝金を要すること無くして、国人をして皆学に就きて君子

と為るの手段を得せしめ、死刑を廃して法律的残酷の絞具を除き、保護税を廃して経済的嫉妬の隔障《かくしょう》を去り、風俗を傷敗《しょうはい》し若くは禍乱《からん》を煽起《せんき》するに至らざるよりは、一切言論出版結社に係る条令を罷《や》めて、論者は其唇舌《しんぜつ》〈言論〉の自由を得、聴者は其鼓膜の自由を得、筆者は其手腕の自由を得、読者は其目睫《もくしょう》の自由を得、会集者は其脛脚《けいきゃく》の自由を得る等、是れ其綱領なり。……道徳の園は人之を愛し之を慕ふ、之を壊《やぶ》るに忍びざるなり。学術の圃は人之を利し之を便とす、之を毀《こぼ》つことを欲せざるなり。……試に亜細亜《あじあ》の小邦を以て民主平等道徳学術の試験室と為さん哉。(『三酔人経綸問答』、松永〔一九七四〕一九―二〇頁)

ここで兆民は、行動の方向性を定めるのに役立つ「学術」と、実際に人を行動に踏み切らせる「道徳」を重視し、人民が「君子と為るの手段」を得るべきと説いている(松本〔一九九六〕一四〇・一五九頁)。その上で、日本で実現を試みるべきは「民主平等の制」だとした。【23-3】は一八八七年に書かれている。自由民権運動や国会開設運動を経て成就する一八八九年の大日本帝国憲法発布、九〇年の帝国議会開設の数年前である。この時点で彼が求めていたのは、政治システム、すなわちツールとしての西洋由来の「民主」政治であった。

兆民は、利欲に動機づけられた近代西洋には懐疑的で、道徳に貫かれた古代中国を理想とした。しかし、ルソーの主張は、その古代中国よりもさらに理想的な人間・社会形成が可能となる手段を提示したものとして映ったのではないだろうか。つまり、「聖人」による教化が行われなくとも、「自由」と「選挙」に基づいた「民主」政治を導入すれば道徳的人間形成・社会形成が実現でき、「政の帰趣」である「自治の域」に到達できるのである。ここには、在来思想との意識された非連続性、すなわち西洋思想への依拠という特徴を見出すことができる。

このような兆民の思想には、体制の変革を試みる反体制の論理の原型が見られる。そしてこうした反体制の思想は、大きく二つに分岐していくと思われる。一つは日本的価値への依拠である。日本の欧化主義への反発から、在来の文化や歴史を重視した国粋主義がその例であろう。もう一つは西洋への憧憬で、この傾向を持つのが安部磯雄である。

二　安部磯雄

1　キリスト教の受容と社会問題への開眼

安部は筑前国《ちくぜんのくに》（現・福岡県）黒田家家臣の次男に生まれたが、明治維新により家は没落。小学校を卒業後、一八七九年に親戚の援助で同志社英学校（現・同志社大学）へ入学し、新島襄《にいじまじょう》（一八四三―一八九〇）から受洗する。一八八六年に同校の教師となったが、翌年に辞職して岡山教会牧師に就任。一八九一年にはアメリカの神学校に留学し、社会主義に触れる。卒業後、今度はドイツへ留学。一八九五年に帰国して岡山教会に勤務し、九七年には再び同志社の教師となった。一八九九年に辞職した後は東京専門学校（現・早稲田大学）の講師に就任した。

この間、社会主義運動の先頭に立ち、一八九八年に幸徳秋水《こうとくしゅうすい》（一八七一―一九一一）らと社会主義研究会を結成。幸徳・片山潜《かたやません》（一八五九―一九三三）らと社会民主党も組織した。一九二六年には社会民衆党を結党し、委員長に就任。一九二八年に衆議院議員となったが、四〇年に離党して議員も辞職。終戦後は日本社会党の結党に参加した。

この経歴から、安部はキリスト教徒・社会主義者だったことが分かるだろう。このうちキリスト教に関しては、次のように述べている。

【23―4】同志社に入るまでは、同志社がキリスト教主義学校であるということは、夢にも考えなかった。……所が

……教師の方々はもちろん学生の気風というものが実に真面目で緊張している。もう何等《なんら》の躊躇《ちゅうちょ》なくして私はキリスト教を信ずるようになったのであります。……それからはもう一心にキリスト教を信じて自分の精神修養の為《た》めにつくしたのであります。（「将来の宗教生活と経済生活」、安部磯雄日記復刻委員会〔二〇〇九〕以下安部、一七〇頁）。

【23―5】人の霊魂に上下の差別あることなし。これ、すなわち民権の基礎にして欧州諸国の盛大なるは、此の教に依《よ》る者也。……西洋諸国に依らずんば我邦《わがほう》何を以て開化に進まん。……我邦政府に立ちたる役人ども、欧州諸国開化の花を看《み》、未だその源因の耶蘇教《やそきょう》に基くを知らざる也。（「安部磯雄日記（第二号）」、安部〔二〇〇九〕七・九―一〇頁）

キリスト教との出会いは偶然だったが、「精神修養」という倫理性に関心を寄せている。祖父から『論語』などを教わった安部は、儒学に代わる自己修養の基盤をキリスト教に求めたのかもしれない（井口〔二〇一一〕二七―三〇頁）。

また【23―5】の通り、その社会的機能を評価してキリスト教を積極的に受容した面もある。キリスト教は、「欧州諸国の盛大」「開化」をもたらすのである。安部は渡米中に「【23―6】「ブルックーリーン」の鉄橋を渡る。……北を臨めば「ニューヨーク」市眼下に在り、南を臨めば自由像の海面に屹立《きつりつ》するあり。その盛なること紙筆《しひつ》に尽すべからず」（「洋行日記」、安部〔二〇〇九〕一二六―一二七頁）と記しており、西洋の富強を体感したがゆえに、そうした理解は一層強まったであろう。多くの明治人と同様、安部も西洋に強い憧れを抱いたのである。そして【23―5】が書かれた一八八一年時点では、「霊魂」の問題も「国」の問題も、キリスト教で解決できると考えていたことが分かる。

なお安部は、早稲田大学体育部長、野球部・庭球部・競走部の初代部長に就任している。また、東京六大学野球連盟会長、日本学生野球協会会長にも就き、大日本体育協会を設立して明治神宮外苑体育設備委員も務めた。彼が日本のスポーツの発展に尽力したのは、欧米由来のスポーツも「開化」の象徴と理解したためかもしれない。

しかしアメリカで安部が目にしたのはその繁栄だけでなく、資本主義の発達により生じた格差と貧困であった。帰国後の安部は、【23-7】のように一八九〇年代末の日本にも「貧乏」という社会問題が顕在化しており、その解決が必要であると確信していく。当時、労働者・農民・下層民の生活や権利の拡充を目的とする活動が高揚した時期であった。たとえば横山源之助《よこやまげんのすけ》（一八七一―一九一五）が『日本之下層社会』を発表したのは、一八九九年のことである。

【23-7】同志社に来て如何《いか》なる事が起ったか。……宿る所無き巡礼、乞食《こじき》が芝生で一夜を明している。実に憐れな状態である。私は何気なく近所でパンを買い施した事が幾度《いくど》もあった。しかし自分も貧乏である。その人達も貧乏である。そこで疑問が起こった。何故《なぜ》世の中にかく貧乏人が出来るか。そこで私は、宗教は精神的には人間を救いうるが、肉体的には救済不可能であると考え、……経済学を習ったので、今日の貧乏問題を取扱うにはこれに依る他無いと考える様になった。……宗教で霊を、経済で身体を救おうと主張した。（「吾が愛する母校の諸君へ」、安部〔二〇〇九〕一六二―一六三頁）

この時点になると、キリスト教に「貧乏」を解決する社会的機能はないと捉え、その解決は「経済学」に「依る他無い」としている。そこで、キリスト教と「経済学」の社会的機能を限定し、役割分担すべきだと唱える。この限定と分担について語ったものが、次の【23-8】である。

2 社会主義の受容

【23-8】私は一方には、キリスト教という宗教を持ち、一方には社会主義という一つの経済的の大事な主要の鍵を私は握っている積《つもり》である。此の二つでもって社会に出れば、私は人類全体に非常な幸福を与えることが出来ると思う。……「シンプル、リヴィング、アンド、ハイ、シンキング〈Simple Living and High Thinking〉」質素なる生活をして、そうして高遠の理想を抱いて進む「質素の生活、高遠の理想」ということが、これが私共の人生の標準でなくてはならないと思います。……精神生活に於いては精神生活を幾等《いくら》でも自分はどんどん進んでいく。外《ほか》の人が遅れておっても自分独りだけで進んで行って善《よ》い。又それで迷惑をすることはない。物質生活とはえらい豪奢《ごうしゃ》な生活をすると必ずその反面の犠牲者が出る。……豊富な幸福な生活とは個人的に富裕になるということとはこれは違います。個人的にあくまで質素な生活に甘んずる。……我々がソシャルにはリッチ――社会的には富、インディビデュアルにプーア――個人的に貧乏、これが本当に我々の理想でなければならぬと思います。……学校……道路……府庁……そういう公の建物はまだまだ豊富な立派なものを私共は造りたい。……我々個人としては極めて質素の生活をして行くということで満足するということがこれが私共の宗教の精神であります。そこに宗教生活と経済生活が一致するのである。社会的富ということに努力する。……我々は個人的に富まなくも社会的に富さえすれば善いというのである。(「将来の宗教生活と経済生活」、安部〔二〇〇九〕一八八―一九〇頁)

安部がキリスト教に託した社会的機能は、「精神生活」の充足や「【23-9】自分の同胞の為めに自分にあるだけの力を注ぐ」「人類愛」であった(「将来の宗教生活と経済生活」、安部〔二〇〇九〕一八〇頁)。一方、「経済学」は「社会主義」であることが明示されている（荻野〔一九九〇〕五四頁）。そしてこれらを通じて、「個人的に富まなくも社会的に富さえすれば善い」という「質素の生活、高遠の理想」に基づく、「豊富な幸福な」「経済生活」の実現を唱えたのである。

「質素の生活」が恐らくキリスト教的信条からくるものであることは理解しやすいが、安部はこれを社会のあり方という視角からも捉えている。つまり、低所得者の数が多いことが想定されるため、「社会主義」により格差が解消された場合、短中期的に所得水準は低位で推移する可能性が高い。必然的に人々は「質素な生活」を送る。しかし社会の一部に偏在していた「富」を「学校」などの公共施設に充てれば、所得水準は低くても公共サービスは増加し、実質的な生活水準は社会全体として向上する。「社会的富」の実現である。ここに、「宗教生活と経済生活が一致」、すなわち宗教上の信条と「社会主義」の理想が一致する。

一般的には、安部＝社会主義者の印象が強いかもしれない。しかし、格差の解消を公共サービスの充実で図る提唱など、彼の社会主義は社会政策的なものであった。資本主義社会の日本で社会主義の実現を唱えること自体は反体制的であろうが、安部の思想はある種体制派と通底する部分を持つものだったと言えよう。

さらに、キリスト教と「社会主義」は「社会的富」と「人類全体に非常な幸福」をもたらすと考えていることからは、安部はこれらを進歩の思想と捉えている様子が窺える。そしてこの両者を、日本が社会問題を克服し、より理想的な西洋的近代社会に近づくための手段としていることが分かる。ある思想の価値を社会的機能に照らして捉える方法は、江戸時代から使われている。キリスト教と社会主義の受容が在来思想との意識された非連続だとすれば、その評価方法には無意識の内の連続性を見ることができるだろう（川口〔二〇一〇b〕一七二頁）。

【23-1】【23-3】松永昌三編集解説（一九七四）『近代日本思想大系3　中江兆民集』（筑摩書房）
【23-2】中江篤介（一九八五）『中江兆民全集』第一四巻（岩波書店）
【23-4】【23-5】【23-6】【23-7】【23-8】【23-9】安部磯雄日記復刻委員会編集（二〇〇九）『安部磯雄日記──青春編──』（『新島研究』第一〇〇号別冊）（同志社大学同志社社史資料センター）

第24章　社会政策と日本的マルクス主義

一　福田徳三

明治時代、日本の政治は元老を中心する寡頭体制がしかれていた。しかし大正期には、メディアを通した世論形成が進んで国民の権利意識が強まり、明治憲法によった立憲主義思想に基づく民主的な政治を望む動きが生じる。そして天皇主権の憲法下という状況を踏まえつつ、政策決定は民意によるべきとする民本主義が吉野《よしの》作造《さくぞう》（一八七八―一九三三）によって唱えられ、「大正デモクラシー」が活発化する（佐々木〔一九九九〕二三九―二四七頁）。吉野とともにこれを先導した一人が福田《ふくだ》徳三《とくぞう》（一八七四―一九三〇）である。

福田は東京の商家に生まれ、小学校を出た後、一八九〇（明治二三）年に高等商業学校予科（現・一橋大学）に入学。卒業後は神戸商業学校（現・神戸商業高等学校）や高等商業学校で教鞭をとり、一八九八年にドイツへ留学する。ここで経済学者ブレンターノ（L. Brentano、一八四四―一九三一）に師事して社会政策学を学び、帰国後は高等商業学校や慶応義塾に勤務。マルクス研究者としても知られた他、新古典派経済学の批判的紹介にも努めている。

彼は、当時の資本主義の課題、そして新たな社会認識の方法として学ばれ始めたマルクス主義の問題点、さらに社会政策の意義について、次のように述べている。

【24-1】社会主義は少くともマルキシズムの説に於《おい》ては、此《この》闘争に関する唯物史観《ゆいぶつしかん》として極めての楽観説を持して居る。即ち此《か》くの如き階級の対抗は資本主義が其《そ》れ自ら必然的に崩壊す可《べ》き運命を有するものであるから、之《こ》れと共に亦《また》当然早晩消滅す可きものであると云《い》ふのである。私の解する社会政策は此様な楽観に耽《ふけ》らぬものであって、資本主義を以《もっ》て、其自らに崩壊す可き必然的運命を有して居るものとは認めない。此儘《まま》に放擲《ほうてき》して置けば、即ち必然的運命に任せて置けば、資本増殖の勢は益々《ますます》強烈となりて人生の真正の厚生幸福は全く其の為めに蹂躙《じゅうりん》せらるゝ外《ほか》はない、我々は必然の運命の到来に一任せず、人為の政策を以《も》つて此大勢に対抗せねばならぬと主張するものである。是《これ》が即ち社会政策存在の理由である。（『社会政策と階級闘争』、福田〔一九二六a〕序一〇頁）

市場メカニズムに任せると利害対立や格差が生じ、「真正の厚生幸福」が実現されない。しかし、格差が階級闘争を生み、資本主義は必然的に崩壊すると唱えるマルクス主義も現実的ではない。そこで福田は、【24-2】のように、資本主義の枠内で社会改良を行いうる「生存権の社会政策」と、それを基礎に置く「真正なるデモクラシー」が必要だと主張した（西沢〔二〇〇四〕三七一頁、木嶋〔二〇〇六〕九〇頁）。

【24−2】此新らしいデモクラシーとは……下層無産の大多数に……先以《まず》て経済上の安固・生活の保障、即ち予《よ》の常に主張する生存権の認承が与へられるのでなければならぬ。従《したがつ》て先以て経済上のデモクラシーとなつて顕《あら》はれる。……国民の全部に対して生活の安全を与へんとするものが、今日の真正なるデモクラシーである。（『黎明録』、福田〔一九二六c〕七六三—七六四頁）

労資間の経済的不平等などは、政治的自由の獲得によってはすぐに解消できない。そこで、ストライキなど労働者の自発的団結の自由を積極的に認めつつ、「【24−3】国家の根本権として国民の生存権を認めよ、而して財産を中心とする私法は之に対して助法たる可し」（『社会政策と労銀制度』、福田〔一九二六b〕二〇三二頁）と、資本家が利潤を追求する自由に対して、所有権の自由を規制する社会政策を構想した。この「経済上のデモクラシー」つまり「生存権の認承」という社会政策を行えば、「国民の全部」に対する「生活の安全」が実現するのである（武藤〔二〇〇九〕一二〇頁）。

「【24−4】経済上・政治上の進歩と云ふものは、此個人性の発達の遅速によつて支配されて居る」（『経済単位発展史研究』、福田〔一九二八〕三六頁）との言葉の通り、彼は利己心に動機づけられた孤立的個人の自発的な活動が国民経済の発展をもたらすと考えていた（井上〔一九九八〕一一七頁）。しかし、社会との関係で各人が能動的に行動することの重要性自体は、江戸時代から認識されている。また、生存権は国家によって「認承」が「与へられる」ものという点で「他の国家的諸価値に対する優位性を欠く」（宮島〔一九八三〕六〇頁）面があり、国家を第一義的とする性質も有していた。つまり、人と社会との関係を見る福田の目は、在来思想の底流化という視点で捉えることもできよう。

二　山田盛太郎

1　マルクス主義への関心

福田も触れていた「マルキシズム」つまりマルクス主義は、社会変革の実践的理論の一つとして、特に知識人層から関心が寄せられた。一九三〇年前後、貧困・社会的不平等の是正などを求める動きが活発化する中、一九二二年のソヴィエト社会主義共和国連邦の誕生と国際共産主義運動の展開が、日本にも影響を与え始めた時期である。

一般的にマルクス主義は、ドイツの哲学者・経済学者マルクス（K. H. Marx、一八一八―一八八三）と思想家エンゲルス（F. Engels、一八二〇―一八九五）により構築された、共産主義社会の実現を目指す思想体系を指す。概括的に要約すれば、次のようになるだろう。

まず社会を上部構造と下部構造の二階建てで捉える。下部構造は、生産力（労働力・技術などの生産諸力＋生産様式）と生産関係（生産力に対応した人間関係）の言わば経済的要素から成り、社会の土台である。生産力はつねに発展し、生産関係はこれと相関する。たとえば生産力が機械によるようになれば、生産関係も資本主義的生産様式に基づく労資関係となる。これに対し上部構造は、政治・法律・宗教・芸術・哲学などの社会的要素を指し、その特徴は下部構造によって規定される。したがって、下部構造の変化が上部構造の変化をもたらすという関係性がある。

こうした唯物史観に基づき、人類史の普遍的発展段階説が提唱される。生産力の発展により下部構造と上部構造との対応関係に矛盾が生じると、支配階級・被支配階級間の闘争の果てに革命が起こる。この革命によって社会は発展し、どの社会でも普遍的に同じ発展段階を歩んでいく。

その発展段階とは、原始共産制→奴隷制→封建制→（ブルジョワ革命）→資本制→（社会主義革命）→共産制である。ブルジョワ革命は一八世紀末のフランス革命、社会主義革命は二〇世紀初頭のロシア革命などが挙げられる。社会主義社会は、少数の資本家の搾取により貧困にあえぐ多数の労働者階級を解放すべく築かれる。さらにその完成形である共産主義社会が実現すれば、人類は最終的に解放されるのである（峰島〔二〇一〇〕一七〇頁）。

2　日本資本主義論争

日本のマルクス主義者たちは、こうした普遍的発展段階説に基づき、日本でも社会主義革命は必然だと考えた。しかし、日本の資本主義の性格をどう理解するかで、必要とされる革命に関して見解の違いが生じ、知識人の間で論争が起きる。日本資本主義論争である。

この論争は、一九三〇年代前後のみならず、第二次世界大戦後の日本の社会科学全般、そして歴史意識にも大きな影響を与えた。たとえば、高校日本史の教科書にもそれは表れている。高度経済成長の初期にあたる一九六〇（昭和三五）年の教科書には、鎖国や大政奉還が次のように記述されている。

【24-5】鎖国の結果、日本人の海外発展は中止され、……国内では諸工業がおくれ、社会の進歩がとまって、世界の進運からとりのこされた。鎖国の間に日本的な文化がつくられ……〈しかし〉失ったものの方がはるかに大きい。（『詳説日本史』、宝月・藤木〔一九六〇〕一九三頁）

【24-6】ヨーロッパでは、封建制度を倒したのは市民階級であったが、わが国では商工業者の力がまだ十分に成長

しないうちに、欧米の強大な勢力に圧せられて開国をよぎなくされた。……そのために改革運動は、一般庶民からではなく、支配階級の武士やそれに近い人たちからはじまり、それが、その後の政治に影響してゆくのである。(『詳説日本史』、宝月・藤木〔一九六〇〕二五三―二五四頁)

しかし、二〇一三(平成二五)年版には、「いわゆる鎖国の状態」の江戸時代における技術進歩は著しく、全国で特産物が作られ、諸産業の発達も目覚ましかったと書かれている(石井・五味・笹山・高埜〔二〇一三〕一八三―一八四頁)。大政奉還に関しては【24-6】に対応する記述自体がない。あくまで現時点での研究水準の話だが、少なくとも江戸時代に「諸工業がおくれ、社会の進歩がとまっ」たという理解は、今はされていないであろう。

いずれにしても、【24-5・6】に表れているのは江戸時代の後進性、西洋に対する日本の劣等性である。こうした感覚が解消されていくのは、戦後日本が達成した高度経済成長という事実に対して、日本のマルクス主義経済学である「講座派・労農《ろうのう》派とも、現状分析能力の欠如、現状把握の方法的視角の喪失を証明し」、「高成長そのものによって崩壊し」たとされる、一九六〇年代以降である(降旗〔一九八三〕六・九頁)。

講座派・労農派とは、論争の対立陣営である。見解の違いは、普遍的発展段階説を日本史に適用した場合、明治維新はブルジョワ革命であるか否かという部分に主に起因する。政治雑誌『労農』(一九二七―一九三二)に寄稿していた山川均《やまかわひとし》(一八八〇―一九五八)・向坂逸郎《さきさかいつろう》(一八九七―一九八八)など非日本共産党系の労農派は、資本主義の発展により各国の固有性は解消されると考え、普遍的発展段階説を忠実・単純に日本史に適用した。そして地主制を近代的と捉え、日本はすでに近代資本主義社会の段階にあると見た。したがって、日本は明治維新というブルジョワ革命を経ているため、必要なのは社会主義革命だとする一段階革命論を唱えた。

一方、講座派は、『日本資本主義発達史講座』（一九三二―一九三三）を執筆者した野呂栄太郎《のろえいたろう》（一九〇〇―一九三四）・服部之総《はっとりしそう》（一九〇一―一九五六）・羽仁五郎《はにごろう》（一九〇一―一九八三）・平野義太郎《ひらのよしたろう》（一八九七―一九八〇）・山田《やまだ》盛太《もりた》郎《ろう》（一八九七―一九八〇）らを中心する。一九三二年、各国の革命運動を支援する国際組織コミンテルンで、「日本における情勢と日本共産党の任務に関するテーゼ」という活動方針が決定された。講座派はこれを踏襲し、マルクス主義の方法に基づき、日本を歴史・経済・文化などの面から総合的に研究していったのである。

講座派の立場は、山田の言葉を借りれば次のように説明される。

【24–7】この〈産業資本確立〉過程は、略《ほぼ》明治三十年乃至《ないし》四十年を画期する所の、即ち、正に日清日露両戦争の時期を貫串《かんせん》する所の、過程であって、これによって、日本資本主義の軍事的半農奴制的型制は終局的に決定せられる。特殊的、日本資本主義におけるかかる過程が、同時に、帝国主義転化の過程でもあり、また金融資本としての構成をとる過程でもあることは、当該の特質の然《しか》らしめる所である。明治維新変革を起点として展開する所の日本資本主義における、かくの如き産業資本確立過程なるものが茲《ここ》に日本型を確定する。……十七世紀初頭以降の徳川封建専制の場合に先進資本主義諸国の外圧下に余儀なくされた維新変革（明治元年、一八六八年）を起点とする所の、徭役《ようえき》労働＝労働地代の礎石《そせき》と半隷農的現物年貢の原則と債務農奴態の一般的傾向との特徴の半農奴制的零細農耕をもつ特殊的、顚倒《てんとう》的、日本資本主義の、世界史的低位に基く特質は、その産業資本確立過程の規定のうちに構造的（諸範疇《はんちゅう》、諸構成）に凝集《ぎょうしゅう》されてゐる。（『日本資本主義分析―日本資本主義に於ける再生産過程把握―』、山田（一九三四）序言一―三頁）

山田は、現在の愛知県一宮市の比較的裕福な農家に生まれ、一九一六（大正五）年に第八高等学校（名古屋）に入学。この八高時代、経済学者・河上肇《かわかみはじめ》（一八七九―一九四六）の著作を通じてマルクス主義と出会い、社会の進歩への献身を自己実現と考え、マルクス主義をその手段として見出す。そして一九二〇年に東京帝国大学経済学部へ入学。卒業後は同学部の副手・助手・助教授に就き、知識人として日本社会への貢献を果たそうとした。

しかし、社会主義者などに対する治安当局の弾圧が始まり、依願免本官で東大を辞職。この間、『日本資本主義発達史講座』や『日本資本主義分析』（一九三四）を発表するが、一九三六年に政治的主張や立場を放棄する転向声明を出した。そして終戦後まもなく教授として東大に復職し、農地改革に参与するなどの活動を行う。

3　講座派マルクス主義の見解

山田の言説によると、発展段階説に即せば江戸時代は封建社会に相当する（寺出〔二〇〇八〕）。しかしこの時代は、革命の主体となりうる資本家的勢力を欠き、資本制への移行の内的必然性が欠如していた。したがって、明治維新は革命としては不十分であった。明治日本は、西洋の「外圧」によっていわゆる幕藩権力が再編されただけで、かつ天皇制を体制の核としており、いまだ封建的土地所有制度に基づく絶対主義の段階なのである。

この体制下では、政府による「上からの資本主義化」すなわち資本主義が強行的に創出された。これを底辺で支えたのは「半農奴制的零細耕作」であった。一方で、日本の工業化は地租を資金源として進展していく。つまり、在来産業からの収奪によって近代工業部門への投資が可能となっていたのである。

成長著しい工業は、生糸製糸業・綿糸紡績業などの軽工業部門だった。しかし、生産体制は機械制大工業や問屋制家内工業などが併存し、どれも低賃金労働であった。こうした生産体制の併存・低賃金労働は他の産業にも見られ、日本の資本主義の一つの特徴を成した。

だが、「上からの資本主義化」は、軽工業部門を劣位に置き、軍事工業とそれを支える鉄道・電信などのインフラ産業の発展を優先させていく。また、小作農の低所得・労働者の低賃金は国内市場を狭隘《きょうあい》なものとしたため、その代替をアジア諸国への輸出に求めることとなった。さらに、国内資源の欠乏を補うため、東アジアへの軍事的侵略が至上命題となり、強大な軍事機構の維持をより一層必要としていったのである（山崎〔一九七八〕七頁）。

山田などの講座派によって、日本の資本主義はこうした「軍事的半農奴制的型制」という独自性を持つことが明らかになった。これは、発展段階説という普遍的であるはずのモデルが、日本には直ちに当てはめられないことを意味した。すなわち日本の近代は、上部構造が下部構造を規定しており、かつ上部構造（天皇制）と下部構造（資本主義）は不対応という「特殊的、顚倒的」性格を持ち、普遍モデルとは異なる仕組みを持つのである。

講座派はこれを「歪んだ近代」「遅れた近代」と見なし、西洋近代に対する日本近代の後進性を問題にした。そこで、まずブルジョワ民主主義革命によって天皇制権力を軸とする絶対主義を打破し、ついで社会主義革命を起こすという二段階革命の必要性を唱えた。これは当時の日本共産党の公式見解でもあった。

4　講座派マルクス主義の説得力

事実上、講座派理論は唯物史観を否定するものだったが、当時、より注目されたのは、近代日本に対する全面的批判、西洋的近代とは乖離した日本的特質であった。発展段階説は、こうした「歪んだ近代」「遅れた近代」を抱えた日本が、西洋的近代を迎える未来像と保障を与えてくれる理論的根拠として期待されたのである。これは明治以降の知識人が心的傾向として抱いていた、西洋への憧憬の表れの一つであったといって言いだろう。

そのためマルクス主義に代表される社会主義思想は、西洋と日本では受け止められ方が異なった。西洋では資本制から共産制への移行に向けた実践的理論であり、近代資本主義を否定する思想とされたのに対し、日本の場合、封建制から資本制への移行に向けた実践的理論であり、西洋モデルの「進歩の思想」として事実上機能した。資本主義の生む矛盾が社会問題化し、一九二九年の世界恐慌後には資本主義が世界的に危機に陥った時代において、講座派の提示した西洋モデルの進歩の理論は、説得力を持って知識人に受け入れられたのである。

一九三〇年代中頃には、当局の弾圧で当事者が検挙され、論争自体は途絶していく。しかし特に講座派理論は、第二次世界大戦後の日本で「近代化論」として機能する面を持つことになる。戦後民主主義の思想は、第二次世界大戦を、近代日本の構造がもたらした必然的帰結と捉えるところから出発した。ここで省みられたのは、農村における地主・小作人の半封建的関係、工場労働者への人格的支配の横行、家父長的なイエ制度による権利の蹂躙《じゅうりん》、さらにこの社会構造の上に立つ絶対主義的な天皇制であった。そしてこれらを日本の近代化の遅れや歪みと捉えた。

代表的な研究者に、大塚久雄《おおつかひさお》（一九〇七―一九九六）や丸山真男《まるやままさお》（一九一四―一九九六）がいる。大塚は、近代社会とは隣人愛に裏づけられた自律的勤労の精神を持つ人間によって形成されるものであり、国家をも一つのイエと見なす戦前の家族主義的社会はその対極にあると捉えた（大塚〔一九六九〕）。丸山は次章でも触れるように、戦前日本における政治的決断の責任の所在は不明確で、無責任体制という特質を持っていたことを指摘した（丸山・古矢〔二〇一五〕）。戦後民主主義思想の近代日本に対する分析は、戦前の講座派理論と重なり合うところが大きく、その視角に対する共鳴の度合いは高かったのであろう（佐藤〔二〇〇一〕二七六―二七七頁）。

【24―1】福田徳三〔一九二六ａ〕『経済学全集』第五集上（同文館）

【24-2】福田徳三（一九二六c）『経済学全集』第六集上（同文館）
【24-3】福田徳三（一九二六b）『経済学全集』第五集下（同文館）
【24-4】福田徳三（一九二五）『経済学全集』第四集（同文館）
【24-5】【24-6】宝月圭吾・藤木邦彦（一九六〇）『詳説日本史』（山川出版社）
【24-7】山田盛太郎（一九三四）『日本資本主義分析―日本資本主義に於ける再生産過程把握―』（岩波書店）

第25章　世界と日本の模索

一　第一次世界大戦と一九二〇年代

一九一四（大正三）年七月に第一次世界大戦が始まり、翌月、日本はドイツに宣戦布告した。しかし、主戦場はヨーロッパであり、日本の軍事行動は軽微なものであった。むしろ、一九一八年まで続いたこの戦争は、日本に好景気をもたらし、巨額の正貨が流れ込み、日本は戦争前の債務国から一転して債権国となった。また、日本軍が攻略した山東半島の取り扱いをめぐって、大隈重信《おおくましげのぶ》（一八三八―一九二二）内閣はいわゆる「対華二一ヶ条要求」を中国側に通告し、権益拡大を試みた。これは、中国はもとより、欧米諸国の反発・不信を招く結果となった。

一九二〇年代になると、大戦中とは打って変わって、日本は三度にわたり景気後退を経験し「慢性不況」となった。ただし、大戦中に緒に就いた重化学工業化は漸進し、まったくの停滞に陥ったわけではなかった。しかし、重化学工業はいまだ日本経済を全面的に牽引するには至っておらず、外貨保有高も急減した。また、大戦中に停止していた国際金本位制が、戦後徐々に再建されていく中で、日本は金本位制から離脱したままであった。

一九二〇年代後期、右のような日本経済の状態から抜け出すための経済政策としては、大雑把に言えば、［1］均衡財政・物価引き下げ・金本位制への復帰・産業合理化の推進か、あるいは、［2］積極財政・金本位制復帰を前提としない円切り下げ・輸出振興・総需要拡大、の二つが想定できよう（武田［二〇〇二］三六頁）。これに一つの解答を与えたのが、一九二九（昭和四）年七月に成立した立憲民政党の浜口雄幸《はまぐちおさち》（一八七〇―一九三一）内閣であった。

二　国際協調と産業合理化

浜口内閣は、成立に際して「十大政綱」を発表した。外交政策と経済政策に関わる部分は【25―1】の通りである。

【25―1】（四）日支の国交を刷新して善隣の誼《よしみ》を敦《あつ》くするは刻下の一大急務に属す。……軽々しく兵を動かすは固《もと》より国威を発揚する所以に非ず。政府の求むる所は共存共栄に在り。……帝国と列国との親交を増進し、併せて相互通商及企業の振興を図るは、政府の重きを置く所なり。……我国際貸借の趨勢を改善するは、主として通商及海外企業の平和的発達に待つ。之れと同時に……進んで国際連盟の活動に協戮《きょうりく》〈心や力を合わせる〉し、以て世界の平和と人類の福祉とに貢献するは我国の崇高なる使命に属す。

（五）軍備縮小問題に至りては今や列国共に断乎たる決意をもつて、国際協定の成立を促進せざるべからず。

（六）社会の指導的地位に在る者宜しく率先して、勤倹力行以て一世を警醒するの覚悟あることを要す。即ち政府自ら中央地方の財政に対し一大整理緊縮を断行し、依て以て汎《あまね》く財界の整理と国民の消費節約とを促進せむとす。
（七）我国債の総額は世界の大戦開始以来非常の勢を以って増加し……為に財政の基礎を薄弱ならしめ財界の安定を脅威し公債の信用を毀損すること実に甚しきものあり。依て政府は昭和五〈一九三〇〉年度以降一般会計に於ては新規募債を打切るべく、特別会計に於ても其の年額を既定募債計画の半額以内に止めむことを期す。
（八）金輸出の解禁〈金本位制への復帰〉は、国家財政及民間経済の建直しを為す上に於て、絶対必要なる基本的要件たり。而かも之が実現は甚しく遷延を容《ゆる》さず。（川田〔二〇〇〇〕一三五―一三七頁）

右のうち（四）（五）は外交政策、（六）（七）（八）が経済政策であるが、まず前者から見てみたい。

一九二〇年代の世界秩序は、第一次世界大戦の結果を前提として、イギリスとそれに代わって世界最強国となったアメリカとが作り出したものである。具体的には、ヴェルサイユ講和条約（一九一九調印）・国際連盟（一九二〇発足）・太平洋に関する四ヶ国条約（一九二一調印）・ワシントン海軍軍縮条約（一九二二調印）・中国に関する九ヶ国条約（一九二二調印）・パリ不戦条約（一九二八調印）・ロンドン海軍軍縮条約（一九三〇調印）、および、再建国際金本位制といった国際的枠組みである。そして、一九二〇年代の日本の外交は、基本的にはこうした国際秩序を前提とするものであり、浜口内閣は対米英協調・不戦・軍縮といった外交姿勢を強く持つ政権であった。

では、このような外交政策の狙いは何であろうか。むろん外交それ自体が重要であるが、同時に、（四）に「相互通商及企業の振興」「国際貸借の趨勢」といった経済に関わる文言が登場していることに注意したい。また、軍縮の意義の一つは、「【25-2】国民負担の軽減」（「ロンドン海軍軍縮条約批准に関する首相声明」、川田〔二〇〇〇〕二五八頁）だとも説明されている。つまり、浜口内閣の外交は、米英中心の国際秩序を是認し、それを日本経済の発展という内政上の課題が依って立つ前提とするものであったと考えられる。

しかし、（六）（七）は、むしろ総需要を抑制し、景気を後退させるものであった。軍縮が「国民負担の軽減」との関係で語られていたのも、陸海軍の縮小が「財政」の「整理緊縮」に資するという意味なのである。しかも、（八）の金本位制への復帰が、一九三〇年一月一一日、その際の円の価値は、当時の円為替の実勢と比べて円高の、いわゆる旧平価一〇〇円＝四九・八五ドルと定められた。これも輸出を抑制し、輸入を促進し、貿易収支の赤字を増大させかねないものであり、こうした一連の経済政策は、少なくとも短期的には、デフレを引き起こすものであった。

しかし、浜口に言わせれば、それは短期的な苦痛であり、中長期的には日本経済の安定的な成長が実現されるはずである。その方策について、一九三〇年一月、浜口は次のように語っている。

【25-3】金解禁〈金輸出禁止の解除〉は我財界が経済の常道に復帰せる更正の第一歩に過ぎないのであって、我国民は是れより此の更正したる基盤の上に立ち、国民経済の堅実なる発展に向って真剣なる努力を継続し、以て国際貸借の改善、金本位制の擁護に勉めなければならぬと考へるのである。……而して政府が差当たり緊急と認めて審議を求めんとする事項は企業の統制、能率の増進、基礎工業の確立、原始産業の経営改善、国産品愛用の奨励、産業金融の改善、販売方法の合理化等の諸問題でありまして、本邦産業界の如く乱雑にして、規律に乏しく、互に無理の競争を事として粗製濫造の弊に陥り易き現状の下に於ては、投資の重複を排除し、生産費の低下を図り、品質の整齊、優良を期するが為、企業の合同、又は連合を促して、之を統制するの必要があると考へます。（「強く正しく明るき政治」、川田〔二〇〇〇〕二一九頁）

すなわち、「国民経済の堅実なる発展」のために、政府が政策的に「企業の合同、又は連合」によって国際競争力を備えた大企業を作り出し、「之を統制する」ことが必要だと言うのである。既述のように、江戸時代以来、政府が経済活動に関与することは当然視されているが、浜口内閣の場合、一九二〇年代の重化学工業化の漸進と、他方における慢性不況、厳しい国際競争が重なり合って、右のようなカルテル結成を誘導するという意味での産業合理化政策が打ち出されたのであろう。一九三一年、このための法律である重要産業統制法が制定・施行された。

浜口内閣の経済政策は、一九二〇年代の米英中心の国際秩序を前提として、国際金本位制＋軍備縮小→財政負担軽減→緊縮財政→産業合理化→国際競争力強化→貿易拡大→安定成長という連関を想定したものであったと考えられる。米英との協調を図りつつ、その枠内において自国経済の成長を実現しようとするこの発想は、世界と日本との関係についての一つの考え方であると言えよう。

三　新平価金輸出解禁論

金本位制復帰時の円価値を、円為替の実勢に近い水準に設定すべきだといういわゆる新平価解禁論が、言論界の一部にあった。石橋湛山《いしばしたんざん》（一八八四―一九七三）は、一九二八年、『東洋経済新報』に次のように書いている。

【25―4】そもそも金解禁の目的は為替相場の安定を保つことの外にはない〈傍点原文〉、而して為替相場の安定は……一定の平価に依り、金の売買輸出入が自由に行われれば、保たれる、敢て旧平価に戻さねばならぬわけのものではないからだ。（「軽率なる金解禁を警《いまし》む」、石橋〔一九七一〕一五一頁）

すなわち、金本位制復帰の目的は為替相場の安定であり、その際の円の価値は、為替相場の実勢に従った方が実態経済に与える悪影響が少ないということである。そして、こうした主張の背景には、【25-5】のように、金本位制の機能に対する信頼感があったように思われる。

【25-5】貨物でも資金でも、……最大限にその需給を国際的ならしめると云うことが、経済の本道であり、又国家繁栄の秘訣である。然るに今我国は、金の輸出を禁止しておる為めに、為替相場は、僅かの事にても絶えず著しく変動する。のみならず又政府の気まぐれで何時金の輸出が解禁になり、為替相場が旧平価近くに戻らぬとも限らぬ。此為めに、我短期長期の金融が国際的疏通の自由を妨げられていることは、蓋《けだ》し意外に大なるものがあろう。……金の輸出禁止の為め、為替相場が絶えず変動し、貿易乃至《ないし》諸産業の健全なる進展を妨げておることは余りに明白だ。
（「新平価を定め金解禁を即行せよ」、石橋〔一九七一〕一五二―一五三頁）

さて、右のように、金本位制に支えられた「貨物」「資金」の滞りのない通交が「経済の本道」「国家繁栄の秘訣」であるとすれば、自由な経済活動を阻害する国家間の軍事的対立は忌避されるべきであろう。石橋湛山は、従来の外交政策は「【25-6】満州に於ける特殊の立場」（「対支強硬外交とは何ぞ―危険な満蒙独立論―」、石橋〔一九七一〕二三五頁）に拘泥していると批判し、対中国外交の採るべき「方針」を次のように主張している。

【25-7】支那とは殊に境地を接し、緊密なる利害関係を結ぶ我国は……確固たる方針を立て自力を以て対支問題を

解決する覚悟を要する。而して此方針として最も大切なるは……満蒙の特殊利益を棄《す》つることである。(「駄々ッ子支那―軽薄なる列強の態度、我国は特別利益を棄てよ―」、石橋〔一九七一〕二三九頁)

浜口内閣の旧平価による金本位制復帰とそれを前提とした経済政策が不景気をもたらし、さらに、後述のいわゆる世界大恐慌が重なり、日本は「昭和恐慌」に陥った(中村〔一九八九〕、岩田〔二〇〇四〕)。これに対して、石橋湛山の新平価解禁論は、経済の実態に即した卓見のように見えなくもない。確かに円高の旧平価金解禁と円安の新平価金解禁では、実態経済に与える影響において少なからぬ差があったかもしれない。しかし、日本と世界との関係についての、金本位制に基づく自由な経済活動とそれを妨げない範囲での軍備という考え方においては、両者の間に基本的な違いはないと言えよう。一九二〇年代の国際秩序は両者にとっての所与の前提であり、その意味においては、旧平価と新平価の差は、言わば程度の問題である。

四 世界大恐慌と満州事変

一九二九年七月の浜口内閣成立から、後で述べる首相交代を含みつつ、立憲民政党内閣は一九三一年一二月まで存続した。この約二年半の間に、その後の日本や世界の進路に関わる大きな出来事が、日本の国内外で発生した。

その一つは、一九二九年一〇月のニューヨーク株式市場での株価崩落である。これを契機にアメリカで景気後退が始まり、さらにアメリカからの資金に依存していたヨーロッパなどにも不況が波及した。これが世界大恐慌であり、欧米各国は次々と金本位制を停止し、国際金本位制はその歴史的使命を終えた。しかも、欧米列強は、他国を排除するため、自国勢力圏の囲い込み、いわゆるブロック化を行い、これによって、世界における政治的・軍事的緊張が高まっていった。そして、日本では、世界経済の後退と浜口内閣の経済政策が重なり、昭和恐慌と呼ばれる大不況となった。世界秩序の変質は、立憲民政党内閣の内政・外交の前提条件が消滅したことを意味した。

一九三〇年一一月一四日、東京駅構内で浜口首相狙撃事件が起こった。浜口はその場では一命を取り留めたが、翌年四月、容態悪化のため内閣は総辞職し——浜口は八月二六日死亡——、若槻礼次郎《わかつきれいじろう》（一八六六—一九四九）が後継首班となった。若槻内閣が既定の政治方針を変更しなかったことは、不況を深刻化させたという結果を伴ったかもしれないが、暴力の影響を排除したという意味においては、むしろ当然と言うべきであろう。昭和戦前期にいく度も起こった要人暗殺が、国家の意思決定に不法な悪影響を及ぼした事実を忘れてはならない。

最後は、一九三一年九月一八日、満州に駐屯する日本陸軍部隊（関東軍）が奉天（現・瀋陽）郊外の柳条湖付近において南満州鉄道線路を爆破して引き起こした満州事変である。この関東軍の行動は、若槻内閣の外交方針に反するとともに、陸軍刑法が禁ずる「擅権《せんけん》〈権力を私すること〉」に当たり、死刑にも相当する犯罪行為である。しかし、政府も、陸軍省・参謀本部もこれを制御できず、あるいは、せず、関東軍は一九三二年三月に「満州国」という傀儡《かいらい》国家を作り上げた。満州事変は、米英に依存しない日本独自の勢力圏を築こうとする試みの第一歩、すなわち、一九四五年八月まで続いた昭和の戦争の始まりであり、この一三年五ヶ月に及ぶ戦争は、日本・アジア諸国・アメリカ等にとりかえしのつかない甚大な人的・物的損害をもたらした。日本は、明確な国家意思の決定のないまま、現地軍の暴発を後追いする形で、「十大政綱」（【25-1】）とは逆方向に進むことになった。

しかし、米英中心の世界秩序を前提にせず、日本独自の勢力圏を構築しようとする発想もまた、世界と日本との関係についての一つの考え方である。しかも、一九二〇年代の国際協調を基調とする世界秩序が消滅した後においては、それはむしろ世界の大勢であり、日本国内においても大きな説得力を持ちえたはずである。

五　新秩序の構想

日本が、米英中心の世界秩序から離脱し、言わば自前の自給自足圏を構築しようとすれば、その方法は中国大陸への進出以外にはなかったであろう。その他の地域のほとんどは、欧米列強の植民地だったからである。満州事変勃発時の関東軍参謀石原莞爾《いしはらかんじ》（一八八九―一九四九）は、一九四〇年、すなわちヨーロッパで第二次世界大戦が始まった次の年、日本がアメリカ・イギリス・オランダと戦争状態に入る前の年、左のように語っている。

【25―8】東亜〈東アジア〉の諸民族の力を総合的に発揮して、西洋文明の代表者と決勝戦を交える準備を完了するのであります。……この立ち後れた東亜がヨーロッパまたは米州の生産力以上の生産力を持たなければならない。……ドイツの科学の進歩、産業の発達を追い越して最新の科学、最優秀の産業力を迅速に獲得しなくてはならないのであります。これが、われわれの国策の最重要条件でなければなりません。ドイツに先んじて、むろんアメリカに先んじて、われわれの産業大革命を強行するのであります。……この産業革命によって……驚くべき決戦兵器が生産されるべきで、それによって初めて三十年後の決勝戦に必勝の態勢を整え得るのであります。（『最終戦争論』、石原〔一九九三〕四八―五一頁）

「東亜の諸民族」を統合し、「三十年」の時間をかけて「産業大革命を強行」し、米独をしのぐ「決戦兵器」を創り出し、世界最後の「決勝戦」に勝つというのである。この「東亜」を一個の勢力圏とするという構想は、日本が、アメリカとの関係なしに、世界最高の経済力・軍事力を獲得するにはどうしたらよいかという難問に対する一つの回答なのである（片山〔二〇一二〕）。

しかし、そもそも右のような「産業大革命を強行」することは可能であろうか。少なくとも、それを市場経済における民間経済主体の行動に委ねておいたのでは、「三十年」たっても、その完遂はおぼつかないかもしれない。【25-8】で石原が「国策」を持ち出すのは、こうした事態を危惧しているからであろう。言い換えれば、日本独自の勢力圏の構築という目標を実現するためには、経済システムにおける市場経済から統制経済への転換と、政治における「全体主義」（たとえば、原〔一九四〇〕）の採用が必要なのである。

日本の勢力圏――日満ブロック、日満支ブロック、大東亜共栄圏――構想を、後の結果から逆算して誇大妄想と言うことは簡単である。だが、当時の世界情勢の中で、これ以外に日本の進路がありうるとすれば、それはどのようなものであろうか。経済思想史的には、ある状況のもとで、多くの人々がこうした日本と世界との関係性を真に受けた、つまりそれに説得力を感じたという事実が、むしろ重要である。歴史の後知恵で片づけうる問題ではない。

六　対米開戦

日本独自の勢力圏の構築は不可能であり、対米戦争は必敗であることを正確に予知していた人々も、少なからず存在した（猪瀬〔二〇一〇〕）。また、アメリカとの関係修復を目指す外交努力も行われていた。国家の進路が絶対的に分岐しようとする時、どちらの方向に進むかを決定する、つまり将来への意思決定を行うことが、政治の本質的機能であろう。そして、その際の政治家・官僚・軍人などの決断のあり方は、彼らの思想に依存していたはずである。

日本が自立的勢力圏の構築を目指すとすれば、朝鮮半島・中国大陸から調達されうる物資だけでは不十分なので、その範囲は当時「南方資源地帯」と呼ばれた東南アジアにまで及ぶことになる。だが、この地域の多くは欧米諸国の植民地であり、このため日本の「南進」は武力行使を伴うことになり、そうなれば、アメリカが介入してくることは必至と考えられた。そして、本当にアメリカとの戦争になれば、その主戦場は西太平洋海域となるので、戦争の主役は海軍であると想定された。しかし、対米戦争の困難さは容易に想像でき、開戦に最も慎重であったのは、主役となるべき海軍であったかもしれない。だが、実際には海軍は開戦に同意し、それがもたらした結果は、国内外に厖大な犠牲を強いた上での惨敗であった。しかし、ここでは、結果から遡及しての開戦の是非ではなく、その開戦が決定されていく、その過程を見てみたい。国家の、つまり国民の運命を分ける瞬間における意思決定の過程やその内容は、それに関わった人間の思想の具体化だからである。

一九四一年当時、海軍の将官・佐官であった人物が、戦後、次のような証言を残している。

【25-9】 南部仏印進駐〈一九四一年六月、現在のベトナム南部への日本軍の侵攻〉で、あんなにアメリカが怒るとは思っていなかった。……根拠のない確信でした。……それはね、デリケートなんでね、予算獲得の問題もある。……それが国策として決まると、大蔵省なんかがどんどん金をくれるんだから。……しかし、外交はやるんだと。いうので、十一月間際になって、本当に戦争するのかしないのかともめたわけです。……本当に日米交渉妥結したい、戦争しないで片づけたい。しかし、海軍が意気地がないとか何とか言われるようなことはしたくないと、いう感情ですね。ぶちあけたところを言えば。（NHKスペシャル取材班〔二〇一一〕一三六―一三八頁）

【25-10】対四カ国（米英蘭中）作戦がですね、本当にやれるのかどうかということを徹底的に突き止めて。……そんなことを全然考えなくて、勢いに乗じて。致命的悲劇の根本はですね、軍令部……海軍省に勤務された偉い方が……それを本当に検討されずにですね、どんどん勢いに流されていったと。（NHKスペシャル取材班〔二〇一一〕一四〇―一四一頁）

国際情勢や軍事力についての冷徹な分析・評価・判定のないまま、決定的な瞬間に誰も決定的なことを言わない。どこで誰が何をいかなる責任において決めたかよく分からないが、対米開戦だけが決まっていったということであろうか。日本の社会の中では、「空気」を読まず、自説を言い続ける者は、嫌われがちなのであろうか。だから、敗戦後にその責任の所在が問われた時、誰が責任を負うべきなのかがよく分からず、あるいは、そういうことを問おうとせず、責任の拡散によって、なんとなく多くの人々が納得してしまったということであろうか（丸山〔二〇一五〕）。

既述のように、一七世紀後期、古学派と呼ばれる儒学思想が成立した。この思想は、朱子学が説く形而上学的・普遍的原理の存在を否定し、形而下の具体的事物・事象のみから成る世界を実在と見なした。この思惟様式においては、なんらかの価値判断がなされる場合、抽象的な原理は否認されているので、それ以外の何かに判断の基準を求めなければならない。では、それは何かと言えば、一つの有力な基準となりうるものが、現実世界における有効性であったように思われる。そして、そうだとすれば、こうした思惟様式が、思想外領域である現実社会の中で、言わば役に立つ結果をもたらす機能を発揮する可能性が高いことは、恐らく、事実であろう。

しかし、この同じ思惟様式は、組織や社会の全体がある方向に動いている時、自分一人がそれに異を唱えても、実際には無力であり、言っても無駄であるという気持ちに人をさせてしまうかもしれない。しかも、朱子学と違い、原理に根ざす根源的な思考が弱いとすれば、自分で自分の意思を相対化してしまう可能性さえあるであろう。

古学派的思惟様式が、現実に即する思考を促す機能を持ち、もしかりに一九四〇年の時点でこの機能が発揮されていれば、日米戦争の帰趨を現実的に予測し、対米戦争の無効性を判定できたはずであるが、実際には、同じ思惟様式が、人々を決定的な判断・発言・行動から回避させる方向に作用したように思われる。古学派の思想は現実指向的だと言われることがあるし、それはそれで間違いではないであろうが、この現実指向性は、現実への実効性ある働きかけを招来する可能性を孕むとともに、現実妥協的行動に人々を誘導するかもしれない。

「正の遺産」と「負の遺産」は紙一重である。それは、今なお、われわれ一人一人の思想的課題である。

【25-1】【25-2】【25-3】川田稔編（二〇〇〇）『浜口雄幸集』論述・講演篇（未来社）
【25-4】【25-5】【25-6】【25-7】石橋湛山（一九七一）『石橋湛山全集』第六巻（東洋経済新報社）
【25-8】石原莞爾（一九九三）『最終戦争論』（中公文庫）
【25-9】【25-10】ＮＨＫスペシャル取材班（二〇一一）『日本海軍４００時間の証言―軍令部・参謀たちが語った敗戦―』（新潮文庫）

補章 「戦後」の経済思想史

第二次世界大戦終結以降の期間は、「戦後」と呼ばれるのが普通である。しかし、一口に戦後と言っても、それは明治維新の一八六八年から本年（二〇一五年）までのおよそ二分の一にも相当する長い時間を含んでいる。したがって、本来であれば、戦後の日本経済思想史についても、相当の紙幅を割いて記述しなければならないであろう。けれども、戦後の経済思想史に関する研究は、その蓄積が十分であるとは言いえないのが現状である。このため、本書においては、戦後についての叙述は、むしろ控えることが適切であると判断した。

しかし、戦後の日本では、政治・経済・文化・生活様式などの諸領域において、さまざまな変化が起こっており、経済思想もその例外ではないであろう。したがって、ここでは、一つ一つの問題には立ち入らないが、取り上げられるべきであろう課題を列記し、議論のための素材を提示しておきたい。

①昭和の戦争

一九三一年の満州事変から四五年の敗戦に至る昭和の戦争の歴史的意味をどう考えるか。この問題が、まず最初に取り上げられるべきであろう。人類史上最悪の世界大戦の、しかも日本がその一方の主役であった昭和の戦争は、「戦後」の直接の前史であり、その評価は、狭い意味での「戦争責任」だけではなく、戦後を生きる人々の自己認識と重く結びつき、したがって、戦後日本の進路に深く関わっているはずだからである。それは過去の歴史的事象についての認識であると同時に、むしろそれゆえに、今の自分自身の存在についての自問自答でもあるということである。

②経済構想

少なくとも日本の敗戦が必至となった段階以降、戦争終結後の日本の国家・社会、そして経済をどのように再構築していくかという課題が検討されていたであろう。それは、戦後日本とそこに生きる人々がいかにあるべきかという問題であり、それを構想することは、なんらかの価値観に基づく思想的営みである。

また、同様に、一九五〇年代半ばに日本経済が戦前の水準を回復した時、そこから先の言わば未知の領域をどのようにデザインするかも、大きな課題であったろう。その際、国民の多くから支持された選択が、アメリカ中心の世界秩序、具体的には日米安保体制を前提にした上での、経済成長優先と軽武装の組み合わせである。ただし、こうした外交政策・経済政策の基調は、確かに戦後の国際秩序とその中における日本の立ち位置に根差しているであろうが、それをまったく戦後的現象とのみ捉えることは、もしかすると間違いかもしれない。たとえば、第25章で見た浜口雄幸《はまぐちおさち》（一八七〇―一九三一）内閣の、米英との協調的関係の維持を外交の基軸に据え、中国を含む諸外国との軍事的対立を回避し、国際金本位制に復帰した上で、日本経済の国際競争力強化を目指す政策（【25-1】）を思いだすならば、これと戦後の日米同盟＋経済成長優先＋軽武装主義との意外な近さに気づくかもしれない。

③大量生産・大量消費

右の経済成長優先を家計に即して考えると、「消費は美徳」といった風潮の一般化と捉えられるのではないだろうか。そして、こうした消費需要に対応して、財やサービスを大量に供給し続けることが、企業の役割となった。大量生産・大量消費を是とするような経済心理や生活態度は、いつ、どのようにして日本の社会に浸透したのか。課題の一つであろう。ただし、これを戦後的現象であると決めつけることには慎重であった方がいいかもしれない。第22章が参照されるべきである。

④政府と民間

公権力が言わば民間の経済活動になんらかの形で関与することは、江戸時代以来、珍しいことではなく、むしろ当然視されてきた。これは、［1］個体としての個人・組織体、［2］全体としての社会、［3］それらを統治する国家という三者の関係をいかに理解するかという、経済思想の根幹に関わる問題に根差しており、そこには、個体と全体との関係についてのある一定の感覚が、近世から近代を一貫して、伏在し続けているように思われる。

しかし、大枠としてはそうであっても、その時々の政権の民間への関わり方は一様ではない。戦前と戦後、また戦後の七〇年間において、政府と民間の関係についての考え方は、どのように変化し、あるいは、しなかったか。

⑤個々人と企業

右の④は［1］個体―［2］全体―［3］国家という枠組みの問題であり、ここで言う個体の中には単一の個人と複数の個々人から成る企業などの組織体が含まれている。特に、労働人口の大部分が企業に雇われた被傭者となった戦後の日本では、この個人と組織体（企業）の関係、企業そのもののあり方、および、企業間の関係が、その重要性を増しているであろう。それらは、敗戦を境にして、どのように変化し、あるいは、しなかったか。

たとえば、第25章で日米開戦の意思決定過程の問題点について言及したが、同様の課題は、戦後の企業内や企業間にも存在する可能性があるであろう。象徴的な言い方をすれば、「和」をもって尊しとする組織体質は、企業とその従業員の良好なパフォーマンスと結びつく可能性があるが、その反面、そうした個体と全体の関係はナーナーの凭れ合いと紙一重かもしれない。旧海軍の事例を単純に過去の出来事とのみ見なせないかもしれないということである。結局のところ、組織の質は、それを構成する個々人の質に依存するであろう。

⑥公害・環境

右の⑤と関わる問題として、公害と環境に触れておきたい。

高度経済成長期（一九五〇年代後半から一九七〇年代初期）ないしそれ以前から、企業の生産活動の結果、大量の有害物質が環境中に排出され、多くの人々の生命や健康を著しく害する事態が発生した。その顕著な例が、水俣病（熊本県水俣湾）・第二水俣病（新潟県阿賀野川流域）・四日市ぜんそく（三重県四日市市）・イタイイタイ病（富山県神通川流域）のいわゆる四大公害病である。

言うまでもなく、企業も個人も社会の一員であり、公害を発生させてしまった企業も、決して故意に人々を傷つけようとしたわけではない。しかしそれにもかかわらず、企業活動の結果として、他者に肉体的・精神的損害を与えてしまったというのが公害であり、それはその始まりにおいては「過失」であったに違いない。だが、被害の発生が明らかになった時、それにどう向き合うかは、企業の意思決定に属することであり、もしかりに事実を隠蔽したり、責任を回避しようとする行動があったとすれば、それは「過失」ではなく「故意」である。企業が組織防衛という意識を持つことは当然かつ必要なことであろうが、同時に、社会的・人間的な規範との関係において自己を規律し、企業行動の法的・社会的・倫理的妥当性を検証することも必要であろう。企業の意思決定やその行動に責任を負うのは、役員を中心とする企業の構成員であり、組織防衛と普遍的規範をどのように関係づけるかは、結局、一人一人の意識や価値観の問題であろう。これもまた、日米開戦の意思決定と相通ずる思想上の問題である。

しかし、公害被害の拡大を、関連企業の責任にのみ帰することは一面的であろう。政治・行政・マスコミ、そして、なによりも社会を構成する一人一人が、右のような問題にもっと早く気づき、向かい合うことが必要であったであろうし、この高い社会意識の持続の必要性は、今も、これからも、変わることはないはずである。

四大公害病などを契機として、日本における公害に対する意識は大きく変化し、また、公害防止技術も進歩した。したがって、日本だけを見れば、深刻な公害問題は克服されたと言ってよいかもしれない。しかし、今日では、一国・一地域の枠を超えて、地球規模での環境保全が重い課題となっており、経済活動・国益と地球環境保全との関係をどのように理解し、調整するかは、われわれに課せられた難問であり続けている。日本においても、温室効果ガス排出量削減や電力供給に占める原子力発電の割合の如何などが、重要な課題であることは言うまでもないであろう。

⑦勤労

先述の⑤とも関わるが、勤勉に働くことを美徳だとする価値観は、江戸時代以来のものであり、二〇世紀の日本でも、この勤労の倫理は根強く生き続けていたように思われる。ただし、労働人口の大半が被傭者である戦後日本では、労働の場は企業であり、したがって、勤勉に働けば働くほど、企業内の個体としての従業員と全体としての企業との関係をどう理解するかが、重要な問題となるであろう。

たとえば「モーレツ社員」という言葉があったが、高度経済成長期には、そうしたサラリーマン像を企業は歓迎し、また、従業員の側もそれを自己の生き方とするような風潮があったであろう。そして、それを制度化し、高度経済成長期に日本の企業に普及したのが、終身雇用と呼ばれる雇用慣行であり、そこでは、企業内における人材育成制度と内部昇進制が機能し、若年時の就職から定年退職まで会社のために勤勉に働く「会社人間」としての人生が予定されていた。終身雇用制度は、それを長期雇用という側面で見れば、日本特有の雇用形態ではないが、それを「終身」と意識することが、日本における経済思想上の問題である。つまり、勤続期間における「社員」という意識が、退職後にまで、生涯にわたって維持される可能性が、企業と従業員の双方にあるということである。高度経済成長が終わって久しいが、この間、江戸時代の勤労の倫理に由来しているかもしれない被傭者としての個々人の生き方は、どのように変化し、あるいは、しなかったか。

ただし、終身雇用制度を歴史的に考えれば、その淵源の一つは、江戸時代の武家の主従関係かもしれないし、また、第22章で述べられているように、従業員を「家族」と見なし、事細かに「面倒をみる」ことを是とするような経営思想は、すでに明治期に見られたものであることを忘れてはならない。

⑧豊かさの意味

高度経済成長期に、日本の国内総生産は急速に増大し、人々の生活水準は著しく改善された。たとえば、「三種の神器（洗濯機・電気冷蔵庫・白黒テレビ）」や「３C（car・cooler・color television）」がほとんどの家庭に普及したのは、この時期である。さらに、一九七〇年代以降においても、経済成長率は漸減したが、豊かさの程度は高まり続けて現在に至っている。第13章に述べられているように、江戸時代の人々が飢えることのない生活の持続を求め、また、明治以降の人々は富強・進歩・発展・成長といった趨勢的上昇を目指したとすれば、そうしたことのほとんどが実現されたように思われる現代日本においては、ではその実現された豊かさは、個々人の人生、あるいは、社会全体にとって、いったいどのような意味を持つのかが、むしろ問われるのではないだろうか。それは、結局、経済とは何かという経済思想史にとっての根源的問題である。

第二部

第26章　欧米における日本経済思想史研究

一九世紀の後期、日本で経済学を教えていたある外国の学者は次のように主張していた。

【26―1】どのような経済上の見解も……社会的・政治的要素から完全に切り離すことはできない。経済学と他の社会科学との……いかなる厳格な分離も、根本的に間違っており、不毛の結果しかもたらさない。

この言葉は、ヨーロッパでも北米でも、日本経済思想史と呼ばれる明確に独立した学問分野が発展しなかった理由を説明しているのではないだろうか。現在、日本経済思想史という名称を冠している学会も、学術雑誌も、大学の職位も存在していない。したがって、本章の目的を果たすために、視野を広げる必要がある。

狭い意味での経済思想そのものよりも、日本に関するヨーロッパと北米における研究に焦点を当てることが適切であろう。と言うのは、日本に関わる経済思想について幅広く論じている、欧米における数少ない研究者たちは、さまざまな学科、すなわち、特に日本学・歴史学・経済学・宗教学といった学科に属しているからである。日本の経済思想に関心を持つ学生が頼りにしうるこうした場所は、それぞれの分野に特有の方法と言語を使って教育を行っている。したがって、そこに、一つの共通の議論を成り立たせるような単一の一般的な接近法やフォーラムが存在しているわけではないのが実状である。

そしてもう一つ、北米では日本学という学問分野は、ヨーロッパとは異なった形で発展してきたし、ヨーロッパの内部においてさえも、多様な発展の経路が存在しているという事実にも、注意が必要である。学問分野というものは、それが、研究対象である日本に依存しているのと同様に、その研究主体が位置している国・地域のあり方にも依存しているからである。

しかし、これらのことをすべて留保したとしても、ヨーロッパと北米における日本研究が、二〇〇年以上にわたって次第次第に注目に値するものとなってきたことは確かである。本章は、第一節で最初期の刊行物について述べ、第二・三節で比較的早い時期の制度的発展を取り扱い、第四節で現状について論述する。

一 日本学の始まり――ヨーロッパのアマチュアたち

今日、欧米において日本の経済思想の専門家と見なされるためには、学術的な機関（大学や研究所）に所属し、研究会に参加し、学術雑誌や学術出版物に論文を載せることが必要であろう。もっとも、これは一九五〇年代以降に一般化した現象であり、それ以前には、「アマチュア」（学術的な目的をもって研究をしているけれども、それによって所得を得てはいない人）とか、素人とか呼ばれる人たちがいたにすぎないし、女性もめったに見られなかった。けれども、徳川時代における彼らの探究の中には、日本の動植物についての学問的描写や、未知の文化とその地理・風景・習慣を記述した旅行記も含まれている。また、当時行われた他の調査では、貿易や通商についての叙述がなされており、この貿易・通商がヨーロッパにおける日本に対する関心が次第に大きくなっていくことの一つの原因を成していたのである。

オランダ東インド会社は、しばしば、日本に関するデータや情報を収集するため、長崎出島の商館に自然科学者を派遣した。徳川時代の日本に住んでいた著名な外国人の中に、ドイツ人の博物学者で医師のE・ケンペル（Engelbert Kaempfer、一六五一―一七一六）がおり、彼は、一六九〇年から九二年まで、出島の商館に在勤していた。

ケンペルから数えておよそ一〇〇年後、オランダ人の外科医であり、学者でもあった在日オランダ商館長I・ティチング（Isaac Titsingh、一七四五―一八一二）は、今日では文化人類学と呼ばれるようなものに興味を持っていた。そして、彼は、一七七九―八〇年、一七八一―八三年、一七八四年に出島に滞在し、この間に収集した情報に基づいて、結婚式・葬式・その他の習慣に関する論文を執筆した。これは啓蒙的な論説の一つの典型であった。これより少し前、一七七五―七六年に出島の主任外科医でスウェーデン人の植物学者C・P・ツンベルグ（Carl Peter Thunberg、一七四三―一八二八）は、日本の動物群の研究に大きく貢献し、彼の著書 *Voyages de C. P. Thunberg au Japon*（全四巻、一七九六）は広く読まれることになった。今日、最も有名なアマチュアが、ドイツ人の医師で植物学者のP・F・シーボルト（Philipp Franz von Siebold、一七九六―一八六六）であることは間違いない。彼は、一八二三―二九年に、出島のオランダ東インド会社商館医員として日本に滞在しており、彼がヨーロッパに戻ってから開設した植物園や、持ち帰った書籍・工芸品のコレクションは、現在でもなお名声を博している。

こうした人々は、経済的な思想や思考について論述することはなかったし、仮に彼らになんらかの経済上の関心があるとしても、それは当時の長崎貿易に関わるものだったであろう。だが、彼らによってヨーロッパにもたらされた日本語または中国語の書籍は、ヨーロッパにおける日本研究の扉を開き、また、その対象や素材となったのである。

奇妙なことに、「東洋」に住んだことはないが、その「東洋」に関心を抱いた人々がおり、そうした人たちの手になる早い時期の著作に出会うことがある。たとえば、ドイツ人のJ・クラプロート（Julius Klaproth、一七八三―一八三五）は、ロシアのサンクトペテルブルクに住んでいて日本人漂流民から日本語を習った積極的で有能な言語学者であり、言わば研究対象の土地での経験を持たない自学自習の著名な人物である。

日本に関するクラプロートの最大の功績は、一八三二年に公刊された林子平《はやししへい》（一七三八―一七九三）の『三国通覧図説』、および、三四年に刊行された林鵞峰《はやしがほう》（一六一八―一三八〇）の『王代一覧』をフランス語に翻訳したことである（【26―2】）。後者が日本の天皇の歴史を書き残したものであるのに対して、前者は朝鮮・蝦夷・琉球について叙述したものであり、経済思想とは余り関係がない。むしろ、クラプロートが選んだ方針は、当時における「東洋」の地政学と歴史に対する幅広い学問的関心を、身をもって喚起することであった。

クラプロートの業績を経済的文脈から見れば、より一層注目に値することは、新井《あらい》白石《はくせき》（一六五七―一七二五）が一七〇八年に著し、日本では近代に至るまで公刊されることのなかった『本朝宝貨通用事略』の一部を、彼が、一八二八年に注釈付きでフランス語に翻訳したことである。ただし、この翻訳は二八ページにわたるが、クラプロートがなぜこの部分を選んだのか、残念ながら、彼自身による説明はなく、その理由ははっきりしていない（【26―3】）。確かに、白石が長年にわたり国外に流出した金銀量を詳細に推計し、その流出をどのようにして食いとめるべきかについて語ったこの有名な草稿を、当時、日本の知識人たちはよく知っていた。白石には、金銀は、ひとたび壊されると再生しえない骨のようなものだという有名な比喩があるが（【7-5】）、クラプロートは、恐らく、これを翻訳した最初の人物であり、彼の読者がこの種の情報をどのように理解したかについては、さらに研究する必要があろう。

要するに、日本は複数の目的を達成するための一個の研究対象と理解されていたのである。すなわち、その目的とは、「東洋」に対する好奇心の満足、帝国主義者が努力を傾けた踏査、そして、新しい開化計画とその進展、である。そして、ヨーロッパの知識人たち（アマチュア）の間で公刊・流布されていた断片的な日本についての知識は、啓蒙に関連する他の知的な言説と結び付いていくことになるのである。

二　日本におけるアマチュアとその組織

世界地図上の日本が、一九世紀のさまざまな出来事と結び付けられるにつれて、日本に対する関心の第二の波が起こり、しかも、今や北米人もそれに関わることになった。一八五三年に黒船で江戸湾に来航したM・C・ペリー（Matthew Calbraith Perry、一七九四―一八五八）代将は、日本の近代化の手柄を独り占めにすべきではないが、とは言え、ペリーが日本に西洋帝国主義を見せつけたことが、日本の重要な政治的・社会経済的変化を促した要因であったことは、よく知られている通りである。先に述べたアマチュアにとっても、新たにいくつかの港が開かれ、多数の欧米人が来日し、出島以外の日本の各地に居住するようになったことが、一つの新しい機会の訪れを意味した。

今日、伝説化しているのは、E・サトウ（Ernest Satow、一八四三―一九二九）のようなイギリス人であり、彼が最初に日本に住んだのは一八六二―八〇年で、この間、彼は通訳研修生・英国公使館通訳官・公使館日本語書記官を務め、さらに、一八九五―一九〇〇年の二度目の日本滞在時には、英国駐日特命全権公使であった。また、サトウの協働者のW・G・アストン（William George Aston、一八四一―一九一一）は、一八六四年に通訳研修生として来日し、八九年まで日本に居住していた。同じイギリス人のB・H・チェンバレン（Basil Hall Chamberlain、一八五〇―一九三五）は、一〇年後の一八七三年に日本に到着し、一九一一年まで滞日していた。サトウとアストンは英国公使館員としての身分を持っていたが、これに対して、この時期、なんとか日本に住みつきたいと考えていた多くの人々がおり、チェンバレンもその一人で、彼の場合は英語教師の職を見つけることができたのである。また、同じことは、ドイツ人のK・フローレンツ（Karl Florenz、一八六五―一九三九）にも当てはまり、彼は、一八八八―一九一四年に日本に居住し、ドイツ語と言語学を教えるために雇われていた。さらにこの他に、アメリカ人宣教師W・E・グリフィス（William Elliot Griffis、一八四三―一九二八）とJ・C・ヘボン（James Curtis Hepburn、一八一五―一九一一）がおり、この二人と右述のアストンとサトウ、御雇外国人のフローレンツとチェンバレンなどは、皆、日本で日本語を学び、自らの関心から、日本滞在中に「日本的なもの」について論じていた。特にこの六人は、日本語と日本史研究、ならびに、翻訳において際立っており、今日でもよく知られた存在である。

しかし、これらの人々は、孤立して、仕事や研究をしていたわけではない。英語やその他のヨーロッパ言語で利用できる日本に関する情報はほとんどなかったので、皆で顔を合わせること自体が、実のところ、「日本的なもの」についての新情報を約束することとなり、次第に「日本学」という新しい学問領域が発展していった。そして、一八七二年、こうしたアマチュアたちが集まって、Asiatic Society of Japan（日本アジア協会、ASJ）を創設することになった。この会員たちは、二つの基本的な活動を行っており、一つは毎月英語で行われる会合で、ここでは日本の歴史と文化に関する講義が行われた。もう一つは、*Transactions of the Asiatic Society of Japan*（日本アジア協会紀要、TASJ）の刊行であり、同誌は現在も発行されている。ASJは、一八七三年の時点で、一〇〇名を超える会員を擁していた。

一八七三年に、ドイツ語を主言語とするDeutsche Gesellschaft für Natur- und Völkerkunde Ostasiens（ドイツ東洋文化研究協会、ＯＡＧ）が設立された。このＯＡＧにもさまざまな男性グループが集まっており――女性がＡＳＪ、ＯＡＧの両協会に加わるのは、もっと後のことであった――、彼らは、いろいろな理由で来日し、自国のために働いているとは限らなかったが、ドイツ語を共通語としていた。ドイツ人では、外交官の他に、医学教育のために雇用された医師がおり、その一人は、一八七六年に東京医学校に招聘されたＥ・ベルツ（Erwin von Baelz、一八四九―一九一三）で、彼は一九〇五年まで日本に滞在していた。また、Ｂ・Ｋ・Ｌ・ミュラー（Benjamin Karl Leopold Müller、一八二二―一八九三）とＴ・Ｅ・ホフマン（Theodor Eduard Hoffmann、一八三七―一八九四）の二人は、一八七一年から七五年まで日本にいた。ＯＡＧの最初の構成員は七一名であり、ＯＡＧもまた創設間もなく、*Mitteilungen der Deutschen Gesellschaft für Natur- und Völkerkunde Ostasiens*（ドイツ東洋文化研究協会会報、ＭＯＡＧ）を刊行するようになり、この雑誌も今日まで存続している。

ＡＳＪとＯＡＧは、自らを社交クラブとは考えておらず、実際、両協会は日本に関する情報にとって極めて重要なフォーラムであった。日本の歴史・文化・地理・動植物・法律、および、貿易についての両協会の取り組みは、彼らが刊行した二雑誌の主要部分に結実している。両協会は、普遍的な進歩を目標とする啓蒙の遺産を継承していたのである。

日本に関心を持つアマチュアの第二の波は、経済思想に関係する出版物を世に送ることもあった。たとえば、Ｆ・ウェンクシュテルン（Friedrich von Wenckstern、一八五九―一九一四）が編んだ*Bibliography of the Japanese Empire, from 1859–93*（一八九五、『大日本書誌』）の分量は、三五〇ページを超えており、そのうちの一四ページが「Economics」部門に割かれている（【26-4】）。この部門における刊行物の大半は、その当時の商況と統計に関するものであり、日本の経済史や経済思想を分析したものはないが、英語またはドイツ語に翻訳された日本語の書籍がその中に若干含まれている。

たとえば、いく分変わり種だが、加藤弘之《かとうひろゆき》として知られている加藤弘蔵《かとうこうぞう》（一八三六―一九一六）の『交易問答《こうえきもんどう》』は、原著が著された一八六九年のわずか三年後に、J・オドリスコル（John O'Driscoll、？―一八七〇）によって、“Conversations on Commerce”として翻訳されている（【26-5】）。加藤弘之は、日本で最初の憲法と国際法に関する発言によって、当時、強い影響力を有しており、今日でもなお、教育者・著述家・理論家として著名であるが、オドリスコルが訳した一冊は余り有名ではない。『交易問答』は、文明開化を擁護するために、対話形式で記された書であり、そこでは、賢明な才助が、頑固な権六に、古い経済観念を捨てて、外国貿易に従事することが日本の国益になることを説いている。

もう一編は、加藤祐一《かとうゆういち》（生没年未詳）が一八六八年に出版した『交易心得草《こうえきこころえぐさ》』前編で、これはアストンによって“Remarks on Japanese commerce”として七二年に翻訳されたが、これも今日では余り知られていないであろう（【26-6】）。祐一のこの著作は、国全体に大きな利益をもたらすであろう商業の新時代に入ったことを、大阪の商人仲間に知らせるものであり、そこでは、諸外国から学び、西洋式の株式会社制度を採用し、古い仲間制度を廃棄すべきことが示唆されている。

『交易問答』と『交易心得草』の二冊は、樹立されたばかりの明治維新政府がその第一歩を踏み出した一八六八―六九年において、明確に日本の開化を擁護し、歓迎しているのである。ただし、これらは、学問的な分析と言うよりも、単なる翻訳に留まるものであり、しかも、明治初期のアマチュアたちは、主として、日本の古代史・文化・宗教に関心を抱いており、経済史には余り興味がなかったし、経済思想にはなおさら無関心であった。そして、この点については、近代初期における日本人研究者についても、同じような見解が示されている。

しかし、明治も日清戦争後になると、日本の近代化が、それ自体として、研究上の話題として表に出てくるようになった。それは、東アジア諸国が西洋の文明国と接触するようになった一九世紀中葉、東アジアの国々が低開発の状態に留まっていた中で、独り日本だけが、なぜ、どのようにして、近代的工業国として出現しえたのかを、学者たちが説明しようとした時のことである。

このことは、日本の学問に対する海外からの関心にも、当てはまることである。『大日本書誌』第一巻には、若干の記載があるだけだが――すでに見たように、それらは基本的に翻訳書である――、これに比して、一八九四―一九〇六年を対象とし、一九〇七年にF・ウェンクシュテルンによって刊行された第二巻の分量は、なんと五〇〇ページを超えている（【26―7】）。そして、ここには「明治維新以前の商工業史」という独立した部門が設けられ、約二ページ半にわたって文献が載せられている。そして、その中で最も際立っているのは、アメリカ人のエコノミストであるG・ドロッパーズ（Garrett Droppers、一八六〇―一九二七）による二つの評論、すなわち、“A Japanese Credit Association and Its Founder”（一八九四）（【26―8】）と“Economic Theories of Old Japan”（一八九六）（【26―9】）である。

ドロッパーズは、一八八九年、経済学と財政学を教授するため慶応義塾に奉職し、最後は、理財科主任教師になった。彼は、一八九八年まで慶応義塾に勤め、この年、アメリカに帰国した。

本章にとって興味深いのは、ドロッパーズの“Economic Theories of Old Japan”の一節であり、そこでは「ヨーロッパ的な原理と、熊沢蕃山《くまざわばんざん》および太宰春台《だざいしゅんだい》におけるそれとの比較」がなされているのである。ドロッパーズは、社会変動や革命は、理念の明白な衝突に基づいて起こると考えており、日本をヨーロッパと同じような発展段階を経過した文明の一例と見なしていたのである。ドロッパーズ自身は、イギリスの自由放任政策を是認せず、政府によるある種の規制を唱導していたが、そのような彼にとって、利己心〔self-interest〕は健全な政治経済〔political economy〕の基盤であり、それは自分本位〔selfishness〕と混同されてはならないものであった。

F・ウェンクシュテルンの『大日本書誌』に掲載されている文献から判断すると、徳川時代の知識人のうち、外国人の観察者によって取り上げられることが多かったは、二宮尊徳《にのみやそんとく》（一七八七―一八五六）と太宰春台（一六八〇―一七四七）のようである。たとえば、F・ウェンクシュテルンの遠い親戚に当たるA・ウェンクシュテルン（Adolph von Wenckstern、一八六二―一九一四）は、一九〇一年に、春台の『経済録』（一七二九）の英語版をドイツ語に抄訳しているのである（【26-10】）。A・ウェンクシュテルンは、その序文で、日本人は、西洋や中国から独立した形で、自身の経済理論を発展させたと主張している。そして、彼は、政治経済学（国民経済学）の観点から、こうした事象を論じた学問的研究が依然として存在しないことに不満を漏らし、ドロッパーズと同じように、さらなる努力が必要であると考えていたのである。春台が『経済録』巻五で行っている議論から、A・ウェンクシュテルンが導き出した主たる結論は、春台の信条を相対主義の原理の中に位置づけることができるというものであった。

日本人学者の間における似たような展開と並行して、一般に、英語で書かれた出版物に中に、日本の経済思想を考察しようとする関心が、少しずつ高まっていく事実を窺うことができる。A・ウェンクシュテルンの教え子であるO・ナホッド（Oskar Nachod、一八五八―一九三三）は、*Bibliographie von Japan 1906–1926*（『日本帝国書誌』）を公刊したが、そこでは、経済生活について約五〇ページが割かれているのである（【26-11】）。ただし、そのほとんどの著作は、時事問題に関わるものであり、これに対して、その記載内容から推定すると、日本の経済思想家に対する関心は相変わらずであり、二宮尊徳の報徳運動の組織は、時宜にかなっていたため、依然として、中心的な論点の一つとなっていた。また、尊徳だけでなく、太宰春台とその『経済録』も関心の対象であり続けた。R・J・カービー(Richard J. Kirby、一八五四―一九一四)は、一九〇〇―一二年に、さまざまな文章を翻訳・刊行している(【26-12】)。

かくして、明治期日本の「西洋化」はヨーロッパの経験とは異なっているらしいという認識が、早い段階で成立した。G・M・フィッシャー(Galen Merriam Fisher、一八七三―一九五五)は、中江藤樹《なかえとうじゅ》(一六〇八―一六四八)と熊沢蕃山(一六一九―一六九一)に関する論考を公にし、この二人を「日本の思想と人生の鋳型工」と見なした(【26-13】)。

一九世紀から二〇世紀に変わって以降、御雇外国人の数は減少したが、ASJとOAGの活動が不活発になることはなかったし、当初から若干の日本人会員もその恩恵に浴していた。イギリス人宣教師S・バラード(Susan Ballard、一八六三―一九四五)は、日露戦争中の一九〇四年一〇月、渡辺崋山《わたなべかざん》(一七九三―一八四一)についての短い伝記を著し、崋山を「主君のために自分の命を」なげうった自己否定の人と評した。彼女は、このことによって、男性社会の中にあって、徳川時代日本の思想が明治時代の成功を説明すべきものであるという文脈において、一つの貢献をなした最初の女性となった(【26-14】)。

三　第三の波――専門化

一九三〇年代、日本在住のアマチュアの間においても、世界大恐慌は、経済史・経済思想に関わる、日本の過去と経路についての再考を促す衝撃力を持った。ここで、重要な貢献をなした人物の一人が、東京商科大学(現・一橋大学)で教鞭を執っていたイギリス人経済学者N・S・スミス(Neil Skene Smith、一九〇一―一九七二)である。すなわち、スミスは、翻訳家の助けを借りて、江戸時代の社会経済的状況を英語圏に紹介することを企画した。それは、恐らく、法学教授のJ・H・ウィグモア（John H. Wigmore、一八六三—一九四三）とその徳川時代法令の英語での出版計画によって鼓舞されたからであろう（【26-15】)。スミスは、その成果である“An Introduction to Some Japanese Economic Writings of the 18th Century”（一九三四、一八世紀日本の経済的著作への入門）において、新井白石・荻生《おぎゅう》徂徠《そらい》（一六六六—一七二八）・三浦梅園《みうらばいえん》（一七二三—一七八九）の経済思想についての短い解説をTASJに掲載した。

従来、明治以前は近代性とは正反対のものと考えられていたが、世界的な経済不況のために、これまでよりも多くの学者が、徳川時代の中に、封建制度浸蝕の根源を発見するための研究に従事するようになった。N・S・スミスの二番目の重要な著作“Materials on Japanese Social and Economic History: Tokugawa Japan”（一九三七）（【26-16】）は、「日本の経済上の発展は、西洋のそれと多くの点で類似しており、外国からの影響の大部分が遮断されていたにもかかわらず、日本の諸制度はしばしば西洋と平行的な方向に成長していた」ことを示そうとするものであった。だが、相違点もあった。日本のいくつかの制度は、その内実は日本独特のものであるにもかかわらず、一九三〇年代においてもなお、その外側に「西洋のドレス」をまとっており、そのため誤解の素となった。日本は西洋の技術を採用したが、しかし、どこまでも続く言葉の壁のために、西洋的な理念は、その本質において、理解されることはなかったのである。

この当時、TASJや他の雑誌に寄稿していた人たちの大部分は、依然としてアマチュアであったが——ただし、経済学や法学といった領域では、多くの学問上の専門家がいた——、すでに若干の例外を見出すことができる。すなわち、かつて日本に住んでいたアマチュアの一部が、ヨーロッパの諸大学に雇用されるようになったのである。だが、このような進展は、現実と言うよりも、むしろ一つの理想であった。

制度上の変化について言えば、第二次世界大戦前の段階で、二つの学術誌の創刊が注目に値しよう。この二誌は大学に基礎を置くものであり、この点で、早い時期に創刊されたＴＡＳＪやＭＯＡＧとは異なるからである。その一つは、アメリカのハーバード大学内に設置されているHarvard-Yenching Institute（ハーバード燕京研究所）が、一九三六年に発行した *Harvard Journal of Asiatic Studies* であり、これは広くアジアを取り扱うものであったが、実際のところ、初期には、中国とインドに関する論考が大半を占めていた。もう一つは、一九三八年に上智大学が創刊した欧文学術誌 *Monumenta Nipponica*（『日本文化誌』）で、これは、日本学の分野で最も重要な雑誌となり、今もそのようなものとして存続している。

ただし、両誌に掲載された論文で、日本の経済史や経済思想を取り扱ったものは、ほとんどなかった。Ｎ・Ｓ・スミスが、*Monumenta Nipponica* 創刊号で徳川時代の社会経済史研究をアピールし（【26-17】）、また、在東京米国領事Ｃ・コービル（Cabot Coville、一九〇二―一九八七）が同誌第二号に短信「一九三七年の日本経済に関する諸著作」を寄稿し、日本語で書かれた近刊書に対する注意を促したことからも分かるように（【26-18】）、日本の経済史や経済思想が一個の研究分野となることが望ましいと、ずっと考えられてきていたのである。

四　戦後欧米における展開――近代化論

第二次世界大戦後、日本の経済思想に関するいくつかの書籍が、アメリカで刊行されている。それらは戦時中に訓練を受けた学者が著したものである。たとえば、本多《ほんだ》利明《としあき》（一七四三―一八二一）などを研究対象としたＤ・キーン（Donald Keene、一九二二―　）の *The Japanese Discovery of Europe: Honda Toshiaki and Other Discoverers 1720*

–*1952*（一九五二、『日本人の西洋発見』）、ならびに、先駆的なアメリカ人社会学者R・N・ベラー（Robert N. Bellah、一九二七―二〇一三）が石門心学などを取り上げた*Tokugawa Religion: The Values of Pre-Industrial Japan*（一九五七、『日本近代化と宗教倫理』）である。

特に後者は、社会経済思想の分野に大きな足跡を残した戦後初の書籍であった。ベラーは、M・ヴェーバー（Max Weber、一八六四―一九二〇）とT・パーソンズ（Talcott Parsons、一九〇二―一九七九）の研究に基づいて、近代化論と日本を結び付けたのである。ベラーは、壮大なヴェーバー的方法に基づく歴史社会学を媒介として、日本を急速な近代化へと導いた要因は何かという問題に関心を抱き、明治期以降に生起した日本の近代化への貢献という観点から、徳川時代の価値体系を考察したのである。この先駆的な著作は、「ウェーバーの『プロテスタンティズムの倫理』に相応するもの」たることを標榜していた。

かつてフィッシャーとスミスが行ったような、日本の知的・経済的過去の再生を試みた研究は、今や、明確な理論的枠組みを展開する研究によって取って代わられようとしていた。H・ボライソー（Harold Bolitho、一九三九―二〇一〇）は、戦後の三〇年間を「明らかに楽観的な」知的雰囲気の時代と定義し、それを「戦後的実証主義」【26-19】と呼んでいる。田沼意次《たぬまおきつぐ》（一七一九―一七八八）とその経済政策を含む諸政策についてのJ・W・ホール（John W. Hall、一九一六―一九九七）の研究は、田沼を「近代日本の先駆者」と呼び、本多利明に関するD・キーンの本は、利明を時代遅れな構造の中での新時代の代表者として叙述している。

新しい出版物は、アメリカの大学におけるカリキュラムと、冷戦に規定された政治秩序とに符合している。その進展は、「アメリカ人研究者の間で、近代化論と機能主義的社会科学が優勢となっていること」【26-20】と同時並行であった。S・クロウカー（Sydney Crawcour、一九二四―　）は一九七四年に「明治以前の発展と日本の近代経済成長との関係は、近代日本史の中心的論題の一つである」と述べているが、実際、彼の論点を証明しようとするさまざまな出版物を目にすることができる。たとえば、E・H・ノーマン（Egerton Herbert Norman、一九〇九—一九五七）の *Japan's Emergence as a Modern State*（一九四〇、『日本における近代国家の成立』）は、普遍的かつ比較的アプローチによって近代化を取り上げ、また、C・D・シェルドン（Charles David Sheldon、一九一八—　）の *The Rise of the Merchant Class in Tokugawa Japan, 1600–1868 : An Introductory Survey*（一九五八、徳川期日本における商人階級の興隆）は、明治以前の日本経済に内在する原動力を叙述し、要するに「西洋の衝撃は、経済発展が起こるか否かを決定づけたというよりも、むしろそれがとった形態に影響を及ぼしたという点において重要であった」**【26-21】**ことを主張しているのである。T・C・スミス（Thomas Carlyle Smith、一九一六—二〇〇四）は、こうした考え方に沿って研究を進め、*Political Change and Industrial Development in Japan: Government Enterprise 1868–1880*（一九五五、『明治維新と工業発展』）と *The Agrarian Origins of Modern Japan*（一九五九、『近代日本の農村的起源』）において、徳川期日本が、西洋の来航と開国より前に、すでにいかなる変化を遂げていたかを論証した。

欧米の研究者にとって、徳川時代は、それ自体としては、古さと悪さを意味していた。彼らの固有の文明の利益を確信するほとんどの学者は、このような徳川時代についての理解を納得し、そして、容易に利用できる原典によってこのことは確認されていると理解していた。しかしその上で、本多利明・山片蟠桃《やまがたばんとう》（一七四八—一八二一）・佐《さ》久《く》間象《ましょう》山《ざん》（一八一一—一八六四）のような「進歩的」思想家、ならびに、後期水戸学と吉田松陰《よしだしょういん》（一八三〇—一八五九）のような早い時期の維新の指導者が取り上げられ、研究者たちは、これらの徳川時代の思想家の諸著作の中に、進歩と、彼らの思想が封建時代に終止符を打った明治維新をどのようにもたらしたのかを、発見しようとしていた。このような関心のあり方は、とりわけ一九六〇年代と七〇年代に、満潮に達した。しかし、社会横断的に生起する、価値観と制度の伝統から近代への変容を、歴史を直線化するような一つの軌道と見なす近代性のパラダイムは、その後、批判を受けるようになってきている。

戦後、間違いなく、日本学、特にその中でも（経済）思想の研究は、日本以外では、アメリカにおいて、最も活発であった。しかし、アメリカにおいて、有力な組織を持った学術部門は歴史・人類学・文学であるが、それは、たとえば、ドイツの学部よりも狭小である。また、ある意味で、日本思想という分野とその延長線上にある経済思想という副領域は、アメリカにおいて、他と比べて活発であるが、しかし、制度上の境界のため、アプローチと方法はかなり多様なものとなっている。

一方、ヨーロッパでの発展は、アメリカとは異なった経路を辿っている。明らかに、第二次世界大戦はヨーロッパ全域での日本研究を中断させてしまい、戦後、諸大学で日本学の組織が再建されたのは、一九五〇年代以降のことであった。刊行物数は著増したが、「その焦点は、主として中世以降の言語・言語学・翻訳、および、近代文学に留まっていた」。ヨーロッパ中心の大学にとって、日本は依然として異国情緒のただよう、重要度の低いものであり、すでに述べたように、「すべての種類の学究的分野が日本学という用語の傘の下にひとまとめにされているのではあるが、多様な理論と方法論を包摂した「総合」学術と、これらの方法を日本研究に適用しようとする関心の低さとの間には、かなりの隔たりが存在しているのである」（【26-22】）。日本学研究者は、実のところ、その総合学術に衝撃を与えるには至っていないと言わざるをえない。いろいろな学術用語もまた一つの障害であり、そのような障壁は、一九七三年に創設されたEuropean Association of Japanese Studies（ヨーロッパ日本研究協会）のような組織によって、ほんの少しずつ、緩和されてきているにすぎないのである。

五　結論

近年、西洋文化の規範的地位の基礎を成す仮説が、その正体を暴かれ、疑問視されてきたことによって、近代化の重要性が減退するようになり、一九九〇年代の出版物の中に、このことに関連したものを見出すことできるのである。日本の経済思想に言及した数少ない例の一つであるT・ナジタ（Tetsuo Najita、一九三六―　）の *Visions of Virtue in Tokugawa Japan: The Kaitokudo Merchant Academy of Osaka*（一九八七、『懐徳堂―18世紀日本の「徳」の諸相』）の魔力のせいで、学生や専門家でない人々の間に、徳川の知的伝統についてのある一つのイメージが作り上げられた。ナジタのより新しい *Ordinary Economies in Japan : A Historical Perspective, 1750–1950*（二〇〇九、『相互扶助の経済：無尽講・報徳の民衆思想史』）もまた同様の進路をとっており、そこでも彼は「近代的理性と進歩の唱道者たちによって信用を傷つけられた」（p. 10）道徳的に基礎づけられた経済思想を回復させようと意図しているのである。

日本が、アメリカの主要な経済的競争相手として、また、アメリカ製品の潜在的市場として、国際舞台に立ち現れた一九八〇年代後期、「日本と日本語の研究は、ぼんやりとした学究的な関心事からその位置を変え、経済的価値を有する知識になった。日本に関する専門家は、日本社会の基本的特徴をアメリカ人の企業家に説明せよという要求に突然直面した」。また、カルチュラル・スタディーズが、もう一つの最近の趨勢であるが、そこでは「マルクス主義・進歩・近代化といったグランド・セオリーやメタナラティヴ（metanarratives）」が、人々を引きつける力を失ってきている。日本が、一九世紀に、どのようにして近代化したのかといった大問題は、二の次であり、たとえば、ジェンダー、セクシュアリティ、環境といった新しい領域に関わる諸問題が、以前よりも多くの原典と結び付く形で、取り上げられている。カルチュラル・スタディーズは、主にヨーロッパの日本に関係しない学術分野から登場し、そして、皮肉にも、一般に後になってヨーロッパでの日本研究に輸入されたが、他方、北米の研究者たちは、新マルキシズム、ポスト構造主義（脱構築）、ポストモダニズム、および、フェミニズムを彼らの研究に適用している。しかし、これらの新しい趨勢に対する批判がないわけではなく、特に思想の分野では、さまざまな学術的論争を見ることができる。

経済思想は、それ自体として独立した一個の分野としては、確立されていない。経済思想は、主として思想史の副領域、あるいは、稀に経済史のそれに留まっている。それゆえに、われわれは、経済思想は、それが生み出された文化的風景から切り離すことができないのと同じように、社会的・政治的理論からも分離しえないという一九世紀の知見に、もう一度回帰するであろう。

【26–1】Garrett Droppers, "Economic Theories of Old Japan," *TASJ*, 24（1896）, p. vi.

【26–2】Julius Klaproth, *San kokf tsou ran to sets, ou Aperçu général des trois royaumes*, traduit de l'original japonais-chinois, par Mr. J. Klaproth (Paris: Printed for the Oriental Translation Fund of Great Britain and Ireland. Sold by John Murray［usw.］1832, VI), Julius Klaproth and Isaac Titsingh, trans, *Nipon o daï itsi ran, ou Annales empereurs du Japon*（Paris: Oriental Translation Fund of Great Britain and Ireland, 1834）.

【26–3】Julius Klaproth, *Fookua Siriak ou Traité sur l'origine des richesses au Japon, écrit en 1708 par Arrai Tsikougo No Kami Sama, autrement nommé Fak Sik Sen See, instituteur du dairi Tsunaloosi et de Yeye miao tsou; traduit de l'original* chinois et accompagné des notes, par M. Klaproth, *NJA*, 2.1828, pp. 3–25.

【26–4】Fr[iederich] von Wenckstern (ed.), *A Bibliography of the Japanese Empire. Being a Classified List of All Books, Essays and Maps in European Languages Relating to Dai Nihon (Great Japan) Published in Europe, America and the East from 1859–93 A.D. (VIth Year of Ansei - XXVIth Year of Meiji)*. Leiden: E. J. Brill 1895. Unveränderter Nachdruck Stuttgart: Hiersemann, 1970.

【26–5】J. O'Driscoll, "Conversations on Commerce," *The Phoenix*, II: 22 (Aprl 1872), pp. 157–160; *The Phoenix*, III: 23 (July 1873), pp. 5–8.

【26–6】W. G. Aston, "Remarks on Japanese commerce," *The Phoenix*, II: 20 (Feb. 1872), pp. 117–119; 135–138.

【26–7】Fr[iederich] von Wenckstern, *A Bibliography of the Japanese Empire. Being a Classified List of the Literature in European Languages Relating to Dai Nihon (Great Japan) Published in Europe, America and the East. Volume II, Comprising the Literature from 1894 to the Middle of 1906 (XXVII - IXLth Year of Meiji) with Additions and Corrections to the First Volume and a Supplement to Léon Pagés Bibliographie Japonaise*. [Tōkyō et al.] o. V. 1907. Unveränderter Nachdruck Stuttgart: Hiersemann, 1970.

【26–8】Garrett Droppers, "A Japanese Credit Association and Its Founder," *Transactions of the Asiatic Society in Japan*, 22 (1894), pp. 69–102. J. H. Longford, "Note on Ninomiya Santoku [sic], the economist," *TASJ*, 22 (1894), pp. 103–108.

【26–9】Garrett Droppers, "Economic Theories of Old Japan," *TASJ*, 24 (1896), pp. v-xx.

【26–10】Adolph von Wenckstern, "Aus Dazai Shindais [sic] Staats- und Volkswirtschaftslehre: Nach einer Übersetzung ins Englische von K. Awatsu (Manuskript)," *Jahrbuch für Gesetzgebung, Verwaltung und Volkswirtschaft*, 25(4) (1901), pp. 257–298.

【26–11】Oskar Nachod, *Bibliographie von Japan 1906–1926*. Enthaltend ein ausführliches Verzeichnis der Bücher und Aufsätze über Japan, die seit der Ausgabe des zweiten Bandes von Wenckstern "Bibliography of the Japanese Empire" bis 1926 in europäischen Sprachen erschienen sind. 2 Bde., Leipzig: o. V. 1928. Unveränderter Nachdruck Stuttgart: Hiersemann, 1970.

【26–12】 R. J. Kirby, "Dazai Jun's Essay on Gakusei (educational control)," *TASJ*, 34: 4 (1907), pp. 133–144. R. J. Kirby, "Dazai on Food and Wealth," *TASJ*, 35 (1908); R. J. Kirby, "Translation of Dazai Jun's economic essay upon 'Doing nothing' and Divination," *TASJ*, 41: 2 (1912).

【26–13】 Galen M. Fisher, "The Life and teaching of Nakae Tōju, the Sage of Ōmi," *TASJ*, 36: 1 (1908), p. 23. Galen M. Fisher, "The Life and teaching of Nakae Tōju, the Sage of Ōmi," *TASJ*, 36: 1 (1908), pp. 23–96, and Galen M. Fisher, "Kumazawa Banzan," *TASJ*, 45: 2 (1917).

【26–14】 Susan Ballard, "A Sketch of the Life of Noboru Watanabe," *TASJ*, 32 (1905), pp. 1–23.

【26–15】 John Henry Wigmore, *Law and Justice in Tokugawa Japan: Materials for the History of Japanese Law and Justice under the Tokugawa Shogunate 1603–1867*, 19 Volumes (Tokyo: Kokusai Bunka Shinkokai), 1967–1986 (W).

【26–16】 Neil Skene Smith, "Materials on Japanese Social and Economic History: Tokugawa Japan (1)," *TASJ*, Second Series 14 (1937).

【26–17】 Neil Skene Smith, "Tokugawa Japan as a Field for the Student of Social Organisation," *Monumenta Nipponica*, 1: 1 (Jan. 1938), pp. 165–172.

【26–18】 Cabot Coville, "Some Japanese Economic Writings of 1937," *Monumenta Nipponica*, 2: 1 (Jan. 1939), pp. 301–306.

【26–19】 Harold Bolitho, "Tokugawa Japan: The Return of the Other?" in Helen Hardacre (ed.), *The Postwar Development of Japanese Studies in the United States* (Leiden: Brill, 1998), p. 93.

【26–20】 Patricia Steinhoff, *Japanese Studies in the United States, Japanese Studies Series XXXX; The View from 2012*

(Tokyo: The Japan Foundation, 2013), p. 6.

【26–21】 Sydney Crawcour, "The Tokugawa Period and Japan's Preparation for Modern Economic Growth," *Journal of Japanese Studies*, 1:1 (1974), p. 114.

【26–22】 Franziska Seraphim, "Japanese Studies in Europe" (http://www.columbia.edu/~hds2/BIB95/ch05.htm, accessed 4/26/2014).

第27章　東アジアにおける日本経済思想史研究

はじめに

東アジアにおける日本経済思想史研究は、欧米諸国におけるそれとは根本的に違うと言える。東アジアの成員は日本と同じ域内にある諸国・諸地域として、同じ近代化と経済発展という目標を達成するために、長い期間、このテーマについての関心を持ち、研究を展開し続けている。そのため、東アジアの知識者たちは、他者の立場ではなく、自身の悩みと望みを混淆させつつ、アジアの「第一地域」にある日本を熱心的に模倣している。彼らは、経済思想史に関しても、自国に直接に紹介することを希望している。しかしながら、そのモデルはかつての植民者であるため、エリート的な知識者だけでなく、国民全体も、今日に至るまで、微妙かつ複雑な感情を懐いている。全面的に日本の植民地となった朝鮮（一三九二―一九一〇）や半植民地とされた中国や、植民地とはならなかった他の地域も、第二次世界大戦中に侵略されたため、日本についての研究は、長い間、正常なものとはならなかった。しかし、東アジア諸国・諸地域も相次いで高度経済成長の階段を経験し、日本に続いて転換期に入ってきており、こうした状況を踏まえた時、地域共同体を結成する可能性も高くなってきていると言える。同時に、東アジアは新しい「アジア時代」を迎えつつある。このような時代に向かいながら、日本経済思想史研究も、新しい東アジア共同体を築き上げることに資するものとなるべきであろう。ただ、「東アジア」は、日本では、「中国・韓国（朝鮮）・日本」から成る地域を意味するのが、本章の「東アジア」は、「中国・韓国（朝鮮）・日本」だけでなく、「東南アジア」も含める。第二次世界大戦の時に、日本は「大東亜」という経済地域を仮定して、初めて「東北アジア」と「東南アジア」を含める東アジアが独立的な地域単位とされることとなり、また、現在の新しい東アジア共同体もその両方を統合するからである。

一　日清・日露戦争〜第一次世界大戦

中国駐日公使館随員であった陳家麟（一八七五―一九〇八）は、『東槎聞見録』（一八八七）の総論の中で、明治維新に対し、「火器之利、鉄甲之堅、能自信乎？利之能興、弊之未去、能自恃乎？」（火器は強力であり、鉄甲は強大であるが、自信はあるのか？利益は増加しても、弊害はまだ存在するから、自分自身を信頼できるのか？）と疑問を呈した。実際、この疑問は、清国（一六一六―一九一二）末期の中国知識人や官僚などが明治維新後の日本に対して懐いた一般的な疑念であった。言い換えれば、維新によって強大化した日本は、先進的な器物を持ちながらも、制度上の改革はなされていなかったがゆえに、いまだ欧米のような強国にはなっていないと思われていたのである。しかしながら、清国が、日清戦争（一八九四―九五）で日本に敗れ、歴史的な滅亡の危機に陥った後、中国人はその判断を一転させていった。明治維新が本格的に研究されるとともに、日本に学ぶことを始めたのはまさにこの時期だったのである。その上、日露戦争（一九〇四—〇五）にも勝利した日本は、中華秩序だけでなく、東アジアを垂涎の的としていた欧米列強にも真剣に挑戦した。日清・日露の両戦争は、東アジアの国際秩序をゆるがす大事件であった。したがって、清国も朝鮮も明治維新方式の近代化改革を推進した上、日本のイデオロギーを受け入れることが始まった。

だが、当時日本が奇跡的な変身を成し遂げた「秘訣」は、まさに西洋化にしかないと認識されていた。したがって、学ぶ対象は西洋式と思われる維新政策を中心としており、受容される経済思想も主に西洋経済思想史であった。梁啓超（一八七三—一九二九）によると、「【27-1】泰西諸学之書、其精者日人已略訳之矣。吾因其成功而用之、是吾以泰西為牛、日人為農夫、而吾坐而食之、費不千万金、而要書畢集矣」（西洋諸国の書籍の精品は日本人によってほとんど翻訳された。われわれは日本の経験を採用したら、西洋人を牛とし、日本人を農夫とするようなもので、われわれは居ながらにして金を費やすこともなく、重要な書籍を集められる）ということである。

陳家麟と同じく外交官であった黄遵憲（一八四八—一九〇五）は、日清戦争の敗戦を契機に、ついに一八八七年に著した『日本国志』を清国政府の支持を得て九五年に刊行した。この書の中に「食貨志」という経済政策に関する専門的な部分がある。ここで黄は、明治日本の経済の現状を紹介し、財政制度改革を全般的に述べた後、「外史曰く」で評論を付していた。その評論は、だいたい全体の一割を占めており、中国の経済政策と比較しつつ、明治維新以降に実施された租税・予算・国債・通貨・通商などが一応思想的に分析され、日本を手本とした改革を提唱している。ただ、西洋学は基本的に中国戦国時代の墨子（紀元前四七〇?—三九〇?）の学説を真似ており、明治の日本は実際に中国に源流のある西洋学を学んでおり、中国古典に新しい意味を付与して改革を進めていたと述べていた。黄は、明治期の経済政策の一部について、このような理念に基づき中国伝統文化のフィルターを通して「【27-2】譬彼舟流、不知所届」（船は水流に沿って進むが、どこに向かうかわからない）と指摘した。この書で明治経済政策が中国で広く知られるようになり、中国経済思想史研究にも深刻な影響を与えた。

外交官以外では、東アジアで積極的に日本の思想を伝えたのは、日本への留学生であった。一九世紀末期から、朝鮮や清国やベトナムなどが日本に留学生を送り込んだ。一九一一年に至るまでに、日本への中国人の留学生だけでも四万名にも上った。その留学生たちは、帰国後、日本で身に付けた知識を祖国で発揮し、社会改革を推進して、大きな役割を果たした。朝鮮末期の開化思想家・政治家・教育家である兪吉濬（一八五六―一九一四）はまさに日本へ派遣され、福沢諭吉（一八三五―一九〇一）の指導のもとで、日本の文明開化論を受容し、朝鮮の近代開化論を提唱しつつ近代化改革を行った。帰国後の兪は福沢の『西洋事情』を参考にしつつ、『西遊見聞』という書を著した。この本は、一八九五年の甲午更張（甲午改革、一八九四―九五）の時、ようやく福沢の努力により日本の交詢社から出版された。さらに、兪を通し、福沢の「文明」「開化」などの概念が当時の朝鮮社会に広く伝わった。日本への中国人の留学生の場合は、「中日交流の黄金期」（一八九八―一九一二）と言われる時期に、清国政府の支持により来日し、新知識・新思想に触れ、それらを祖国に紹介するため熱心に日本語の書籍の翻訳に努めた。その時、日本における経済思想史研究は、依然として草創期であり、研究と著述の主体はまだ西洋から伝わった思想史だった。それゆえ、中国人によって翻訳されたものは、主に日本人学者が翻訳・著作した西洋経済思想史についての著作であった。第一次世界大戦前に中国で出版された経済思想史の著作は、日本に源流のあるものが半分以上を占める状態になった（【27-3】）。梁啓超の『清代学術概論』によると、一時期、「日本毎一新書出、訳者動数家」（日本で新しい本が出版されるたびに、中国人の訳者が何人も現れる）ということになった。経済思想史の例を見てみると、日本への留学生によって創刊された『訳書彙編』の一九〇一年第七期に「経済学研究之方法」（天野為之、一八六一――一九三八）という論説が掲載され、経済学史は経済論理・経済原論・応用経済学と区別され、中国人に紹介された。また、これより前の一八九六年一二月の『時務報』には「日本名士論経済学」という訳文が掲載された。これは、『東京経済雑誌』一八九六年一一月一四日号に掲載された田口卯吉（一八五五―一九〇五）執筆の記事であり、自由主義経済思想を紹介したものであった。このように日本の情報を即座に反映しようとしたことは、『時務報』を創刊した黄遵憲と主筆としての梁啓超の日本に対する熱心な姿勢と関係があったと言えよう。なお、梁啓超が中国における最初の経済思想史の著作であった『生計学学説沿革小史』を執筆した時、彼は井上辰九郎（一八六八―一九四三）の『経済学史』を相当参考にしていた。

だが、第一次世界大戦前、中国を含む東アジア諸国・諸地域と日本との人的・文化的交流は、外交関係の変化に伴い減衰していった。清国とかフランスとかイギリスの要請を受けて、日本の文部省は一九〇五年に「清国人ヲ入学セシムル公私立学校ニ関スル規程」を制定し、一九〇九年にはベトナムの留学生を追い出す措置をとった。その上、第一次世界大戦において日本は西欧列強に伍して帝国主義的行動を東アジアに対して拡大し、たとえば一九一五年に対華二一カ条要求を提出して、五四運動のような反日ナショナリズムを刺激してしまった。大韓帝国の場合、一九一〇年の「韓国併合に関する日韓条約」により主権を失って日本の植民地になった。日本側の原因だけでなく、中国では、一九一二年、辛亥革命によってアジアで初の共和制国家が樹立され、画期的な歴史を迎えようとしていた。

二　第一次世界大戦～一九四五年

右述した『訳書彙編』一九〇一年第八期に「理財学」というタイトルの訳文が掲載された。実にそれは、Ｆ・リスト（Friedrich List、一七八九―一八四六）の『経済学の国民的体系』（*Das nationale System der politischen Okonomie*, 1841）の第四章であり、イギリスの保護貿易政策を歴史的に分析し、A・スミス（Adam Smith、一七二三―一七九〇）の自由貿易政策に強く反対した最も重要な章である。訳者の身分およびタイトルからすると、その訳文は、当時の日本への留学生が理財学の授業を受けた時、その教科書の中でリストの著作が触れられていて、それを祖国に紹介する目的で翻訳したものと言えよう。その訳文のように日本から受容された経済思想は、『論語』の「述而不作」（述べて作らず）の伝統を継承して、日本人学者たちの翻訳・著述した西洋経済思想史についての著作を、ほぼそのまま中国語化したものが中心部分を成していた。この「理財学」はわずか一二頁しかなかったが、ドイツ歴史学派が中国へ流入し始めたシンボルだと認められた。だが、その後、中国における歴史学派の受容は、日本からでなく、主に欧米からであった。日清戦争の敗戦に遭った時から爆発的に始まった日本に留学しようという雰囲気は徐々に薄れていき、イギリス・アメリカ・ドイツなどが留学先となり、こうした諸国から直接に西洋経済学が受容されるという現象が顕れた。一九〇二年の庚子賠償金のため、一方で、欧米へ留学する道が開かれるとともに、他方では、さまざまな背景から反日ナショナリズムがより一層強くなり、留日への熱情は冷めていったのであろう。

しかしながら、その時の日本は、いまだ東アジアにおける経済思想の源であった。日本の隣国たる中国に伝えられたものは、かつての明治維新の政策思想でもなく、正統的な西洋経済学でもなく、まさに西洋の異端であるK・マルクス（Karl Heinrich Marx、一八一八―一八八三）の経済思想であった。大正デモクラシーの時代から盛んになった日本におけるマルクス主義の研究は、ロシア一〇月革命（一九一七）の影響を受けて、同様に民主化を求める要求が盛んになりつつあった中華民国にも、日本の植民地となっていた朝鮮にも、不思議かつ急速に拡散していった。日本のマルクス経済学の創設者であった河上肇（一八七九―一九四六）、および、マルクス経済学に強烈に反対した福田徳三

（一八七四—一九三〇）の著作や短論は、多数の日本への留学生により翻訳・出版され、あるいは新聞や雑誌に掲載されていた。『晨報副刊』という有名な新聞で、一九一九年五月からマルクス理論についての評論や訳文が登載され続け、当時の中華民国でマルクス主義が外国から伝えられる最も重要な経路となった。その中で、活発な主筆であった陳溥賢（一八八六―一九六〇）は、まさに日本に留学した後、中華民国に戻り、河上肇や高畠素之（一八八六―一九二八）のマルクスについての論述を翻訳し、『晨報副刊』に掲載させていた。かくして陳は、自身はマルクス主義を信じなかったけれども、中華民国におけるマルクス思想を伝えた第一人者だと認められるようになった。一九二〇年、陳は高畠によって翻訳されたK・カウツキー（Karl Johann Kautsky、一八五四―一九三八）の『資本論解説』を中国語に重訳して、『馬氏資本論釈義』というタイトルで出版し、これが中華民国で最も早いマルクス経済思想史の本になった。陳の訳者という身分とは対照的に、中華民国におけるマルクス主義の先駆者であった李大釗（一八八八―一九二七）は、「私のマルクス主義観」という論説を『新青年』に載せ、公に自分をマルクス主義者であると宣言したと、一般的に思われている。その論説の中で、李は有史以来の経済思想史を個人主義経済学、人道主義経済学、および社会主義経済学に分け、マルクスを社会主義経済学の鼻祖と解釈し、今はまさに社会主義経済学によって世界を改造する時代だと表明した。だが、自発的にマルクス思想に触れていたと称されていたその論説では、実際には河上肇と福田徳三の著作を引用し、直接的に翻訳した部分もあり、李自身で書いた部分は全体の五分の一未満であった。

日本から主にマルクス経済思想が紹介されたという伝統は、第二次世界大戦まで続いたと言っても過言ではない。日本のマルクス経済思想の著作が何回も出版された場合もあったし、日本人のマルクス主義者の論点はマルクス自身の観点だったと誤解されたこともあった。東京帝国大学に留学した丁福源（一九一四―一九九二）は一九四四―四五年に『日本研究』という雑誌に「現今在日本之経済学通説概観」（現今の日本の経済学の概観）という論説を掲載し、日本での経済学説は古典学説・限界効用学派および数理学派の総合的な産物だと指摘したけれども、経済学教科書の典範として中国に紹介したのは、社会主義者の高田保馬（一八八三―一九七二）の『第二経済学概論』（日本評論社、一九四二）であった。それは、当時の日本では最も人気があった「勢力説」で経済理論を解釈した本だと言われている。日本のマルクス経済思想が、その時まで中華民国に対して、いまだ影響を有していた一つの証拠だと言えよう。

高田は中華民国ではさほど広く知られていなかったのに対して、植民地朝鮮での影響は無視することはできないものであった。朝鮮のマルクス主義歴史学の創始者たる白南雲（一八九四―一九七九）は、一九一八―二五年に日本に留学した時、高田に師事し、マルクス主義の影響を受け、福田徳三の「停滞論」に反対する狙いで『朝鮮社会経済史』（改造社、一九三三）を出版した。

一言で言えば、中華民国に対しても、植民地朝鮮に対しても押し広げられていったマルクス経済思想の風潮は、それを仲介した日本への留学生たちが日本に滞在していた、その当時の日本の知識人層に広がっていた左翼の厚さと関係していた。その上、より一層密接な関係のあった、日本への留学生たちにとっての目的は、帝国主義者や植民者などを拒否・撃退しようとする自国の要求に従うことであった。しかし、明治維新の政策思想およびマルクス経済思想の場合について言えば、日本は、長い間、西洋の代理人と考えられており、東アジアに対して近代化の「経途」「探路」の役割を担うものであったということであろう。

第一次世界大戦と違い、東アジア諸国・諸地域のほぼ全域が第二次世界大戦に巻き込まれた。この時期、通常の経済思想研究は中断させられ、戦争のために歪められなければならない場合もあった。ただ、まさに戦争の最中、市場や資源を確保する狙いで、日本は「大東亜」という経済地域を仮定し、初めて東アジアが独立的な地域単位とされることとなった。その「大東亜」は、当初の日本・偽満州国（一九三二年に日本陸軍が中国東北部に作った傀儡国家）・中華民国によって構成される「日満支ブロック」から、一九四三年の大東亜会議までの期間に、東南アジアにまで拡張され、今日の東アジアから東南アジアに至る地理的範囲を包含することとされた。その上、日本政府の大東亜省などは、大戦末期に「南方特別留学生」制度を創設し、一九四三年および四四年に東南アジアから日本へ留学生を招聘し、彼らが、帰国後は、それぞれの出身地域において植民者として「大東亜」政策を推進すべき知日派となることを期待した。日本が提唱した大東亜植民思想に対し、中国では偽国民政府（一九四〇年から一九四五年にかけて中国に存在した中華民国の政権）と共産党の二つの派によって、まったく違う態度がとられた。偽国民政府の一部により出されたものを見ると、『日本評論』一九四二年第三巻第九期に掲載された汪兆銘（一八八三―一九四四）の「復興東亜之路」（東亜を復興する道）という満州事変記念論文はその代表であり、また東亜経済論や経済建設原理などの日本知識人の論説が直接に翻訳されていた。この他にはたとえば、「大東亜共栄圏の経済基礎」（『大亜洲主義』一九四二年第四巻第二期）という論文で東亜経済政策思想が詳しく解説され、日本の経済植民思想に心から賛成することが示された。これとは対照的に、共産党の反論は、李大釗の「大亜細亜主義と新亜細亜主義」（『国民雑誌』一九一九年第一巻第一期）という論文および孫文（一八六六―一九二五）の神戸講演（一九二四）の観点に従い、日本帝国主義の覇権の本質を警戒させようというものであった。

三　一九四五〜一九七〇年代

一九五〇年に、日本経済思想史の研究をも包含した学術団体として、日本経済学史学会が創立された。一九六六―六九年に文部省の科学研究費による特定研究「明治・大正・昭和における日本近代化の研究」が行われ、同学会の会員が経済思想・社会思想・比較思想に分かれて共同研究を推進した。日本において、自国の経済思想研究の必要性が徐々に認識され、独立的な学科が形成され、発展してきたということである。しかし、日本経済思想史の発展期にあった当時、東アジア諸国・諸地域では反日ナショナリズムが台頭し、経済思想史を含む日本研究は停滞的となった。社会主義制度をとった中華人民共和国（一九四九―　）やベトナム社会主義共和国は無論のこと、一九七四年に首相田中角栄（一九一八―一九九三）が東南アジアを訪問した時、タイ王国やインドネシア共和国で大きな反日デモが起こった。第二次世界大戦後、中国や大韓民国や東南アジア諸国などは、多少の時期的な前後はあるが、独立を達成し、代表的な植民者として日本を完全に遠ざけ、言うまでもなく日本の思想には耳を傾けなくなったわけである。

しかし、植民地体制から脱却した韓国は日本との関係を持った。大統領朴正熙（一九一七―一九七九）により、韓日交流が国民の激しい抵抗を受けつつも、日本を模範とした経済政策や「日韓基本条約」調印（一九六五）による韓日国交正常化を推進する外交政策などがとられた。朴正熙は、自身が主導した官僚的権威主義体制について国民に解説した『韓民族の進むべき道』（一九六二）という著作において、福沢諭吉の「天は人の上に人を造らず人の下に人を造らずと云へり」（『学問のすゝめ』【17-6】）という名言を自然に引用した。朴は、この本の「社会および経済の平等」という章において、民主を達成する前提がまさに経済の平等だと論証して、日本の影響を無意識のうちに示した。韓国の経済発展のモデルは日本であったし、政府の政策・企業文化・市場構造など、韓国の経済領域全般に日本的な価値が深く浸透するようになったと言っても過言ではない。しかし、韓国では、日本の経済思想や経済発展体制についての研究は、今日に至るまでほとんど行われていない。植民地時代から残った民族感情・反日感情がポスト植民時代にも深刻に存在しているのであろう。

四　一九七〇年代末期〜一九九八年

一九七〇年代末期に、日本は東アジア諸国との外交関係を正常に維持しつつ、輸出入や企業進出や経済援助などを展開した。特にアメリカに次ぐ経済大国になった後、中国を含む東アジアの新興国市場では「日本マニア」（Japan Mania）が現れるようになった。経済思想の場合、世界銀行が日本の支持を得て発行したリサーチ・レポート『東アジアの奇跡――経済成長と政府の役割――』（*East Asia Miracle: Economic Growth and Public Policy*, 1993）が代表的な論説である。日本などの諸国が実施した市場機能補完アプローチ（market-friendly approach）に対して、新古典派経済学に立脚した東アジア開発経済学は積極的な評価を下した。そのように日本の政策や思想は「肯定的特殊性の認識」を得たと言える。

東アジア諸国・諸地域は工業化を含む近代化の途上にあり、日本の経済思想に注目した時、明治維新、西洋文明の吸収、近代化と改革、植民地体制の再検討への批判などが行われた。インドネシアの学位論文によると、明治時代の思想家、明治維新の政策、自由民主主義などの幅広いテーマが研究の中心になり、近代化の過程で日本に学びながら、発展の目標および実践の方法が探究されているのであろう。注目された人物は、思想家の中江藤樹（一六〇八―一六四八）、荻生徂徠（一六六六―一七二八）、安藤昌益（一七〇三―一七六二）、福沢諭吉、徳富蘇峰（一八六三―一九五七）、河上肇、幸徳秋水（一八七一―一九一一）の他、政治家の木戸孝允（一八三三―一八七七）、大隈重信（一八三八―一九二二）、松方正義（一八三五―一九二四）、土肥原賢二（一八八三―一九四八）、および、企業家の豊田喜一郎（一八九四―一九五二）、盛田昭夫（一九二一―一九九九）など、さまざまな領域の専門家であり、このことがその関心のあり方を示していると言える。歴史的事件としては、特に開国や南進運動など、インドネシアが直面していた政策課題と密接な関係があることが多かった。ベトナムにもそのような特徴が見られた（【27-4】）。マレーシアは、二〇世紀初期のベトナムの政策に似た東方政策（Look East Policy）を一九八一年から展開し続けている。その政策は、日本および韓国の成功要因を学び、マレーシアの経済発展と産業基盤の確立を目標として設計された。経済政策に限らず、思想および能力の面でも、国民の労働倫理、学習・勤労意欲、経営能力も含めて、両国を模倣しようとした。かくして、派遣された留学生および職業人は、自国に戻った後、知日派になったことはもちろん、日本研究を熱心に推進した。もともとの多文化の利点からか、マレーシアは日本語の資料のみでなく、中国語や英語などを利用して、古代から現代に至るまでの日本について、いろいろな課題に取り組んでいる。だが、一九九七年に始まったアジア通貨危機のため、政府主導の日本研究は中止される傾向にある。

韓国は東南アジア諸国と違い、一九六三年から高度経済成長期に入り、一九七〇年代中期に至るまでに工業化を達成して、中進工業国になったと言われる。ただし、長期的な日本植民地の記憶を持ちつつ、経済システムを確立したため、経済発展の源動力を探せば、植民地体制の再検討をしなければならない。韓国経済は朝鮮時代・日帝時代・援助経済期および高度成長期と四つの階段で区分された。日帝時代に年平均成長率は三・七パーセントに達したが（【27-5】）、植民地の従属心理はその後の時期に障害になったという観点がある。他方これとは反対に、日本の学者に従い植民地の経済発展は高度成長期の基盤になったという積極的な評価も存在する。ただ、高度成長期に入った後、アメリカが韓国からの第一の留学先になり、日本に行く学生はかなり減少してしまい、受容する思想も主に欧米からのものとなった。残った知日派は、植民地時代に生まれたか、あるいは、日本留学の経験を持った学者たちである。そうした著彼らは、日本の歴史および思想に関して注目し、数は少ないが、経済思想についての専門書を執筆した。

作の中には、日本と経済的関係を取り結んだり、あるいは、日本の経済システムを理解しようとする際に、なぜ日本の経済思想を無視するのかという疑問を提起し、さらに経済思想について研究するべきだという主張を展開するものも少なくない。

一九八〇年代初期から、東アジア諸国では、E・ヴォーゲル（Ezra Feivel Vogel、一九三〇―　）の著書『ジャパン・アズ・ナンバーワン』（*Japan as Number One: Lessons for America*, 1999）がアメリカを筆頭に世界に与えた影響を受けて、日本の経済システムについてより一層大きな関心が生じた。また、それに限らず、東アジア経済における共通点に賛同して、自国にそれを移植するような決心が強烈に現れている。世界銀行の一九九三年のレポートは、まさにその決心に対して肯定的な評価を下している。そのレポートには、日本のみでなく、東アジアＮＩＥｓ四カ国・地域（韓国、台湾、香港、シンガポール）と、ＡＳＥＡＮのうち三カ国（インドネシア、マレーシア、タイ）が取り上げられている。そこでは、その時に至るまでの時期に、均衡成長（balanced growth）を達成した右の諸国・諸地域の政策を詳しく説明し、東アジア諸国はそのおかげで地域ブロックとして初めて世界に台頭したと述べられている。

ただし、東アジアは地理的・文化的にはアメリカより日本に近いが、政策の移植や思想の受容には、予想外の難しさが存在すると明記されている。なぜなら、日本にある経済要因やエリート的な思想などはどの国にも発現しうるかもしれないが、その要因は日本ではユニークに組み立てられており、他国には合わない可能性が高いからである（【27―6】）。言い換えれば、中国語に言う「橘化為枳」（南の地方にあるおいしい橘は、北に移植されたら、まずい枳になってしまう）ということである。

しかしながら、かつての中華文化圏はほぼ化石になってしまったとはいえ、儒家という遺産は日本については「新儒家」という名称で取り上げられ、アジア通貨危機の前には、最も代表的な経済思想として東アジアの奇跡を説明していた。一九七八年のH・カーン（Herman Kahn、一九二二―一九八三）の台湾での講演が、その新儒家経済思想のデビューであった。その旅で、カーンは、当時、出版間近の自著『世界の経済発展―一九七九年を超えて』（*World Economic Development: 1979 and beyond*, Westview Press, 1979）を台湾の学者たちに紹介して、特に日本、韓国、台湾などの地域を「新儒家社会」と称し、有名な「新儒家仮説」を首唱した。その仮説に基づいて、中国人の学者たちは積極的に反応し、時間的には先秦の時代に儒家の源流を見、空間的には日本と総合的に比較し、理論的仮説に豊かさを加えていった。しかも東南アジアのリ・クアンユー（一九二三―二〇一五）やマハティール・ビン・モハマド（Mahathir bin Mohamad、一九二五―　）はその仮説に「アジアの価値観」を付加し、「儒家資本主義」というシンボルを創り出した。世界銀行の一九九三年のレポートには、そのような東アジアのレーベルがしばしば浮かぶのである。

五　一九九八年～今日

だが、世界銀行が右述のレポートを発表した一九九三年からわずか四年後の一九九七年、アジア通貨危機が発生し、金融システムを通じて伝染したため、東アジア諸国はほぼ全部がその危機に巻き込まれた。しかも、通貨危機から経済危機へと展開し、大規模かつ全域的にその影響が及んだ。日本では一九九〇年から経済の後退に陥りつつあったが、この危機のために不景気が長期化し、「失われた二〇年」と表現される事態となった。かくして結果的に、日本を含む東アジアに与えられていた「儒家資本主義」という肯定な評価は、「縁故資本主義」に一転し、全く経済上の奇跡を認めない傾向も現れた。

危機に直面する東アジアでは、日本マニアは徐々に退去していき、盲目的に共通点を探すことを一時止め、比較研究によって諸国・諸地域の思想の特殊性に注目し、歴史的に分析する理性的な成果がますます多くなってきている。しかも、韓国やかつての植民地では、反日ナショナリズムが戦後の世代によって弱くなり、日本の経済思想をはじめとする日本研究が本格的に展開している。韓国日本思想史学会は一九九九年の創設であり、年二回の『日本思想』という専門誌を刊行し、経済思想についての論文は、以前に比べれば、しばしば発表されている。両国の比較研究だけでなく、二つ以上の諸国・諸地域を対象とした、複雑かつ広範な研究が増加している。

金融危機を克服するとともに、新しい危機を防止するため、東アジアの輸出工業指向化モデルが再検討されている。しかも、外部の世界金融秩序の変化に伴って内部の企業・銀行危機が悪化することを認知して、東アジアの地域内協力がさまざまな経済領域で進められてきた。つまり、「大東亜共栄圏」の「大東亜」から「東アジア共同体」の「東アジア」に転化したのである。なおまた、経済地域化を迎えいれる日本は、「経済連携協定（EPA）」（Economic Partnership Agreement）を中心に展開して、貿易の関税に限らず、経済制度の調和を通して、経済思想を相手の締約国に積極的に輸出している。東アジア共同体を実現するため、歴史的な同一性を善用し、植民時代の遺産をすっかり整理しなければならないであろう。

経済学の特殊性から普遍性へ移行する過程の中で、日本も新古典主義の再台頭を避けえない。「失われた時代」を経済学的方法で再検討しながら、新しい観点および思想が現れるのである。一例を挙げれば、労働集約を特徴とする「勤勉革命」は、東アジア諸国を含めた全世界に影響を及ぼす学説だと言えよう。東アジア諸国は高度成長階段を経た後、日本の後を追って経済調整期に入ってきたゆえに、そのような思想は多ければ多いほど、東アジアはヨーロッパとは異なる発展経路で新しい「アジア時代」を開くことができるだろう。

六　事例研究——中国における日本経済思想史研究

中国は日本と同じく自国の経済思想史を注視し、独立な学科を創設するとともに、外国の経済思想史をも熱心に探究し続けている。中国には、日本と長く密接な関係を有する隣国として、一九七二年の日中国交正常化以来、四十年余にわたって、日本マニアが存在している。したがって、さまざまな日本経済思想史のテーマが注目されるのは自然である。中でも、明治維新、福沢諭吉、日本のマルクス主義、日本的資本主義、および、日中比較などがしばしば取り上げられている。それらを通じて中国における日本経済思想史研究を「一葉落ちて秋を知る」ように検討しよう。

明治維新前後の経済思想と言えば、現代中国は工業化をすでに達成しており、明治維新についての関心は少ない。ただ、マルクスの五階段社会論によって日本史を記述する時、明治維新を分析しなければならないゆえに、その前後の武士や思想家や官僚たちの経済思想についての研究が行われている。この場合、明治維新についての講座派と労農派の議論が見逃されることがある。歴史的な方法でなく、イデオロギーな標準によって資本主義革命というレーベルを貼り付けてしまうような、簡単すぎる研究が時々ある。

明治維新と関係ある福沢諭吉は、その時代の啓蒙家としてだけではなく、「日本現代社会の父」としても中国人の視野には入っている。一九四九年の解放後、福沢の『学問のすゝめ』（一九五八年翻訳出版。以下同じ）および『文明論之概略』（一九五九）の翻訳が出版され、資本主義思想史の資料として利用すべきだと指摘された。国交正常化の後、『学問のすゝめ』と『文明論之概略』が再版され、『福翁自伝』（一九八〇）や『福翁百話』（一九九三）などの福沢の著作の他に、池田弥三郎（一九八〇）、鹿野政直（一九八七）、遠山茂樹（一九九〇）、安川寿之輔（二〇〇四）など日本の学者の著作も紹介された。その中で、丸山真男（一九一四―一九九六）の研究業績に最大の関心が集まった。中国の学者により丸山の一九四三年から一九八五年までの論文が集められ、『福沢諭吉と日本近代化』と題して一九九一年に出版された。一九九七年には丸山の死を悼むため、『日本近代思想家福沢諭吉』が再出版された。その他、丸山の『日本の思想』（一九九一）や『日本政治思想史研究』（二〇〇〇）などの福沢に関する評論を載せた著作も翻訳された。このように豊かな資料のおかげで、経済思想を含めてさまざまなテーマで福沢は研究対象に選ばれ、中国人の厳復（一八五四―一九二一）、梁啓超、張之洞（一八三七―一九〇九）などとの比較研究も少なからず行われた。

だが、日本経済思想史の中で最も関心を集めているのは、まさにマルクス主義経済思想史である。この領域に属する研究は、国家レベルの重要課題と認められている。その課題によって完成された著作は、唯一の中国大陸で出版された日本経済思想史の専門書である（【27-7】）。日本は、中国にとって、ロシアと同じくマルクス主義経済思想のよって来たる源流と捉えられ、河上肇などの日本人のマルクス主義者から新中国の創立者たちに伝えられたマルクス思想に焦点が当てられた。その日本的なマルクス主義ともともとのマルクス主義思想が中国では混じり合って今日に至っており、この間の変化も注目され続けている。

日本経済思想史の特殊性は日本的資本主義についての研究において強調され、東アジア・モデルを探究する際に、重視されるようになった。日本的資本主義を説明するために、政官財から成る「鉄のトライアングル」と言われる企業と政府の関係や、有名な起業家の経営思想などを取り上げている。言い換えれば、「縁故資本主義」のシステムのもとで、起業家は政府のサポートを求めながら競争力を高めると一般的に指摘されている。近年の両国間にコンフリクトが生じているため、「現代日本経済源流論」や「一九四〇年体制」などの日本の戦時体制に注目する研究が増加している。

日中の相互的理解は、日本経済思想史研究の最も重要な目的であり、また考慮されるべき点だと言えよう。一九九三年に中国社会科学院によって日本・韓国・中国の学者たちが集まり、東アジア経済思想について研究報告を行い、具体的な人物の思想を超えて、全面的な思想体系を検討することの重要性が示された。経済思想史の体系化は難しいが、それと比べて、人物の経済思想史は、少なからず、比較研究のテーマとなっている。

おわりに——東アジアから見る日本経済思想史

日本経済思想史を東アジアから見て、三つの点を指摘したい。その一つは、東アジア諸国は欧米とは異なり、日本が東アジア資本主義の「第一地域」であることを認めて、日本の経済思想を研究していることである。日本は東アジアで最も早く近代化改革を完成し、戦後に完全に復興してきたからである。その後、長期な不景気に遭遇しても、今日に至るまで東アジアの経済最大国の一つとして、他の諸国・諸地域は日本経済から学ぶことができる。二つ目の点は、東アジアにおける日本経済思想史研究は、日本との関係から日本の経済的地位に至るまでの、いろいろな変化によって影響を受けているということである。たとえば、中国の明代における日本研究の台頭は、倭寇の構成員が主に日本人であったゆえと考えられる。太平洋戦争の期間においても、中国は日本に侵略され、両国は交戦したため、日本研究は活発化し、経済思想も、戦争によって特徴づけられながら、研究された。第二次世界大戦後の平和を迎えた東アジアでは、反日感情は少しずつ減退し、日本を模倣するために経済思想が注目されるようになった。経済大国として認識されてはいるが、事の成否によって英雄が論じられるように、日本の経済的影響力の如何によって、日本の経済思想を重視するかどうかが揺れ動いているのが実状である。その三つ目は、日本経済思想史は、日本学（Japanology）や日本研究（Japan Studies）と比べて、問題志向型研究（Problem-based Studies）であるということである。東アジア諸国・諸地域が日本の経済思想を研究する時期は、近代社会科学の成長過程と同時であった。日本に関する研究を日本学、日本研究、問題志向型研究の三つに分類するとすれば（【27–8】）、東アジア諸国はほぼ日本学や日本研究を終えて、問題志向型研究が台頭し始めている。東アジアにおける日本経済思想史研究は、ある程度で雁行形態に似ていると言われる。先頭の雁としての中国は、その研究についての関心も深くて、研究成果も鮮明かつ多量である。その上、右述のような三分類に従えば、中国はすでに第三階段に入っている。なぜなら、中国では、歴史的過去から現在に至るまで、日本研究が継続されているからである。中国も実用主義に従って強国になるような方法を一生懸命探究し、東洋的経済学を創立する夢を持っていると言えよう。

＊中国の武漢大学経済管理学院の厳清華、大東文化大学経済学部の石井寿美世、国際日本文化研究センターの Eri Shiraishi、日本大学経済学部研究事務課の河村圭子の各氏から資料を頂いた。各位にお礼を申しあげたい。

【27–1】梁啓超〔一九八九〕『飲氷室合集』〔中華書局〕五四頁
【27–2】黄遵憲〔一八九五〕『日本国志』〔食貨志五〕
【27–3】張曉編著〔二〇一二〕『近代漢訳西学書目提要』〔北京大学出版社〕一九〇—一九三頁
【27–4】I.K.Surajaya（2007）,“Present Conditions and the Future of Japanes Studies in Indonesia,” in *Japanology in Foreign Countries: History and Trends*, Kyoto: International Research Center for Japanese Studies, pp. 36–42; “Japanese Studies in Indonesia,” in P.A.George（ed.）（2010）, *Japanese Studies: Changing Global Profile*, New Delhi: Northern Book Center, pp. 216–33.
【27–5】이헌창〔二〇〇三〕「한국고도성장의역사적배경」（韓国の高度成長の歴史的な背景）,『동아시아경제협력의현상과가

능성：한일공동연구총서 I』〔한국고려대학교아시아문제연구소〕二七五―三二二頁

【27-6】Bai Gao (1997), *Economic Ideology and Japanese Industrial Policy*, Cambridge: Cambridge University Press.

【27-7】程恩富編、張忠任著〔二〇〇六〕『マルクス主義経済思想史（日本巻）』〔上海東方出版中心〕

【27-8】ネウストプニー、J・V〔一九八九〕「日本研究のパラダイム：その多様性を理解するために」『世界の中の日本』一〔国際日本文化研究センター〕

参考文献

第一部

青柳淳子〔二〇〇九〕「海保青陵の伝記的考察」（『三田学会雑誌』第一〇二巻第二号）
安部磯雄日記復刻委員会編集〔二〇〇九〕『安部磯雄日記―青春編―』（『新島研究』第一〇〇号別冊）（同志社大学同志社社史資料センター）
天野郁夫〔一九八九〕『近代日本高等教育研究』（玉川大学出版部）
天野郁夫〔一九九二〕『学歴の社会史―教育と日本の近代―』（新潮社）
飯島忠夫・西川忠幸校訂〔一九四二〕『町人嚢・百姓嚢・長崎夜話草』（岩波文庫）
井口隆史〔二〇一一〕『安部磯雄の生涯―質素之生活　高遠之理想―』（早稲田大学出版部）
石井進・五味文彦・笹山晴生・高埜利彦〔二〇一三〕『詳説日本史B』（山川出版社）
石井寿美世〔二〇〇三〕「一八八〇年代における実業思想と地方企業家―長野県上小佐久地域と下村亀三郎―」『日本経済思想史研究』第三号（日本経済思想史研究会）
石井寿美世〔二〇〇四〕「一八八〇年代における地方名望家の展開―愛知県前芝村・加藤六蔵を事例として―」川口浩編著『日本の経済思想世界―「十九世紀」の企業者・政策者・知識人―』（日本経済評論社）
石井寿美世〔二〇〇七〕「明治期における地方企業家の経済思想―群馬県伊香保村・木暮武太夫を事例として―」『経済研究』第二〇号（大東文化大学経済研究所）
石井寿美世〔二〇一〇〕「福沢諭吉における「ミッヅルカラッス」と地方富豪」『福沢年鑑』第三七号（福沢諭吉協会）

石井寿美世〔二〇一三〕「江戸から明治へ―明治初期における地方企業家の経済思想―」川口浩、ベティーナ・グラムリヒ＝オカ編『日米欧からみた近世日本の経済思想』（岩田書院）
石橋湛山〔一九七一〕『石橋湛山全集』第六巻（東洋経済新報社）
石原莞爾〔一九九三〕『最終戦争論』（中公文庫）
坂根嘉弘〔二〇一一〕『〈家と村〉日本伝統社会と経済発展』（農山漁村文化協会）
市島謙吉編輯・校訂〔一九〇六〕『新井白石全集』第四巻（国書刊行会）
市島謙吉編輯・校訂〔一九〇七〕『新井白石全集』第六巻（国書刊行会）
伊東要蔵〔一八八五〕「父兄諸氏ニ告グ」（慶応義塾福沢研究センター架蔵）
伊東要蔵〔一八八五頃〕「（無題原稿）」（慶応義塾福沢研究センター架蔵）
伊東要蔵〔一八八九〕「財産支配権ヲ附与セラル、議ニ付意見書」（慶応義塾福沢研究センター架蔵）
犬養毅編輯〔一八八三〕『東海経済新報1』（日本経済評論社）
井上琢智〔一九九八〕「福田徳三と厚生経済学の形成」『経済学論究』第五二巻第一号（関西学院大学）
猪瀬直樹〔二〇一〇〕『昭和16年夏の敗戦』（中公文庫）
今泉定介編輯・校訂〔一九〇六〕『新井白石全集』第三巻（国書刊行会）
岩田規久男編〔二〇〇四〕『昭和恐慌の研究』（東洋経済新報社）
岩橋勝〔一九七六〕「徳川時代の貨幣数量」（梅村又次・新保博・西川俊作・速水融編『数量経済史論集1　日本経済の発展』日本経済新聞社）
上田市立丸子郷土博物館ウェブサイト http://museum.umic.jp/maruko/kindai-seishi/video_yodasha1.html（最終閲覧日二〇一五年七月二六日）
NHKスペシャル取材班〔二〇一一〕『日本海軍４００時間の証言―軍令部・参謀たちが語った敗戦―』（新潮文庫）
榎一江〔二〇〇九〕「近代日本の経営パターナリズム」『大原社会問題研究所雑誌』第六一一・六一二号（大原社会問題研究

所）
大石慎三郎〔一九九一〕『田沼意次の時代』（岩波書店）
大岡家文書刊行会編〔一九七二〕『大岡忠相日記』上（三一書房）
大久保正編〔一九六八〕『本居宣長全集』第二巻（筑摩書房）
大久保正編〔一九七二〕『本居宣長全集』第八巻（筑摩書房）
大久保利謙編〔一九七七〕『明治文学全集14 田口鼎軒集』（筑摩書房）
大島明秀〔二〇〇六〕「近世後期日本における志筑忠雄訳『鎖国論』の受容」『洋学』第一四巻（洋学史学会）
大島明秀〔二〇一〇〕「「開国」概念の検討―言説論の視座から―」『國文研究』第五五巻（熊本県立大学日本語日本文学会）
太田愛之・川口浩・藤井信幸〔二〇〇六〕『日本経済の二千年（改訂版）』（勁草書房）
大塚久雄〔一九六九〕『近代化の人間的基礎』（『大塚久雄著作集』第八巻）（岩波書店）
大野晋編〔一九六八〕『本居宣長全集』第九巻（筑摩書房）
荻野富士夫〔一九九〇〕「初期社会主義における安部磯雄の思想」峰島旭雄編『安部磯雄の研究』（早稲田大学社会科学研究所）
甲斐叢書刊行会〔一九三四〕『甲斐叢書』第三巻（甲斐叢書刊行会）
懐徳堂記念会編〔二〇〇四〕『懐徳堂知識人の学問と生―生きることと知ること―』（和泉書院）
笠谷和比古〔一九八八〕『主君「押込」の構造―近世大名と家臣団―』（平凡社選書）
片山杜秀〔二〇一二〕『未完のファシズム―「持たざる国」日本の運命―』（新潮選書）
加藤六蔵〔一八八二頃〕『経世書』第一巻（豊橋市美術博物館所蔵）
仮名垣魯文著・小林智賀平校注〔一九六七〕『安愚楽鍋』（岩波書店）
金谷治訳注〔一九九九〕『論語』（岩波書店）
金谷治訳注〔二〇〇三〕『大学・中庸』（ワイド版岩波文庫）

川口浩〔一九八八〕「近世日本経済思想史から見た「無為」「自然」—太宰春臺を事例として—」(『中京大学経済学論叢』創刊号)
川口浩〔一九八九〕「江戸時代の職分論と維新期の職分論」『中京大学経済学論叢』第二号
川口浩〔一九九二〕『江戸時代の経済思想—「経済主体」の生成—』(勁草書房)
川口浩〔一九九五a〕「享保改革期徳川幕府の経済認識—物価・貨幣政策と農業政策を手掛かりとして—」(『早稲田政治経済学雑誌』第三二一号)
川口浩〔一九九五b〕「幕府代官蓑正高の経済思想—その農業・農村・農民像—」(新保博・渡辺文夫編『中京大学経済学部付属経済研究所研究叢書第3輯　近代移行期経済史の諸問題』中京大学経済学部付属経済研究所)
川口浩〔二〇〇〇〕「日本における「大学」の誕生」川口浩編『大学の社会経済史—日本におけるビジネス・エリートの養成—』(創文社)
川口浩〔二〇〇二〕「明治一〇年代高田早苗の宗教と学問」早稲田大学大学史資料センター編『高田早苗の総合的研究—早稲田大学創立一二五周年記念—』(早稲田大学大学史資料センター)
川口浩〔二〇〇四a〕「序章　日本の経済思想世界—「十九世紀」の企業者・政策者・知識人—」川口浩編著『日本の経済思想世界—「十九世紀」の企業者・政策者・知識人—』(日本経済評論社)
川口浩〔二〇〇四b〕「「番頭」武藤山治—鐘紡専心期(一八九四〜一九一八)を中心に—」川口浩編著『日本の経済思想世界—「十九世紀」の企業者・政策者・知識人—』(日本経済評論社)
川口浩〔二〇〇六〕「康次郎の生涯」大西健夫・齋藤憲・川口浩編『堤康次郎と西武グループの形成』(知泉書館)
川口浩〔二〇一〇a〕「小楠の経済認識と経済思想」平石直昭・金泰昌編『公共する人間3　横井小楠—公共の政を首唱した開国の志士—』(東京大学出版会)
川口浩〔二〇一〇b〕「『安部磯雄日記—青春編—』を読んで」同志社大学同志社社史資料センター編『新島研究』第一〇一号(同志社大学同志社社史資料センター)

川口浩編著〔二〇〇四〕『日本の経済思想世界――「十九世紀」の企業者・政策者・知識人――』（日本経済評論社）
川田稔編〔二〇〇〇〕『浜口雄幸集』論述・講演篇（未来社）
神田眞人〔二〇一〇〕「公僕の俸禄たてよこ（上）―国際的・歴史的視座からみた国家公務員給与・年金――」『ファイナンス』第四六巻第四号（財務省大臣官房）
木島章〔一九九一〕『サントリー博物館文庫18　川上善兵衛伝』（サントリー株式会社）
木嶋久実〔二〇〇六〕「福田徳三――ある大正自由主義者の形成――」大森郁夫編『経済思想9　日本の経済思想1』（日本経済評論社）
北西正人〔二〇〇九〕「近代人とは何者か？――ホッブズ――」中村健吾編著『古典から読み解く社会思想史』（ミネルヴァ書房）
熊谷次郎〔二〇〇六〕「田口卯吉―社会の「大理」と経済学――」大森郁夫編『経済思想9　日本の経済思想1』（日本経済評論社）
グラムリヒ＝オカ、ベティーナ著、上野未央訳〔二〇一三〕『只野真葛論―男のように考える女――』（岩田書院）
慶応義塾編纂〔一九六九〕『福沢諭吉全集』第三巻（再版、岩波書店）
慶応義塾編纂〔一九七〇ａ〕『福沢諭吉全集』第四巻（再版、岩波書店）
慶応義塾編纂〔一九七〇ｂ〕『福沢諭吉全集』第六巻（再版、岩波書店）
慶応義塾編纂〔一九七〇ｃ〕『福沢諭吉全集』第七巻（再版、岩波書店）
慶応義塾編纂〔一九七〇ｄ〕『福沢諭吉全集』第八巻（再版、岩波書店）
慶応義塾編纂〔一九七一ａ〕『福沢諭吉全集』第一九巻（再版、岩波書店）
慶応義塾編纂〔一九七一ｂ〕『福沢諭吉全集』第二〇巻（再版、岩波書店）
見城悌治〔二〇〇八〕『評伝・日本の経済思想　渋沢栄一―「道徳」と経済のあいだ――』（日本経済評論社）
河野有理〔二〇〇八〕「「制度」と「人心」―田口卯吉『日本開化小史』の秩序像――」『年報政治学』第五九巻第一号（日本政治学会）

国書刊行会（一九一〇）『赤穂義人纂書』補遺（国書刊行会）
後藤陽一・友枝龍太郎校注（一九七一）『日本思想大系30　熊沢蕃山』（岩波書店）
小峰和夫（一九九五）「田口卯吉の描いた開放経済国家日本の進路」杉原四郎・岡田和喜編『田口卯吉と東京経済雑誌』（日本経済評論社）
小室正紀（二〇〇三）「福沢諭吉の経済論」小室正紀編著『近代日本と福沢諭吉』（慶応義塾大学出版会）
斎藤修（二〇一八）「1600年の全国人口―17世紀人口経済史再構築の試み―」『社会経済史学』第八四巻第一号。
坂根嘉弘（二〇一一）『〈家と村〉日本伝統社会と経済発展』（農山漁村文化協会）
坂本慎一（二〇〇二）『渋沢栄一の経世済民思想』（日本経済評論社）
相良亨（一九七八）『本居宣長』（東京大学出版会）
桜井邦朋（二〇〇三）『夏が来なかった時代―歴史を動かした気候変動―』（吉川弘文館）
佐々木隆（一九九九）『日本の近代14　メディアと権力』（中央公論新社）
佐藤弘夫編（二〇〇一）『概説　日本思想史』（ミネルヴァ書房）
佐藤昌介（一九七二）『日本の名著』25（中央公論社）
澤井啓一（二〇〇〇）『〈記号〉としての儒学』（光芒社）
柴田實（一九五六）『石田梅岩全集』上巻（石門心学会）
柴田實（一九五七）『石田梅岩全集』下巻（石門心学会・明倫舎）
渋沢栄一（一九一三）『青淵百話』（同文館）
渋沢栄一口述・尾立維孝筆述（一九二五）『論語講義　乾』（二松学舎出版部）
島田虔次（一九六七）『朱子学と陽明学』（岩波新書）
島田虔次編輯（一九七三）『荻生徂徠全集1　学問論集』（みすず書房）
島田昌和（二〇一四）「渋沢栄一による合本主義―独自の市場型モデルの形成―」パトリック・フリデンソン、橘川武郎編著

『グローバル資本主義の中の渋沢栄一――合本キャピタリズム――』（東洋経済新報社）
下村亀三郎（一八八九）「製糸器械設立ノ趣意」遠藤鐵太郎編『上田郷友会月報』第三四号（上田郷友会事務所）
新保博『近世の物価と経済発展』（一九七八）（東洋経済新報社）
杉山伸也（二〇一二）『日本経済史　近世～現代』（岩波書店）
鈴木恒夫・小早川洋一・和田一夫（二〇〇九）『企業家ネットワークの形成と展開――データベースからみた近代日本の地域経済――』（名古屋大学出版会）
鈴木博之（一九九九）『日本の近代10　都市へ』（中央公論新社）
鈴木鉄心編（一九六二）『鈴木正三道人全集』（山喜房仏書林）
高田早苗（一八八六a）『読売新聞』一八八六年一一月一二日付
高田早苗（一八八六b）『学芸雑誌』第三号（賛育社）
高田早苗（一八八七a）『読売新聞』一八八七年三月二六日付
高田早苗（一八八七b）『読売新聞』一八八七年七月一五日付
高田早苗（一八八七c）『読売新聞』一八八七年一〇月一六日付
滝沢武雄（一九九六）『日本の貨幣の歴史』（吉川弘文館）
滝本誠一編（一九六六）『日本経済大典』第三巻（明治文献）
滝本誠一編（一九六七a）『日本経済大典』第九巻（明治文献）
滝本誠一編（一九六七b）『日本経済大典』第一一巻（明治文献）
竹越与三郎（二〇〇五）『新日本史　上』（岩波書店）
武田晴人（二〇〇二）「景気循環と経済政策」（石井寛治・原朗・武田晴人編『日本経済史3　両大戦間期』、東京大学出版会）
田尻祐一郎・疋田啓佑（一九九五）『叢書・日本の思想家17　太宰春台・服部南郭』（明徳出版社）
田中一弘（二〇一四）「道徳経済合一説――合本主義のよりどころ――」パトリック・フリデンソン、橘川武郎編著『グローバル

資本主義の中の渋沢栄一――合本キャピタリズム――』(東洋経済新報社)
田中優子〔二〇一〇〕『江戸っ子はなぜ宵越しの銭を持たないのか?』(小学館新書)
谷口澄夫〔一九六四〕『岡山藩政史の研究』(塙書房)
谷本雅之〔二〇〇三〕「動機としての「地域社会」――日本における「地域工業化」と投資活動――」篠塚信義・石坂昭雄・高橋秀行編著『地域工業化の比較史的研究』(北海道大学図書刊行会)
谷脇理史・神保五彌・暉峻康隆校注・訳〔一九七二〕『日本古典文学全集40　井原西鶴集　三』(小学館)
田原嗣郎〔一九七八〕『赤穂四十六士論――幕藩制の精神構造――』(吉川弘文館)
田原嗣郎・守本順一郎校注〔一九七〇〕『日本思想大系32　山鹿素行』(岩波書店)
中央教育審議会大学分科会将来構想部会〔二〇〇一〕「大学・短期大学等の入学者数及び進学率の推移」中央教育審議会大学分科会将来構想部会(第1回)資料5「将来構想部会関係基礎資料」(文部科学省) http://www.mext.go.jp/b_menu/shingi/chukyo/chukyo4/gijiroku/03090201/003/002.pdf (最終閲覧日二〇一五年六月二八日)
塚谷晃弘・蔵並省自校注〔一九七〇〕『日本思想大系44　本多利明　海保青陵』(岩波書店)
堤康次郎〔一九五二〕「国立学園における卒業式祝辞(二七、三、一八)」(早稲田大学大学史資料センター所蔵)
堤康次郎〔一九五七〕『人を生かす事業』(有紀書房)
鼎軒田口卯吉全集刊行会編輯〔一九九〇a〕『鼎軒田口卯吉全集』第二巻(吉川弘文館)
鼎軒田口卯吉全集刊行会編輯〔一九九〇b〕『鼎軒田口卯吉全集』第三巻(吉川弘文館)
鼎軒田口卯吉全集刊行会編輯〔一九九〇c〕『鼎軒田口卯吉全集』第五巻(吉川弘文館)
鼎軒田口卯吉全集刊行会編輯〔一九九〇d〕『鼎軒田口卯吉全集』第六巻(吉川弘文館)
寺出道雄〔二〇〇八〕『評伝・日本の経済思想　山田盛太郎――マルクス主義者の知られざる世界――』(日本経済評論社)
堂目卓生〔二〇一二〕「社会、市場、および政府――アダム・スミスの総合知――」経済学史学会編『古典から読み解く経済思想史』(ミネルヴァ書房)

中江篤介（一九八五）『中江兆民全集』第一四巻（岩波書店）
中川敬一郎（一九六七）「日本の工業化過程における『組織化された企業者活動』」『経営史学』第二巻第三号（経営史学会）
中村健吾（二〇〇九）「人権は人格の相互承認に由来する―ルソー、カント、フィヒテ、ヘーゲル―」中村健吾編著『古典から読み解く社会思想史』（ミネルヴァ書房）
中村隆英（一九八五）『明治大正期の経済』（東京大学出版会）
中村政則（一九八九）『昭和恐慌』（岩波ブックレット）
中村政則・石井寛治・春日豊校注（一九八八）『日本近代思想大系8　経済構想』（岩波書店）
中村幸彦校注（一九七五）『日本思想大系59　近世町人思想』（岩波書店）
ナジタ、テツオ著、子安宣邦訳（一九九二）『懐徳堂―18世紀日本の「徳」の諸相―』（岩波書店）
西川俊作（一九七九）『江戸時代のポリティカル・エコノミー』（日本評論社）
西川忠亮編（一八九八）『西川如見遺書』第一一編
西川忠亮編（一九〇〇）『西川如見遺書』第一四編
西沢保（二〇〇四）「福田徳三の経済思想―厚生経済・社会政策を中心に―」『一橋論叢』第一三二巻二号（一橋大学）
西田太一郎編（一九七六）『荻生徂徠全集17　随筆1』（みすず書房）
沼田次郎・松村明・佐藤昌介校注（一九七六）『日本思想大系64　洋学　上』（岩波書店）
野口武彦（一九九四）『忠臣蔵―赤穂事件・史実の肉声』（ちくま新書）
野崎守英（一九七九）『道　近世日本の思想』（東京大学出版会）
梅園会編（一九七九）『梅園全集』上巻（名著刊行会）
馬場尚憲（一九九七）『J・S・ミルの経済学』（御茶の水書房）
速水融・宮本又郎（一九八八）「概説　一七世紀―一八世紀」速水融・宮本又郎編『日本経済史I　経済社会の成立』（岩波書店）

原祐三〔一九四〇〕『日本統制経済論─その批判と提唱─』（千倉書房）
尾藤正英〔一九七二〕「太宰春臺の人と思想」（頼惟勤校注『日本思想大系37　徂徠学派』岩波書店）
尾藤正英〔一九九二〕『江戸時代とはなにか─日本史上の近世と近代─』（岩波書店）
日野龍夫〔一九七五〕『徂徠学派　儒学から文学へ』（筑摩書房）
日野龍夫〔一九九九〕『服部南郭伝攷』（ぺりかん社）
平石直昭〔一九八四〕『荻生徂徠年譜考』（平凡社）
平石直昭〔二〇〇一〕『日本政治思想史』（放送大学教育振興会）
平石直昭校注〔二〇一一〕『政談─服部本』（平凡社東洋文庫）
広田三郎〔一八九五─一八九八〕『実業人傑伝』第一巻─第五巻（実業人傑伝編纂所）
広田照幸〔二〇〇四〕「立身出世の夢と現実─変わりゆく青少年の進路─」小風秀雅編著『日本の時代史23　アジアの帝国国家』（吉川弘文館）
深井雅海〔一九九一〕『徳川将軍政治権力の研究』（吉川弘文館）
福田徳三〔一九二五〕『経済学全集』第四集（同文館）
福田徳三〔一九二六a〕『経済学全集』第五集上（同文館）
福田徳三〔一九二六b〕『経済学全集』第五集下（同文館）
福田徳三〔一九二六c〕『経済学全集』第六集上（同文館）
藤井信幸〔二〇〇〇〕「日本の経済発展と高等教育」川口浩編『大学の社会史─日本におけるビジネス・エリートの養成─』（創文社）
藤田貞一郎〔一九六六〕『近世経済思想の研究─「国益」思想と幕藩体制─』（吉川弘文館）
藤田貞一郎〔二〇一一〕『「領政改革」概念の提唱─訓詁学再考─』（清文堂出版）
藤原昭夫〔一九九八〕『福沢諭吉の日本経済論』（日本経済評論社）

降旗節雄〔一九八三〕『解体する宇野学派—Ｚへの手紙—』（論創社）
古島敏雄〔一九七二〕「解題」（古島敏雄・安芸皎一校注『日本思想大系62　近世科学思想　上』（岩波書店））
古島敏雄・安芸皎一校注〔一九七二〕『日本思想大系62　近世科学思想　上』（岩波書店）
宝月圭吾・藤木邦彦〔一九六〇〕『詳説日本史』（山川出版社）
ホッブス、トマス著、本田裕志訳〔二〇〇八〕『市民論』（京都大学学術出版会）
前田勉〔一九九六〕『近世日本の儒学と兵学』（ぺりかん社）
前田勉〔二〇〇二〕『近世神道と国学』（ぺりかん社）
前田勉〔二〇一二〕「太宰春台の学問と会読」（愛知教育大学日本文化研究室編『日本文化論叢』第二〇号）
正宗敦夫編〔一九七八〕『増訂蕃山全集』第二巻（名著出版）
正宗敦夫編〔一九七九ａ〕『増訂蕃山全集』第三巻（名著出版）
正宗敦夫編〔一九七九ｂ〕『増訂蕃山全集』第六巻（名著出版）
松永昌三編集解説〔一九七四〕『近代日本思想大系３　中江兆民集』（筑摩書房）
松永昌三〔一九九三〕『中江兆民評伝』（岩波書店）
松本三之介〔一九七二〕『国学政治思想の研究』（未来社）
松本三之介〔一九七四〕『近世日本の知的状況』（中公叢書）
松本三之介〔一九九六〕『明治思想における伝統と近代』（東京大学出版会）
松本三之介〔二〇一一〕『近代日本の中国認識—徳川期儒学から東亜共同体論まで—』（以文社）
松本滋〔一九八一〕『本居宣長の思想と心理』（東京大学出版会）
丸山眞男著・古矢旬編〔二〇一五〕『超国家主義の論理と心理　他八篇』（岩波文庫）
三島憲之〔二〇〇三〕「日本経済思想史：経済政策思想と経済構想—明治期経済思想史研究の回顧と展望—」『経済学史学会年報』第四四号（経済学史学会）

三島憲之〔二〇〇八〕「『東海経済新報』と犬養毅・豊川良平」『福沢手帖』第一三七号（福沢諭吉協会）
水谷三公〔一九九九〕『日本の近代13　官僚の風貌』（中央公論新社）
峰島旭雄編著〔二〇一〇〕『概説　西洋哲学史』（ミネルヴァ書房）
宮川康子〔二〇〇二〕『自由学問都市大坂―懐徳堂と日本的理性の誕生―』（講談社）
宮島英昭〔一九八三〕「近代日本における〝社会政策的自由主義〟の展開―福田徳三の「生存権論」の史的分析―」『史学雑誌』第九二編第一二号（史学会）
宮田純〔二〇一二〕「本多利明の対外交易論―『西域物語』を中心として―」『経済学論纂』第五二巻第三号（中央大学経済学研究会）
宮本又次編著・原田敏丸校訂〔一九七三〕『御国家損益本論』（清文堂史料叢書第七刊）
宮本又郎・阿部武司・宇田川勝・沢井実・橘川武郎〔一九九八〕『日本経営史―日本型企業経営の発展・江戸から平成へ―（増補）』（有斐閣）
三和良一・原朗編〔二〇〇七〕『近現代日本経済史要覧』（東京大学出版会）
武藤山治〔一九六三〕『武藤山治全集』第一巻（新樹社）
武藤山治〔一九六四〕『武藤山治全集』第二巻（新樹社）
武藤山治〔一九六六〕『武藤山治全集』増補（新樹社）
武藤秀太郎〔二〇〇九〕『近代日本の社会科学と東アジア』（藤原書店）
森銑三・北川博邦編〔一九七九〕『続日本随筆大成』4（吉川弘文館）
守本順一郎〔一九八五〕『徳川時代の遊民論』（未来社）
諸田實〔二〇〇三〕『フリードリヒ・リストと彼の時代』（有斐閣）
安岡重明・瀬岡誠・藤田貞一郎〔一九九五〕「経営理念の近世的特色」（安岡重明・天野雅敏編『日本経営史1　近世的経営の展開』（岩波書店））

山崎正董編〔一九七七ａ〕『横井小楠関係史料1』（東京大学出版会）
山崎正董編〔一九七七ｂ〕『横井小楠関係史料2』（東京大学出版会）
山崎隆三編〔一九七八〕『両大戦間期の日本資本主義』上巻（大月書店）
山下龍二〔一九七四〕「中国思想と藤樹」（山井湧・山下龍二・加地伸行・尾藤正英校注『日本思想大系29　中江藤樹』〔岩波書店〕）
山田盛太郎〔一九三四〕『日本資本主義分析―日本資本主義に於ける再生産過程把握―』（岩波書店）
山田忠雄〔二〇〇一〕「田沼意次関係の史料批判をめぐって」（『日本歴史』第六三八号）
山本長次〔二〇一三〕『評伝・日本の経済思想　武藤山治―日本的経営の祖―』（日本経済評論社）
吉川幸次郎・丸山真男・西田太一郎・辻達也校注〔一九七三〕『日本思想大系36　荻生徂徠』（岩波書店）
頼惟勤校注〔一九七二〕『日本思想大系37　徂徠学派』（岩波書店）
龍門社編〔一九三七〕『竜門雑誌第五九〇号附録　青淵先生演説撰集』（竜門社）
鷲尾順敬〔一九六九〕『日本思想闘諍史料』第三巻（名著刊行会）
早稲田大学史編集所編〔一九六九〕『大隈重信叢書　第一巻　大隈重信は語る―古今東西人物評論―』（早稲田大学出版部）
早稲田大学社会科学研究所編〔一九六〇〕『大隈文書』第三巻（早稲田大学社会科学研究所）
早稲田大学大学史編集所編〔一九七八〕『早稲田大学百年史』第一巻（早稲田大学）
渡辺浩〔二〇一〇〕『日本政治思想史〔十七～十九世紀〕』（東京大学出版会）

第二部

Ballard, Susan〔1905〕"A Sketch of the Life of Noboru Watanabe," *Transactions of the Asiatic Society of Japan*, 32
Bellah, Robert Neelly〔1957〕*Tokugawa Religion; the Values of Pre-industrial Japan*（Glencoe, Ill.: Free Press）（堀一郎・池田昭訳『日本近代化と宗教倫理―日本近世宗教論―』未来社、一九六二）

Bolitho, Harold [1998] "Tokugawa Japan: The Return of the Other?" in Helen Hardacre (ed.), *The Postwar Development of Japanese Studies in the United Statesi* (Leiden: Brill)
Coville, Cabot [1939] "Some Japanese Economic Writings of 1937," *Monumenta Nipponica* 2:1 (Jan.)
Crawcour, Sydney [1974] "The Tokugawa Period and Japan's Preparation for Modern EconomicGrowth," *Journal of Japanese Studies*, Vol. 1, No. 1 (Autumn)
Droppers, Garrett [1894] "A Japanese Credit Association and Its Founder," *Transactions of the Asiatic Society of Japan*, vol. 22
Droppers, Garrett [1896] "Economic Theories of Old Japan," *Transactions of the Asiatic Society of Japan*, vol. 24
Fisher, Galen M. [1908] "The Life and teaching of Nakae Toju, the Sage of Omi," *Transactions of the Asiatic Society of Japan*, 36: 1
Fisher, Galen M. [1917] "Kumazawa Banzan," *Transactions of the Asiatic Society of Japan*, 45: 2
Keene, Donald [1952] *The Japanese discovery of Europe: Honda Toshiaki and other discoverers 1720-1952* (London: Routledge and K. Paul)(『日本人の西洋発見』〈『ドナルド・キーン著作集』第一一巻、新潮社、二〇一四〉)
Kirby, Richard J. [1907] "Dazai Jun's Essay on Gakusei (educational control)," *Transactions of the Asiatic Society of Japan*, 34: 4
Kirby, Richard J. [1908] "Dazai on Food and Wealth," *Transactions of the Asiatic Society of Japan*, 35
Kirby, Richard J. [1912] "Translation of Dazai Jun's economic essay upon 'Doing nothing' and Divination," *Transactions of the Asiatic Society of Japan*, 41:2
Nachod, Oskar [1970] *Bibliographie von Japan 1906-1926* (Unveränderter Nachdruck Stuttgart: Hiersemann)
Najita, Tetsuo [1987] *Visions of Virtue in Tokugawa Japan: The Kaitokudo Merchant Academy of Osaka* (Chicago: University of Chicago Press)(子安宣邦訳『懐徳堂—18世紀日本の「徳」の諸相』岩波書店、一九九二)

Najita, Tetsuo［2009］*Ordinary Economies in Japan: A Historical Perspective, 1750-1950*（Berkeley : University of California Press）（五十嵐暁郎監訳、福井昌子訳『相互扶助の経済―無尽講・報徳の民衆思想史―』みすず書房、二〇一五）

Norman, Egerton Herbert［1940］*Japan's Emergence as a Modern State*（New York : International Secretariat, Institute of Pacific Relations）（『日本における近代国家の成立』岩波文庫、一九九三）

Seraphim, Franziska "Japanese Studies in Europe,"（http://www.columbia.edu/~hds2/BIB95/ch05.htm, accessed 4/26/2014）

Smith, Neil Skene［1937］"Materials on Japanese Social and Economic History: Tokugawa Japan（1）," *Transactions of the Asiatic Society of Japan*, Second Series 14

Smith, Neil Skene［1938］"Tokugawa Japan as a Field for the Student of Social Organisation," *Monumenta Nipponica*, 1:1（Jan.）

Smith, Thomas Carlyle［1955］*Political Change and Industrial Development in Japan : Government Enterprise, 1868-1880*（Stanford, Calif.: Stanford University Press）（杉山和雄訳『明治維新と工業発展』東京大学出版会、一九七一）

Smith, Thomas Carlyle［1959］*The Agrarian Origins of Modern Japan*（Stanford : Stanford University Press）（大塚久雄監訳『近代日本の農村的起源』岩波モダンクラシックス、二〇〇七）

Steinhoff, Patricia［2013］*Japanese Studies in the United States, Japanese Studies Series XXXX; The View from 2012*（Tokyo: The Japan Foundation）

von Wenckstern Friederich（ed.）［1895］*A Bibliography of the Japanese Empire. Being a Classified List of All Books, Essays and Maps in European Languages Relating to Dai Nihon*（*Great Japan*）*Published in Europe, America and the East from 1859-93 A.D.*（*VIth Year of Ansei - XXVIth Year of Meiji*）(Leiden: E. J. Brill 1895. Unveränderter Nachdruck Stuttgart: Hiersemann, 1970）

von Wenckstern, Friederich［1907］*A Bibliography of the Japanese Empire. Being a Classified List of the Literature in European Languages Relating to Dai Nihon* (*Great Japan*) *Published in Europe, America and the East. Volume II, Comprising the Literature from 1894 to the Middle of 1906* (*XXVII - IXLth Year of Meiji*) *with Additions and Corrections to the First Volume and a Supplement to Léon Pagés Bibliographie Japonaise* ([Tokyo et al.] o. V. 1907. Unveränderter Nachdruck Stuttgart: Hiersemann, 1970)

梁啓超〔一九八九〕『飲氷室合集』（中華書局）

黄遵憲〔一八九五〕『日本国志』（食貨志五）

張曉編著〔二〇一二〕『近代漢訳西学書目提要』（北京大学出版社）

程恩富編、張忠任著〔二〇〇六〕『マルクス主義経済思想史（日本巻）』（上海東方出版中心）

ネウストプニー、J・V〔一九八九〕「日本研究のパラダイム：その多様性を理解するために」『世界の中の日本』一（国際日本文化研究センター）

ナ　行

ハ　行

サ　行

タ　行

人名索引

著者紹介

川口　浩（かわぐち　ひろし）
生年　1951 年
現在　早稲田大学名誉教授
主要著作
編著『日本の経済思想　時間と空間の中で』（ぺりかん社、2016 年）
『熊沢蕃山―まづしくはあれども康寧の福―』（ミネルヴァ書房、2023 年）

石井寿美世（いしい　すみよ）
生年　1976 年
現在　大東文化大学経済学部教授
主要著作
「地方企業家の経済思想と福沢諭吉の地方観―愛知県前芝村・加藤六蔵『経世書』の紹介を通して―」（『近代日本研究』第 37 号、慶應義塾福沢研究センター、2021 年）
共著 *A History of Economic Thought in Japan: 1600–1945* (translated by Ayuko Tanaka and Tadashi Anno, Bloomsbury Publishing plc., 2022)

ベティーナ・グラムリヒ＝オカ
生年　1966 年
現在　上智大学国際教養学部教授
主要著作
『只野真葛論：男のように考える女』（岩田書院、2013 年）
共編著『日米欧からみた近世日本の経済思想』（岩田書院、2013 年）

劉　群芸（りゅう　ぐんげい）
生年　1972 年
現在　中国北京大学経済学院副教授
主要著作
『経済思想と近代化改革―中日韓の比較研究』（中国経済思想史協会著作賞、華夏出版社、2007 年）
「中国・朝鮮近代化改革における明治維新の受容―戊戌変法と甲午更張を中心に」（『日本経済思想史研究』第 7 号、2007 年）

日本経済思想史　江戸から昭和

2015年 9 月25日　第1版第1刷発行
2023年10月20日　第1版第3刷発行

著　者　川《かわ》　口《ぐち》　浩《ひろし》
石《いし》　井《い》　寿美世《すみよ》
ベティーナ・グラムリヒ=オカ
劉《りゅう》　群《ぐん》　芸《げい》

発行者　井　村　寿　人

発行所　株式会社　勁《けい》　草《そう》　書　房

112-0005　東京都文京区水道2-1-1　振替　00150-2-175253
（編集）電話 03-3815-5277／FAX 03-3814-6968
（営業）電話 03-3814-6861／FAX 03-3814-6854
理想社・中永製本

ISBN978-4-326-50413-8　Printed in Japan